Das Betreuungsgeld und seine Inanspruchnahme

Schriften des Zentrums für Sozialpolitik
Band 27

Herausgegeben von Gerd Glaeske, Karin Gottschall, Stephan Leibfried, Philip Manow, Frank Nullmeier, Herbert Obinger, Heinz Rothgang und Stefan Traub

Zentrum für Sozialpolitik, Universität Bremen

Julia Höppner, Dr. rer. pol., studierte Politikwissenschaft und Sozialpolitik an der Universität Bremen.

Julia Höppner

Das Betreuungsgeld und seine Inanspruchnahme

Norwegen, Schweden und Deutschland im Vergleich

Campus Verlag
Frankfurt/New York

Zugleich zur Veröffentlichung überarbeitete Dissertation Dr. rer. pol., Universität Bremen, 2014

Bibliografische Information der Deutschen Nationalbibliothek:
Die Deutsche Nationalbibliothek verzeichnet diese Publikation in der Deutschen Nationalbibliografie.
Detaillierte bibliografische Daten sind im Internet unter http://dnb.d-nb.de abrufbar.
ISBN 978-3-593-50273-1

Umschlaggestaltung: Campus Verlag GmbH, Frankfurt am Main
Druck und Bindung: CPI buchbücher.de, Birkach
Gedruckt auf Papier aus zertifizierten Rohstoffen (FSC/PEFC).
Printed in Germany

Dieses Buch ist auch als E-Book erschienen.
www.campus.de

Inhalt

Vorwort

Diese Arbeit wurde in einer früheren Fassung vom Promotionsausschuss Dr. rer. pol. der Universität Bremen im Dezember 2013 als Dissertation angenommen. Das Ziel des Forschungsvorhabens war es unter anderem, die Inanspruchnahme des deutschen Betreuungsgeldes abzuschätzen, das im August 2013 eingeführt wurde. Die ersten Statistiken über die Nutzung der Leistung sind im März 2014 vom Statistischen Bundesamt veröffentlicht worden, weshalb sie in der vorliegenden Arbeit noch keine Berücksichtigung finden. Ich habe die Bekanntgabe der ersten Zahlen zur Inanspruchnahme in Deutschland mit Spannung erwartet und möchte deswegen kurz darstellen, inwiefern die Vorhersagen dieser Arbeit mit den bisher veröffentlichten Statistiken übereinstimmen.

Zwischen dem 1. August und dem 31. Dezember 2013 bezogen in Deutschland insgesamt 23 Prozent der Eltern das Betreuungsgeld, deren Kinder zwischen dem 1. August und dem 31. Dezember 2012 geboren wurden (Schwentker 2014). Man kann im Vergleich mit den nordischen Ländern also von einer mittleren bis hohen Inanspruchnahme sprechen. Dies bestätigt im Wesentlichen die Vorhersagen der vorliegenden Arbeit. Allerdings nutzen deutlich weniger Eltern das Betreuungsgeld als in Norwegen kurz nach der Einführung der Leistung, wo die Quote im Jahr 1999 bei 75 Prozent lag. Die folgende Untersuchung wird zeigen, dass in Deutschland allein aufgrund von Mitnahmeeffekten eine höhere Inanspruchnahme möglich wäre. Es bleibt aber abzuwarten, wie viele Eltern das Betreuungsgeld in Deutschland in den nächsten Monaten und Jahren nutzen werden, zumal die Leistung erst im August 2014 vollständig implementiert wird. Erst danach wird eine belastbare Beurteilung der Inanspruchnahme möglich sein.

Eine zweite Prognose dieser Arbeit hat sich allerdings klar bestätigt. So fällt die Inanspruchnahme des Betreuungsgeldes in Ost- und Westdeutschland sehr unterschiedlich aus. Im Westen lag die Quote bei 26 Prozent, im

Osten bei 8 Prozent. Darüber hinaus sind die Unterschiede zwischen den einzelnen Bundesländern bemerkenswert. Innerhalb Westdeutschlands geht die Inanspruchnahme zwischen den südlichen Flächenländern Bayern (34 Prozent) und Baden-Württemberg (38 Prozent), die die Spitzenreiter in der Nutzung des Betreuungsgeldes darstellen, und den Stadtstaaten Hamburg (14 Prozent) und Bremen (13 Prozent) deutlich auseinander. Die niedrigste Inanspruchnahme findet sich in den ostdeutschen Ländern Berlin, Brandenburg und Sachsen-Anhalt mit 4 Prozent (Schwentker 2014). Diese kurze Übersicht veranschaulicht, dass die regionalen Unterschiede auch abseits des Ost/West-Gefälles beträchtlich sind und in künftiger Forschung Beachtung finden sollten.

Rostock, *im Mai 2014*
Julia Höppner

Dank

Ich möchte an erster Stelle meinem Doktorvater, Herrn Professor Dr. Karl Hinrichs, sehr herzlich für seine umfassende Unterstützung und Hilfsbereitschaft in allen Bereichen meines Promotionsvorhabens danken. Ohne ihn wäre diese Arbeit nie entstanden. Ebenso gilt mein Dank Frau Professorin Dr. Karin Gottschall für die vielen ausgezeichneten Anregungen und ihre Hilfe. Auch bei den Mitgliedern meiner Prüfungskommission, Frau Professorin Dr. Silke Bothfeld, Frau Dr. Irene Dingeldey, Frau Dr. Katja Möhring und Frau Dr. Hanna Schwander bedanke ich mich für ihre Kritik und Verbesserungsvorschläge.

Während der Arbeit an meiner Dissertation konnte ich zwei Forschungsaufenthalte absolvieren, die wesentlich zum Gelingen des Projektes beigetragen haben. Ich möchte Herrn Professor Bjørn Hvinden vom *Norsk institutt for forskning om oppvekst, velferd og aldring* (NOVA) in Oslo sowie Herrn Professor Tommy Ferrarini vom *Institutet för social forskning* (SOFI) der Universität Stockholm, die meine Betreuer an den beiden Instituten waren, ganz herzlich für ihre stets freundliche und unkomplizierte Hilfe danken. Für die wertvollen Anregungen der Mitarbeiterinnen und Mitarbeiter am NOVA und SOFI, welche die beiden Forschungsaufenthalte auch privat zu einem sehr angenehmen Erlebnis gemacht haben, gilt ebenfalls mein Dank.

Diese Arbeit konnte nur durch die ideelle und finanzielle Unterstützung der Graduiertenförderung der Friedrich-Ebert-Stiftung realisiert werden. Für die großzügige finanzielle Förderung meines Forschungsaufenthalts in Oslo möchte ich darüber hinaus dem E.ON Ruhrgas Stipendienfonds danken.

Rostock, im Mai 2014
Julia Höppner

1 Einführung

Das zum 1. August 2013 eingeführte Betreuungsgeld[1] war in Deutschland mit Sicherheit die umstrittenste familienpolitische Reform der letzten Jahre. Seit dem Jahr 2007, als der damalige thüringische Ministerpräsident Dieter Althaus (CDU) vorschlug, ein Betreuungsgeld auf Bundesebene einzuführen, stand die Leistung wiederholt im Zentrum der öffentlichen Aufmerksamkeit (Agence France Presse 2012). Mit dem Betreuungsgeld soll nach Meinung seiner Befürworter[2], die aus der CSU und weiten Teilen der CDU stammen, die Wahlfreiheit zwischen öffentlicher und persönlicher Kinderbetreuung[3] gefördert werden. Das Betreuungsgeld wird nämlich an einen Elternteil gezahlt, wenn sich dessen ein oder zwei Jahre altes Kind nicht in öffentlicher Betreuung befindet. Die Gegner der Leistung, zu denen SPD, Bündnis 90/Die Grünen, Linke, FDP, aber auch Teile der CDU gehören, befürchten dagegen, dass das Betreuungsgeld negative Folgen für die Arbeitsmarktperspektiven von Müttern und die Bildung von Kindern habe (Boll/Reich 2012; Henninger/von Wahl 2010: 373ff.). Zwar ist die Leistung nicht an einen Verzicht eines Elternteils auf Erwerbsarbeit gekoppelt. Doch wird das Betreuungsgeld nach Meinung seiner Gegner dazu führen, dass gerade Mütter mit niedriger Bildung und geringen Einkommen ihre Erwerbstätigkeit zugunsten der persönlichen Kinderbetreu-

---

1 In der englischsprachigen Literatur wird das Betreuungsgeld in der Regel als *cash for childcare benefit* bezeichnet. Allerdings findet sich auch häufig die Formulierung *home care allowance*. Beide Begriffe beschreiben damit das Betreuungsgeld, wie es hier definiert ist.

2 Aus Gründen der besseren Lesbarkeit wird auf die Verwendung männlicher und weiblicher Personenbezeichnungen verzichtet. Personenbezeichnungen wie ›Leistungsbezieher‹ oder ›Befürworter‹ in der männlichen Form gelten für beiderlei Geschlecht, sofern der Text nicht explizit auf ein Geschlecht eingeht.

3 Die Begriffe ›persönliche‹ und ›elterliche‹ Kinderbetreuung werden im Folgenden synonym verwendet wie auch die Begriffe ›externe‹ und ›nicht-elterliche‹ Kinderbetreuung. Unter ›privater‹ Kinderbetreuung ist eine externe, nicht öffentlich geförderte Form der Kinderbetreuung zu verstehen.

ung aufgeben und Kindern aus sozial schwachen Familien der Zugang zu frühkindlicher Bildung verwehrt bleibt.

Das Betreuungsgeld stellt in der Landschaft familienpolitischer Transferleistungen eine Besonderheit dar. So gibt es viele andere Leistungen, die Eltern für die anfallenden (Opportunitäts-)Kosten der Kindererziehung und -betreuung kompensieren sollen. Verwandte Leistungen sind beispielsweise das Kinderbetreuungsgeld in Österreich und das *Complément de libre choix d'activité* in Frankreich. In diesen Ländern ist die Elternzeit[4] nicht direkt mit einem Geldbetrag verbunden und die genannten Leistungen werden an anspruchsberechtigte Eltern gezahlt – ob diese Elternzeit nehmen oder nicht (Fagnani/Boyer 2009: 180f.; Rille-Pfeiffer 2009: 114f.). Ein anderes Beispiel ist das Erziehungsgeld in Bayern und Baden-Württemberg, das Eltern in der ersten Lebensphase des Kindes ermöglichen soll, ihre Erwerbstätigkeit stark einzuschränken oder aufzugeben, um ihr Kind persönlich zu betreuen (Schuler-Harms 2010: 13). Das Betreuungsgeld zeichnet sich im Unterschied zu diesen Leistungen jedoch dadurch aus, dass Eltern finanziell dafür belohnt werden, wenn sie keine öffentliche Kinderbetreuung nutzen.

In der Debatte um die Einführung des Betreuungsgeldes und den Ausbau der öffentlichen Kinderbetreuung haben die Gegner der Leistung die nordischen Länder[5] häufig als positives Beispiel für eine moderne Familienpolitik angeführt (Kölnische Rundschau 2013). In diesen Staaten ist die öffentliche Kinderbetreuung für unter Dreijährige deutlich weiter ausgebaut als in Deutschland. Der breiten Öffentlichkeit ist hierzulande allerdings wenig bekannt, dass es gerade in den nordischen Ländern – zum Teil schon seit vielen Jahren – ein Betreuungsgeld gibt.

Das Betreuungsgeld wird in der Forschungsliteratur als eine Leistung charakterisiert, die das *male-breadwinner-model* unterstützt (Ellingsæter 2003: 422). Dieses familienpolitische Modell zeichnet sich durch eine Förderung der Kernfamilie mit einer traditionellen Teilung der Erwerbs- und Betreuungsarbeit zwischen Männern und Frauen aus. Es folgt dem Subsidia-

---

4 Mit dem Begriff ›Elternzeit‹ wird im Folgenden das System des Mutterschafts-, Vaterschafts- und Elternurlaubs eines Landes bezeichnet. Nur wenn im Fall von Deutschland von der Elternzeit die Rede ist, wird damit die unter diesem Namen bestehende konkrete Leistung beschrieben.

5 Unter dem Begriff ›nordische Länder‹ werden hier Dänemark, Finnland, Island, Norwegen und Schweden zusammengefasst.

ritätsprinzip, indem die Familie befähigt werden soll, als kleinste soziale Einheit selbst für die Erbringungen von Wohlfahrtsleistungen wie der Kinderbetreuung zuständig zu sein (Lewis/Ostner 1994: 22). Vor diesem Hintergrund mag es erstaunen, dass diese Leistung bisher allein in den nordischen Ländern existierte, deren Familienpolitik weitgehend dem *dual-earner/dual-carer-model* entspricht. Im Mittelpunkt dieses familienpolitischen Modells stehen die Gleichstellung der Geschlechter auf dem Arbeitsmarkt und in der persönlichen Betreuung der Kinder sowie deren Chancengleichheit und soziale Integration. Die zentralen Instrumente sind dabei ein ausgebautes Netz öffentlicher Kinderbetreuung, das mütterliche Erwerbstätigkeit sowie die frühe Förderung von Kindern gewährleisten soll und eine generöse Elternzeit, die auf Geschlechtergleichheit in der persönlichen Betreuung von Kindern abzielt (Leira 2006: 29). Obwohl die nordische Wohlfahrtspolitik damit auf die Gleichstellung von Frauen und Männern in der Erwerbs- und Betreuungsarbeit abzielt, muss hier kritisch angemerkt werden, dass letztere auch in den nordischen Ländern immer noch ungleich verteilt ist, während die Erwerbsbeteiligung beider Geschlechter auf einem ähnlichen Niveau liegt (Bernhardt u.a. 2008; Eurofound 2012: 58).

Mit der Einführung eines Betreuungsgeldes in Deutschland gibt es die Leistung nun auch in einem Land, das traditionell einem ganz anderen Modell der Familienpolitik folgte als die nordischen Länder. Deutschland ist nämlich lange Zeit als klassischer Fall des *male-breadwinner-model*[6] bekannt gewesen (vgl. Esping-Andersen 1999; Gauthier 1996; Korpi 2000; Lewis/ Ostner 1994). Damit fügt sich das Betreuungsgeld in Deutschland deutlich besser in die Familienpolitik ein als in den nordischen Ländern.

Obwohl sich die nordischen Länder in ihrer Familienpolitik ähneln, fällt die Inanspruchnahme der Leistung in den einzelnen Staaten sehr unterschiedlich aus. Während in Dänemark und Schweden nur sehr wenige Eltern das Betreuungsgeld nutzen, ist die Zahl in Finnland und Norwegen deutlich höher: Im Jahr 2011 wurde die Leistung in Dänemark insgesamt

---

6 Im Folgenden wird unter dem Begriff *male-breadwinner-model* sowohl ein traditionelles Familienmodell verstanden, bei dem der Mann allein für den Erwerb des Familieneinkommens und die Frau für die Haus- und Betreuungsarbeit zuständig ist, als auch eine modifizierte Form dieses Familienmodells, in dem der Frau auch die Rolle einer Zuverdienerin durch eine Teilzeitbeschäftigung zukommt. Wenn explizit auf die klassische Form des traditionellen Familienmodells eingegangen wird, wird dieses als Alleinverdiener-Modell bezeichnet. Für die modifizierte Form wird der Begriff Haupt-/ Zuverdiener-Modell verwendet.

für nur 811 Kinder ausgezahlt (Försäkringskassan 2013b: 18), während die Inanspruchnahme in den schwedischen Kommunen mit einem Betreuungsgeld bei 4,7 Prozent der Kinder zwischen ein und drei Jahren lag (Statistics Sweden 2012c: 23). In Finnland war die Quote mit 56,3 Prozent der Kinder unter drei Jahren am höchsten (Försäkringskassan 2013b: 18), gefolgt von Norwegen mit 25 Prozent der Ein- und Zweijährigen. Kurz nach der Einführung des Betreuungsgeldes in Norwegen war die Inanspruchnahme der Leistung mit 75 Prozent im Jahr 1999 auf dem höchsten Stand, den es in den nordischen Ländern überhaupt gegeben hat (Ellingsæter 2012: 7). Für Island gibt es leider keine offiziellen statistischen Angaben über die Inanspruchnahme des Betreuungsgeldes. Allerdings kann man davon ausgehen, dass in Anbetracht des hohen Anteils von ein- und zweijährigen Kindern in nicht-elterlicher Betreuung die Inanspruchnahme der Leistung relativ gering ist (Eydal/Rostgaard 2011: 175). Die nordischen Länder lassen sich demnach entlang der Inanspruchnahme des Betreuungsgeldes in zwei Cluster unterteilen: Auf der einen Seite Dänemark, Schweden und wahrscheinlich auch Island, wo nur sehr wenige Eltern die Leistung nutzen, auf der anderen Seite Finnland und Norwegen mit einer mittleren und hohen Inanspruchnahme (Meagher/Szebehely 2012: 97).

Ausgehend von diesen Statistiken wird sich die vorliegende Arbeit mit der Frage befassen, weshalb sich die Inanspruchnahme des Betreuungsgeldes in den nordischen Ländern so sehr unterscheidet. Darüber hinaus soll untersucht werden, wie sich die Inanspruchnahme der Leistung in Deutschland, das eine andere Tradition der Familienpolitik aufweist, entwickeln wird. Dabei wird auch auf die Frage eingegangen, ob die Inanspruchnahme in Ost- und Westdeutschland unterschiedlich ausfallen wird. Im Osten Deutschlands gibt es nämlich eine wesentlich weiter ausgebaute Betreuungsinfrastruktur für unter Dreijährige (Leitner u.a. 2008: 191), was für die Nutzung des Betreuungsgeldes eine Rolle spielen kann.

Die Frage nach der Inanspruchnahme des Betreuungsgeldes ist nicht nur ein empirisches Puzzle – sie ist sowohl für die vergleichende Wohlfahrtsstaatsforschung als auch für die politische Öffentlichkeit von Relevanz. Wenn man die Gründe für die unterschiedliche Nutzung des Betreuungsgeldes kennt, lässt sich erklären, ob Eltern die Leistung beziehen, weil sie allein auf die finanziellen Anreize reagieren oder weil sie aus normativen Gründen eine Präferenz für die Leistung haben (Drasch 2011; Kangas/Rostgaard 2007). Für die Evaluation einer Policy ist es wichtig, dass die Ursachen für ihre Nutzung bekannt sind. Somit befasst sich die vorliegende Arbeit nicht nur mit der Frage nach den Gründen für die Inanspruchnahme des Betreuungsgeldes, sondern damit verbunden auch mit der Bedeutung der Leistung für den Wohlfahrtsstaat und die Gesellschaft in unterschiedlichen europäischen Ländern.

Blickt man in die Literatur über familienpolitische Leistungen, so ist es möglich, das Betreuungsgeld nicht wie hier anhand der Anspruchsberechtigung sondern anhand seiner Wirkung auf Mütter zu definieren. So fasst Ferrarini (2003) unter dem Begriff *childcare leave* verschiedene Formen von Flat-Rate-Leistungen zusammen, die nach der Phase einer einkommensabhängigen Elternzeit gezahlt werden und eine traditionelle Aufteilung von Erwerbs- und Betreuungsarbeit in der Familie fördern. Dazu zählt sowohl das finnische Betreuungsgeld, das in diesem Kapitel noch näher diskutiert wird, aber auch das bis zur Einführung des Elterngeldes existierende Erziehungsgeld in Deutschland (Ferrarini 2003: 54; Kamerman/Gatenio Gabel 2010: 17f.). Welchen analytischen Nutzen hat es nun, die hier vorgeschlagene Definition eines Betreuungsgeldes zu wählen, welche den Verzicht auf einen öffentlichen Betreuungsplatz als zentrales Merkmal hat? Wenn man das Betreuungsgeld wie hier definiert, so beschränkt man sich auf Staaten, deren Familienpolitik mit einer inneren Widersprüchlichkeit behaftet ist – wobei das Betreuungsgeld Ausdruck dieser Ambivalenz ist. Dies lässt sich anhand von drei Aspekten veranschaulichen:

Erstens muss angemerkt werden, dass es ein Betreuungsgeld nur in Ländern gibt, die überhaupt über ein nennenswertes Angebot an öffentlichen Betreuungsplätzen für unter Dreijährige verfügen und bei denen ein weiterer Ausbau der öffentlichen Betreuung diskutiert wird (vgl. Henninger/von Wahl 2010: 373 und Sipilä u.a. 2010: 34f.). Besteht weder ein Angebot öffentlicher Betreuungsplätze für Kleinkinder und auch keine Debatte darüber, so macht es für die politischen Akteure keinen Sinn, eine Leistung einzuführen, die an den Verzicht auf einen Betreuungsplatz gekoppelt ist.

Zweitens war die Einführung eines Betreuungsgeldes in allen Ländern, in denen eine solche Leistung existiert, mit einer kontroversen Diskussion und starken Auseinandersetzungen zwischen linken und konservativen Parteien verbunden. Dabei fällt auf, dass sich die Argumente für und gegen das Betreuungsgeld zum Teil stark ähneln (siehe Kapitel 1.2). Dies macht deutlich, dass es in diesen Ländern sehr konträre Ansichten über die Ausgestaltung der Familienpolitik gibt.

Drittens hat die Tatsache, dass das Betreuungsgeld heute in unterschiedlicher Form in allen nordischen Ländern existiert, einige Autoren zu der Annahme veranlasst, dass in der nordischen Familienpolitik zunehmend entgegengesetzte Ziele eine Rolle spielen. So orientiert sich die nordische Familienpolitik nicht mehr ausschließlich an den Zielen der Geschlechtergleichheit und der Förderung von Kindern, sondern ebenfalls an der Wahlfreiheit der Eltern (Eydal/Rostgaard 2011: 162). Obwohl sich die deutsche Familienpolitik von der in den nordischen Ländern unterscheidet, lässt sich eine vergleichbare Entwicklung auch dort beobachten. Das *male-breadwinner-model* wurde durch die familienpolitischen Reformen der rot-grünen Regierungsjahre und insbesondere unter der Großen Koalition (2005–2009) aufgeweicht. So wurde mit der Einführung des Elterngeldes und dem Ausbau der Kinderbetreuung für unter Dreijährige die Förderung mütterlicher Erwerbstätigkeit in das Zentrum des familienpolitischen Diskurses gestellt. Eine Reihe von Forschern hat darauf hingewiesen, dass insbesondere die Einführung des Elterngeldes die deutsche Familienpolitik in die Nähe des ›nordischen Modells‹ gerückt habe (Ferrarini/Duvander 2010: 2; Leitner u.a. 2008: 198; Ostner 2010: 232f.; Spiess/Wrohlich 2006; Wüst 2009). Nichtsdestotrotz wurde mit dem Ausbau der Kinderbetreuung für unter Dreijährige 2008 die Einführung eines Betreuungsgeldes beschlossen.

Gerade weil das Betreuungsgeld Ausdruck der familienpolitischen Ambivalenz eines Wohlfahrtsstaates ist, spielt die Frage nach den Gründen für die unterschiedliche Inanspruchnahme eine wichtige Rolle. Es muss nämlich festgestellt werden, ob sich diese Ambivalenz durch die Heterogenität der in der Bevölkerung vorherrschenden Normvorstellungen erklären lässt oder ob sie Ausdruck eines Auseinanderfallens von den in der Gesellschaft und in der Politik vertretenen Normen ist. Aus einer demokratietheoretischen Perspektive wäre letzteres problematisch, da in diesem Fall die Output-Legitimität der Familienpolitik in Frage stünde. Wenn bekannt ist, aus welchen Gründen Eltern das Betreuungsgeld beziehen, hilft es, über diese Punkte Klarheit zu gewinnen.

1.1 Die Fallauswahl

Um die Länder-Auswahl für diese Studie festzulegen, werden zunächst die Staaten mit einem Betreuungsgeld nach der oben genannten Definition vorgestellt. Zwischen diesen Ländern gibt es einige grundlegende Unterschiede, aber auch Gemeinsamkeiten beim Betreuungsgeld, die im Folgenden kurz veranschaulicht werden.

Finnland führte als erstes nordisches Land 1985 ein Betreuungsgeld auf gesamtstaatlicher Ebene ein, welches bis 1990 vollständig implementiert wurde. Die Einführung fand auf Basis eines politischen Kompromisses statt, da sowohl die konservativen Parteien als auch die Sozialdemokraten das Gesetz mittrugen. Mit dem Betreuungsgeld wurde zugleich ein Rechtsanspruch auf öffentliche Kinderbetreuung geschaffen (Hiilamo/Kangas 2009).

Der erste Versuch der Implementation eines Betreuungsgeldes in Schweden erfolgte 1994. Allerdings wurde es zwei Monate später nach einem Regierungswechsel von den Sozialdemokraten wieder abgeschafft. Dies bedeutete zunächst das Ende des Betreuungsgeldes in Schweden (Hiilamo 2004: 37). 2008 führte die Mitte-Rechts Regierung unter Ministerpräsident Reinfeld das Betreuungsgeld ein zweites Mal ein. Im Gegensatz zum Betreuungsgeld von 1994 ist es heute den Kommunen überlassen, die Leistung zu implementieren. Diese Möglichkeit hatte Ende 2009 ein Drittel der Kommunen genutzt (Nyberg 2010: 68ff.).

In Norwegen existiert seit 1998 ein Betreuungsgeld, das 1999 vollständig implementiert wurde. Die Regierungskoalition aus Christdemokraten, Liberalen und Zentrumspartei führte die Leistung mit Unterstützung der Konservativen und der Fortschrittspartei gegen den Widerstand einer linken Opposition ein (Korsnes 2004: 108). Wie in Finnland ist das Betreuungsgeld in Norwegen eine Leistung auf nationalstaatlicher Ebene (Rantalaiho 2010: 112).

2002 beschloss die bürgerliche dänische Regierung unter Anders Fogh Rasmussen eine weitreichende Reform der Familienpolitik, die unter anderem die Einführung eines Betreuungsgeldes beinhaltete. Wie in Schweden ist es in Dänemark Sache der Kommunen, das Betreuungsgeld zu implementieren (Linke Sonderegger 2004: 20). An dieser Stelle muss angemerkt werden, dass in der Literatur über das Betreuungsgeld der Fall Dänemarks relativ selten thematisiert wird. Es gibt eine Reihe von Arbeiten profilierter

Forscher nordischer Familienpolitik, die in ihren Ausführungen über das Betreuungsgeld Dänemark entweder nicht erwähnen oder den bei der Reform 2002 abgeschafften *child care leave* als eine Art Betreuungsgeld darstellen, ohne auf das seit 2002 existierende Betreuungsgeld einzugehen (vgl. Leira 2006). Rantalaiho (2010: 135) erklärt diesen Umstand damit, dass die Leistung nicht mit einem Anrecht auf eine Freistellung vom Arbeitsplatz verbunden ist und Dänemark aus diesem Grund häufig nicht in die Länderauswahl einbezogen wird.

Im Gegensatz zu den anderen nordischen Ländern existiert in Island keine nationale Gesetzgebung über ein Betreuungsgeld. Seit 2006 haben jedoch einige Kommunen eine solche Leistung eingeführt. Ende 2009 gab es in elf der 77 isländischen Kommunen ein Betreuungsgeld (Eydal/Rostgaard 2011: 167). Wie im Fall von Dänemark ist die Literatur über das Betreuungsgeld in Island relativ schmal (Rantalaiho 2010: 109). Allerdings ist bekannt, dass die meisten isländischen Kommunen mit einem Betreuungsgeld die Leistung im Zuge der ökonomischen Krise Ende der zweitausender Jahre wieder abschafften, um ihre Ausgaben zu senken (Försäkringskassan 2013b: 12).

Daneben existiert in Deutschland auf Landesebene bereits seit 1992 mit dem sächsischen Landeserziehungsgeld ein Betreuungsgeld (Statistisches Landesamt des Freistaates Sachsen 2010). 2006 wurde in Thüringen mit dem Thüringer Erziehungsgeld ein Betreuungsgeld geschaffen (Beninger u.a. 2010: 4f.). In beiden Fällen war es eine christdemokratisch geführte Regierung, welche die Leistung implementierte. Dies war auch auf Bundesebene der Fall, auf der das Betreuungsgeld am 1. August 2013 durch eine Koalition von CDU/CSU und FDP eingeführt wurde.

Nachdem nun die Länder mit einem Betreuungsgeld vorgestellt wurden, muss eine Auswahl getroffen werden, die mit dem Forschungsinteresse der Arbeit am besten einhergeht. Die Darstellung der Inanspruchnahme im vorherigen Abschnitt hat bereits eine Clusterung der Länder erkennen lassen. So weisen Finnland und Norwegen eine mittlere bis hohe Inanspruchnahme der Leistung auf, während Dänemark, Schweden und wahrscheinlich auch Island zu den Ländern mit einer niedrigen Inanspruchnahme zählen. Über Deutschland lassen sich zum jetzigen Zeitpunkt noch keine Aussagen machen. Betrachtet man die institutionelle Struktur und Wohlfahrtskultur der nordischen Länder genauer, so zeigt sich im Folgenden ein Zusammenhang zwischen der Inanspruchnahme des Betreuungsgeldes und einem unterschiedlichen Maß in der Stärke des *dual-earner/dual-carer*- beziehungsweise *male-breadwinner-model* in den fünf nordischen Ländern. Der folgende Abschnitt wird sich deswegen mit der Einordnung aller sechs Länder anhand von Wohlfahrtsstaats-Typisierungen befassen.

Dänemark wird in der Literatur als das nordische Land dargestellt, das durch die Anreize seiner Familienpolitik die höchste Erwerbsquote bei Müttern und jungen Eltern erreicht hat (Eydal/Rostgaard 2011: 172). Beispielhaft sind dafür das am weitesten ausgebaute System der Kinderbetreuung und eine relativ kurze Elternzeit. Während Dänemark auf der Ebene des Arbeitsmarktes das größte Maß an Geschlechtergleichheit erreicht hat, spielt die Einbindung von Vätern in die persönliche Betreuung von Kindern eine vergleichsweise geringe Rolle (Leira 2006: 43). Das zeigt sich beispielsweise in der Abschaffung des Vaterschaftsurlaubs bei der Reform der Elternzeit im Jahr 2002. Damit ist die Defamilialisierung in Dänemark am stärksten ausgeprägt (Borchorst 2008: 38).

Wie in Dänemark sind auch in Schweden die familienpolitischen Maßnahmen darauf ausgerichtet, Geschlechtergleichheit zu erzielen. Allerdings gibt es mehr Anreize für eine persönliche Betreuung durch die Eltern, wobei Geschlechtergleichheit auch in diesem Bereich eine wichtige Rolle spielt. Die Anreize für Väter, persönliche Betreuung des Kindes zu übernehmen, sind hier im Vergleich am stärksten ausgeprägt (Leira 2006: 44). Die schwedische Elternzeit ist dafür ein Beispiel, da sie mit insgesamt 69 Wochen im Vergleich zu den nordischen Nachbarstaaten die längste Dauer umfasst und sehr flexibel ausgestaltet ist (Björnberg/Dahlgren 2008: 51f.).

Island unterscheidet sich von den anderen nordischen Ländern dadurch, dass die Erwerbsorientierung von Männern und Frauen sehr hoch ist, die staatlichen Leistungen für die Familie aber vergleichsweise niedrig (Eydal/Ólafsson 2008: 109). Siaroff hat Island deswegen in Hinblick auf *female work desirability* auf vergleichbarer Höhe mit den anderen nordischen Staaten eingestuft, bei der *family welfare orientation* allerdings deutlich niedriger, gleichauf mit Deutschland (Siaroff 1997: 94). Trotz der im Vergleich zu den anderen nordischen Ländern niedrigeren Generosität der isländischen Familienpolitik, ist auch hier das Ziel der Geschlechtergleichheit zentral. So findet sich in Island die höchste Quote von Vätern, die Elternzeit in Anspruch nehmen (Lammi-Taskula 2006: 85). Betrachtet man die Entwicklung der isländischen Familienpolitik seit den Neunzigern, kann von einer Verschiebung des Gewichts der familienpolitischen Instrumente gesprochen werden: Während die öffentliche Kinderbetreuung deutlich ausgebaut wurde, gab es bei den monetären Transferleistungen Kürzungen (Eydal/Ólafsson 2008: 124f.).

In der Forschungsliteratur wird häufig darauf hingewiesen, dass sich die norwegische Familienpolitik in einem Spannungsfeld zwischen der Förderung des *dual-earner/dual-carer-model* und der Wahlfreiheit von Eltern befindet, weshalb sie als ambivalent oder dualistisch beschrieben worden ist (Ellingsæter 2006: 121; Skevik/Hatland 2008: 90). Das institutionelle Regime wurde als *gender equality light* bezeichnet, da das Ziel der Geschlechtergleichheit dort weniger konsequent verfolgt wurde als in Dänemark und Schweden (Eydal/Rostgaard 2011: 164). Ursächlich dafür sind die gegensätzlichen Familienbilder des linken und des konservativen politischen Lagers, welche beide die institutionelle Struktur geprägt haben (Ellingsæter 2006: 136). So hat Norwegen 1993 als erstes nordisches Land einen expliziten Vaterschaftsurlaub eingeführt, der die Geschlechtergleichheit in der persönlichen Kinderbetreuung fördern sollte, wenige Jahre später aber auch das Betreuungsgeld (Ellingsæter 2007: 53).

Finnland entspricht wie Norwegen nicht dem Ideal des *dual-earner/dual-carer-model*, da Wahlfreiheit eine wichtige Rolle in der Familienpolitik spielt. So sind Geschlechtergleichheit und Frauenerwerbstätigkeit zwar Ziele der finnischen Familienpolitik, doch hat häusliche Betreuung traditionell eine größere soziale Akzeptanz als in den anderen nordischen Ländern (Hiilamo/Kangas 2009; Rantalaiho 2009). Die Anreize für Väter, die persönliche Betreuung zu übernehmen, sind dabei vergleichsweise gering (Leira 2006: 44). Finnland hat heute eine deutlich niedrigere Quote an Kindern in öffentlicher Betreuung und eine niedrigere Frauenerwerbstätigkeit als die anderen nordischen Länder, wobei aber ein wesentlich größerer Anteil an Frauen Vollzeit beschäftigt ist als in Schweden oder Norwegen (Ostner/Schmitt 2008: 24f.).

In Deutschland war für Frauen lange Zeit die sequentielle Vereinbarkeit von Familie und Beruf das dominierende Leitbild, wobei Väter praktisch keine Anreize für die persönliche Betreuung ihrer Kinder erhielten (Bothfeld 2008: 22). Neuere Studien wie Ferrarini und Duvander (2010) sowie Duvander u.a. (2008) haben diese Einordnung nicht grundsätzlich in Frage gestellt, aber deutlich gemacht, dass durch die Reformen der deutschen Familienpolitik von einer Entwicklung hin zu einem gemischten Modell zu sprechen ist, das sowohl das traditionelle als auch das egalitäre Familienmodell fördert (Duvander u.a. 2008: 19f.; Ferrarini/Duvander 2010: 5).

Dies zeigt sich in einer Veränderung der Zielsetzungen der deutschen Familienpolitik, die nun auch Geschlechtergleichheit, die Erhöhung der Geburtenrate und den volkswirtschaftlichen Gesamtnutzen der Familienpolitik betont (Leitner 2008; Rothgang/Preuss 2008). Dennoch muss darauf hingewiesen werden, dass ein Großteil der Leistungen in der deutschen Familienpolitik immer noch dem alten Leitbild der sequentiellen Vereinbarkeit folgt. Im Bereich der öffentlichen Kinderbetreuung für unter Dreijährige bestehen große strukturelle Unterschiede zwischen den alten und den neuen Bundesländern, die auf die verschiedenen familienpolitischen Traditionen in der alten Bundesrepublik und der DDR zurückzuführen sind (Leitner u.a. 2008: 176). In Ostdeutschland ist das *male-breadwinner-model* deswegen weniger stark ausgeprägt als im Westen. Insgesamt stellt Deutschland unter den Staaten mit einem Betreuungsgeld einen Sonderfall dar, weil es im Gegensatz zu den nordischen Ländern in der Hauptsache das traditionelle Familienmodell fördert.

Wenn wir die hier gewonnenen Erkenntnisse zusammenfassen, lassen sich die sechs Länder entlang der Stärke des *dual-earner-/dual-carer-* beziehungsweise des *male-breadwinner-model* in drei Gruppen einordnen.

Dänemark kommt, gefolgt von Schweden, dem Ideal des *dual-earner-model* mit seiner Familienpolitik am nächsten. Bezieht man allerdings die *dual-carer*-Dimension mit ein, so fördert der schwedische Wohlfahrtsstaat eine gleiche Arbeitsteilung zwischen den Geschlechtern am stärksten. In Island hat das *dual-earner/dual-carer-model* ebenfalls große Bedeutung, allerdings ist die Familienpolitik dort weniger generös ausgestaltet als in Dänemark und Schweden. Norwegen und Finnland weichen hingegen in einigen Aspekten vom Ideal des *dual-earner/dual-carer-model* ab. In beiden Ländern spielt Wahlfreiheit für Eltern bei der Wahl der Betreuungsform und damit auch persönliche Betreuung eine wichtigere Rolle als in den anderen nordischen Ländern. Nach Rantalaiho (2009: 63) bilden diese beiden Länder unter den nordischen Wohlfahrtsstaaten eine eigene Untergruppe im Bereich der Familienpolitik, da im Gegensatz zu den anderen nordischen Ländern versucht wird, zwei Formen von Familienpolitik miteinander zu verbinden. Zuletzt weist Deutschland die stärksten Bezüge zum *male-breadwinner-model* auf. Dies gilt insbesondere für den Westen, da in den neuen Bundesländern durch den stärkeren Ausbau der öffentlichen Kinderbetreuung das *male-breadwinner-model* weniger unterstützt wird.

Verbindet man diese Einordnung mit der Inanspruchnahme des Betreuungsgeldes in den fünf nordischen Ländern, so zeigt sich, dass in Dänemark, Schweden und Island, wo wenige Eltern das Betreuungsgeld beziehen, das *dual-earner-/dual-carer-model* am stärksten ausgeprägt ist. Dagegen ist die Inanspruchnahme in Finnland und Norwegen, wo die Familienpolitik auch *male-breadwinner*-Elemente umfasst, deutlich höher. Das folgende Schaubild veranschaulicht diese Einordnung.

Abbildung 1: Clusterung der Länder nach dem familienpolitischen Regime und der Inanspruchnahme des Betreuungsgeldes

	Inanspruchnahme hoch	Inanspruchnahme niedrig
Dual-earner-/ dual-carer-model		Dänemark, Schweden, Island
↓	Norwegen, Finnland	
Male-breadwinner-model	Ostdeutschland ? Westdeutschland ?	

Quelle: Eigene Darstellung

Die Clusterung der Länder legt die Vermutung nahe, dass die Inanspruchnahme des Betreuungsgeldes dort höher ist, wo das *male-breadwinner-model* durch den Wohlfahrtsstaat stärker gefördert wird. Insbesondere für Westdeutschland wäre demzufolge von einer hohen Inanspruchnahme der Leistung auszugehen.

Für die empirische Studie wird dieser Einordnung folgend jeweils ein Land aus den drei Gruppen ausgewählt. Als Beispiel für den ersten Typ ist Schweden am besten geeignet, da es durch seine Familienpolitik die Geschlechtergleichheit sowohl auf dem Arbeitsmarkt als auch in der Betreuung von Kindern am meisten fördert. Von den sechs Staaten ist Deutschland auf der anderen Seite des Kontinuums angesiedelt, da es das *male-breadwinner-model* am stärksten unterstützt. Eine Besonderheit Deutschlands besteht darin, dass das Betreuungsgeld erst zur Zeit des Schreibens dieser Arbeit eingeführt wurde und bisher noch keine Statistiken über die Inanspruchnahme der Leistung veröffentlicht wurden. Damit erlaubt es der deutsche Fall aber, die Prognosefähigkeit der in dieser Arbeit zum Einsatz kommenden Erklärungsfaktoren zu testen. Die Auswahl des dritten Falles gestaltet sich hier schwieriger, da sowohl Norwegen als auch Finnland dafür in Frage kommen. Zwischen den beiden Ländern lassen sich dabei bestimmte Unterschiede erkennen: Finnland weicht in seiner Sozialstruktur stärker von dem Ideal der nordischen Familienpolitik ab als Norwegen (Ostner/Schmitt 2008: 24f.). Der Forschungsliteratur folgend kann hingegen davon ausgegangen werden, dass in Norwegen gegensätzliche Policies das Bild der Familienpolitik stärker prägen als in Finnland (Ellingsæter 2006: 121), wo die Unterstützung für das *dual-earner/dual-carer-model* lediglich weniger ausgeprägt ist. Beide Länder sind demzufolge aus unterschiedlichen Gründen für die Fallauswahl von Interesse. Aufgrund des deutlichen Wandels in der Inanspruchnahme des Betreuungsgeldes ist Norwegen aber ein besonders spannender Fall, da er es erlaubt, Erklärungsfaktoren für Veränderungsprozesse in der Inanspruchnahme zu identifizieren.[7] Die Arbeit wird sich deswegen mit drei Aspekten befassen: einer retrospektiven Analyse der Inanspruchnahme in Norwegen, einem aktuellen Vergleich der Inanspruchnahme in Norwegen und Schweden sowie zuletzt einer prospektiven Untersuchung der Inanspruchnahme in Deutschland.

Ausgehend von der Clusterung der Länder kann eine erste Hypothese aufgestellt werden: So soll überprüft werden, ob die Inanspruchnahme des Betreuungsgeldes dort höher ist, wo die kulturellen Leitbilder und die institutionelle Grundstruktur eines Landes dem *male-breadwinner-model* entsprechen. Umgekehrt wäre davon auszugehen, dass die Inanspruchnahme dort niedriger ist, wo institutionelles Regime und in der Gesellschaft vorherrschende Normen stärker mit dem *dual-earner/dual-carer-model* übereinstimmen.

1.2 Forschungsstand und Relevanz des Themas

Die bisherige Forschung über das Betreuungsgeld hat sich in erster Linie auf zwei Aspekte bezogen: Zum einen waren die Gründe für die Einführung der Leistung und die mit den Reformen verbundene politische Ideologie Gegenstand vieler Arbeiten (Ellingsæter 2003; 2007; Hiilamo/Kangas 2009; Nyberg 2010; Rantalaiho 2010). Zum anderen hat sich eine Reihe

---

7 Im Vergleich zu Norwegen ist die Inanspruchnahme des Betreuungsgeldes in Finnland seit dessen Einführung relativ konstant geblieben (Haataja 2005: 20).

von Beiträgen mit den Effekten der Leistung auf die Erwerbstätigkeit von Frauen und auf die Geburtenrate befasst (Lappegård 2008; Naz 2004; Schøne 2004; ZEW 2009). Während in den Arbeiten der ersten Gruppe das Betreuungsgeld die abhängige Variable darstellt und damit ein Y-zentriertes Untersuchungsdesign zugrunde liegt, ist es in der zweiten Gruppe, die einem X-zentrierten Design folgt, die unabhängige Variable. Die zentralen Erkenntnisse dieser Forschungsstränge werden im Folgenden kurz dargestellt.

Das Betreuungsgeld wurde in allen drei Ländern von bürgerlichen Koalitionen durchgesetzt. In Norwegen war die Einführung der Leistung nach Ellingsæter (2003: 425) eines der kontroversesten politischen Themen der neunziger Jahre. Die Ziele und der Inhalt der Reform wurden dabei durch einen Kompromiss zwischen den drei Parteien der Minderheitsregierung und den zwei konservativen Oppositionsparteien geprägt, die das Gesetz mittrugen. Das 2008 in Schweden von der Mitte-Rechts-Regierung eingeführte Betreuungsgeld war mit einer Reihe von familienpolitischen Reformen verbunden, von denen einige auch das *dual-earner-model* fördern, andere wie das Betreuungsgeld das männliche Familienernährermodell (Ferrarini/Duvander 2010). Zu den Befürwortern des Betreuungsgeldes gehörten in der Regierung vor allem die Christdemokraten, wobei auch die Zentrumspartei die Leistung schon länger gefordert hatte. Dies gilt auch für die größte Fraktion, die Moderaten. Die Liberalen waren als vierte Koalitionspartei hingegen immer Gegner solcher staatlichen Leistungen gewesen (Nyberg 2010: 70f.). Die Einführung des Betreuungsgeldes und einer Steuererleichterung für Paare, die Erwerbs- und Betreuungsarbeit egalitär aufteilen, kann deswegen als politischer Kompromiss zwischen den Regierungsparteien gesehen werden (Duvander u.a. 2008: 21f.). Die Einführung eines Betreuungsgeldes war in Deutschland vor allem ein Ziel der CSU, die in Anbetracht der am *dual-earner/dual-carer-model* orientierten familienpolitischen Reformen der letzten Jahre versucht, eine konservative Vorstellung von Wahlfreiheit zu fördern. Gegen den Widerstand der Koalitionspartner SPD in der Großen Koalition (2005–2009) und FDP in der christlich-liberalen Koalition (2009–2013) hatte es die CSU geschafft, das Betreuungsgeld auf die Agenda der Regierung zu setzen (Schildmann 2010: 6). Die Einigung über die Einführung der Leistung lässt sich wie in Schweden durch einen politischen Tauschhandel erklären: Die CSU und Teile der CDU machten als Vetospieler innerhalb der Regierungskoalition ihre Zustimmung zum Ausbau der Kinderbetreuung für unter Dreijährige von der Aufnahme des Betreuungsgeldes in das Kinderförderungsgesetz (KiföG) abhängig (Henninger/von Wahl 2010: 373f.). Die mit der Einführung des Betreuungsgeldes verbundenen Zielsetzungen sind in allen drei Ländern im Wesentlichen die gleichen. Die Verbesserung der Wahlfreiheit von Eltern muss an erster Stelle genannt werden. Wahlfreiheit ist dabei häufig mit anderen Aspekten verbunden: So solle der Staat Familien keine Vorgaben machen, indem er bestimmte Betreuungsarrangements und Familienmodelle bevorzugt. Das Betreuungsgeld trage zu einer gerechten Verteilung staatlicher Unterstützungsleistungen bei (Korsnes 2004: 108f.; Rantalaiho 2010: 125f.). Nicht nur erwerbstätige Mütter sollten staatliche Unterstützung bei der Kinderbetreuung erfahren, sondern auch diejenigen, die sich persönlich um ihre Kinder kümmern (Ellingsæter 2007: 56ff.). In Deutschland sehen die Unionsparteien das Betreuungsgeld als einen Ausgleich für Eltern an, die für ihr Kind keinen öffentlichen Kinderbetreuungsplatz in Anspruch nehmen wollen. Damit werde die Erziehungsleistung von Eltern gewürdigt (Schuler-Harms 2010: 8). In Norwegen hat sich gezeigt, dass in der Gruppe der Unterstützer verschiedene Vorstellungen von Wahlfreiheit vorherrschen. Während Wahlfreiheit für die Konservativen eine Frage der Wahl zwischen privater und öffentlicher Kinderbetreuung darstellt, ist es für die Christliche Volkspartei die Wahl zwischen externer und persönlicher Betreuung (Ellingsæter 2007: 59). Ein weiteres Argument für das Betreuungsgeld lautet, dass Eltern mehr Zeit für ihre Kinder gegeben werde. In Norwegen wurde dieser Punkt vor allem von der damaligen Familienministerin aus der Christlichen Volkspartei, Valgjerd Svarstad Haugland, angeführt (Bungum/Kvande 2013: 44). In Schweden argumentierten die Befürworter der Leistung hingegen, dass mehr Zeit für Kinder auch zu einer Verbesserung der Vereinbarkeit von Familie und Beruf beitrage, zumal die Leistung auch für private Kinderbetreuung genutzt werden könne (Rantalaiho 2010: 128). Die Förderung privater Kinderbetreuung stand auch für die norwegischen Oppositionsparteien im Vordergrund, die das Betreuungsgeld mit unterstützten (Ellingsæter 2003: 428ff.). In allen Ländern betonten die Befürworter der Leistung, dass eine persönliche Betreuung durch die Eltern gefördert werden müsse, da Eltern am besten wüssten, was gut für ihre Kinder sei (Rantalaiho 2010: 125f.).

Zu den Gegnern des Betreuungsgeldes gehören auf Parteienebene in Norwegen, Schweden wie Deutschland die Sozialdemokraten, die Linksparteien, in Schweden und Deutschland die Grünen sowie in Deutschland darüber hinaus die FDP. Das Betreuungsgeld habe negative Folgen für die Geschlechtergleichheit, da es vor allem für Frauen einen Anreiz darstelle, die Erwerbstätigkeit zugunsten der Kinderbetreuung aufzugeben. In Deutschland wurde dabei hervorgehoben, dass dies negative Auswirkungen auf das Angebot an Arbeitskräften habe. Die Aufgabe oder Einschränkung der Erwerbstätigkeit führe zu einer Verschlechterung der beruflichen Perspektiven und zu niedrigeren Ansprüchen auf Sozialleistungen. Das gelte insbesondere für Frauen mit Migrationshintergrund, die für die Anreize der Leistung besonders empfänglich seien. In der Folge habe dies negative Auswirkungen auf die Integration und Chancengleichheit von Kindern aus Haushalten mit niedrigen Einkommen und mit Migrationshintergrund, da gerade diese Kinder von frühkindlicher Bildung profitieren würden (Rantalaiho 2010: 132; Schuler-Harms 2010: 9). In Deutschland und Norwegen betonten die Gegner des Betreuungsgeldes, dass es nicht zu einer Verbesserung der Wahlfreiheit beitrage, da die Nachfrage nach öffentlichen Betreuungsplätzen noch nicht gedeckt sei und – im Fall von Deutschland – das bestehende institutionelle Arrangement das *male-bread-winner-model* ohnehin fördere (Schuler-Harms 2010: 9). In Norwegen wurde die Befürchtung geäußert, dass das Betreuungsgeld den Ausbau von öffentlichen Kinderbetreuungsplätzen aufhalte und private Betreuung fördere, die schwerer zu kontrollieren sei (Korsnes 2004: 109). Die schwedische Opposition war der Ansicht, dass die Leistung nicht zu mehr Gerechtigkeit zwischen Familien beitrage, da der Empfängerkreis beschränkt sei und Alleinerziehende die Leistung praktisch nicht nutzen könnten. Es führe zudem zu Unterschieden zwischen den Kommunen. Zuletzt würde das Betreuungsgeld nicht dazu beitragen, dass Eltern mehr Zeit mit ihren Kindern verbringen, da es auch für private Betreuungsformen genutzt werden könne (Nyberg 2010: 71f.).

Studien über die Effekte des Betreuungsgeldes in Norwegen haben gezeigt, dass das Betreuungsgeld trotz hoher Inanspruchnahme die Erwerbstätigkeit von Müttern und die Dauer der Arbeitszeit nur wenig verringert hat (vgl. Korsnes 2004: 120f. und Rønsen/Kitterød 2010: 98; Schøne 2004). Ellingsæter (2003) erklärt diesen Umstand damit, dass der Reform Annahmen zugrunde lagen, welche die Komplexität der sozialen und ökonomischen Situation von Müttern verkannten. Die Leistung wurde zu einem Zeitpunkt eingeführt, als die Frauenerwerbstätigkeit Spitzenwerte erreichte und eine hohe Nachfrage nach öffentlicher Kinderbetreuung bestand, die von Seiten der Regierung offensichtlich unterschätzt wurde. Aus diesem Grund haben die Anreize des Betreuungsgeldes nicht zu dem erwarteten Rückgang weiblicher Erwerbstätigkeit geführt (Ellingsæter 2003: 438f.). In Folge der Einführung der Leistung lässt sich allerdings eine Zunahme in der Spezialisierung von Erwerbs- und Betreuungsarbeit zwischen Müttern und Vätern feststellen, die abhängig vom Bildungsniveau der Mütter ist. So ist der Effekt bei Frauen mit universitärer Ausbildung stärker, was wohl darauf zurückzuführen ist, dass Mütter mit niedrigerer Bildung häufiger von informellen Betreuungsarrangements Gebrauch machen (Naz 2004). Zudem lässt sich feststellen, dass das Arbeitsangebot von Müttern mit nicht-westlichem Migrationshintergrund in Norwegen durch das Betreuungsgeld deutlich abgenommen hat (Hardoy/Schøne 2008). Gleichzeitig lässt sich in der öffentlichen Kinderbetreuung ein Rückgang von Kindern mit Migrationshintergrund verzeichnen (Korsnes 2004: 121), während sich die Nachfrage nach öffentlicher Betreuung insgesamt kaum verändert hat (Rønsen/Kitterød 2010: 96). Studien, die einen längeren Zeitraum berücksichtigt haben, lassen allerdings vermuten, dass die langfristigen Effekte des Betreuungsgeldes auf die Frauenerwerbstätigkeit stärker ausfallen (Rønsen/Kitterød 2010: 101f.). Zuletzt weist das Betreuungsgeld wie andere Leistungen, die das männliche Familienernährermodell fördern, einen positiven Zusammenhang mit der Geburt eines dritten Kindes auf, während an Geschlechtergleichheit orientierte Policies dagegen einen positiven Effekt auf zweite Geburten haben. Daraus kann abgeleitet werden, dass Paare mit verschiedenen Auffassungen über die Aufteilung von Erwerbs- und Betreuungsarbeit von unterschiedlichen Policies profitieren (Lappegård 2008).

Im Fall von Schweden mögen die geringe Zahl von Kindern, für die das Betreuungsgeld bezogen wird, sowie die erst kürzlich zurückliegende Einführung der Leistung der Grund dafür sein, dass bisher keine Studien über die Effekte des Betreuungsgeldes durchgeführt wurden. Es zeigte sich allerdings kurz nach der Einführung, dass über 90 Prozent der Bezieher Mütter sind und dass wesentlich weniger Eltern das Betreuungsgeld beantragt haben, als es von den Kommunen erwartet wurde (Nyberg 2010: 80f.).

Die möglichen Auswirkungen der Einführung eines Betreuungsgeldes in Deutschland wurden in einer Studie des Zentrums für Europäische Wirtschaftsforschung (ZEW) im Auftrag des Bundesministeriums der

Finanzen (ZEW 2009) und in einem sich daran anlehnenden Discussion Paper des ZEW (Beninger u.a. 2010) untersucht. Die beiden Arbeiten zeigen, dass für die Einführung eines Betreuungsgeldes für Kinder im Alter von 13 bis 36 Monaten und den ebenfalls im KiföG niedergelegten Ausbau von Betreuungsplätzen gegenläufige Effekte zu erwarten sind. Wie in Norwegen würde ein Betreuungsgeld zu einer Polarisierung der Arbeitsmarktbeteiligung von Müttern mit hoher und niedriger Erwerbsneigung führen. Vor allem Mütter mit Migrationshintergrund würden vom Betreuungsgeld finanziell profitieren. Bei der Nachfrage nach öffentlicher Kinderbetreuung könne von einem leichten Rückgang ausgegangen werden. Das Betreuungsgeld werde daneben zu starken Mitnahmeeffekten bei Familien führen, die eine persönliche Betreuung durch die Mutter präferieren. Insgesamt seien die verhaltensändernden Effekte jedoch beschränkt, da eine Pauschalleistung von 150 Euro als »schwacher finanzieller Impuls […] kaum substanzielle Verhaltenseffekte« mit sich bringen werde (ZEW 2009: 87). Auf die Ergebnisse der ZEW-Studie verweisen auch Boll und Reich (2012), die darüber hinaus bei der Humankapitalentwicklung der Kinder und den Fertilitätseffekten auf die Erfahrungen aus Norwegen verweisen. Jörg Althammer hat dargelegt, dass bei einer Gutscheinlösung Wohlfahrtsgewinne für Familien und insbesondere für Kinder erreicht werden können, die nicht mit den dargestellten Problemen einer Geldleistung verbunden wären (Althammer 2010). Eine Evaluation des Betreuungsgeldes in Thüringen hat darüber hinaus gezeigt, dass zwischen 2006 und 2007 die Betreuungsquote der Zwei- bis Dreijährigen um 6,1 Prozent auf 73,4 Prozent zurückgegangen, bis Ende März 2008 aber wieder um 2,7 Prozent gestiegen ist (Opielka/Winkler 2009). Für Thüringen lässt sich kein Zusammenhang zwischen der Höhe des Einkommens der Eltern und dem Besuch einer Kindertagesstätte feststellen. Lediglich für ein Sechstel der Familien spielt das Betreuungsgeld bei der Wahl des Betreuungsarrangements eine Rolle.

Vergleichsweise wenige Arbeiten haben sich mit der Inanspruchnahme des Betreuungsgeldes befasst. Diese Studien können zumeist zu dem Bereich der Y-zentrierten Forschungsdesigns gezählt werden, da sie einen bestimmten Aspekt des Betreuungsgeldes (dessen Inanspruchnahme) erklären sollen. Meagher und Szebehely (2012) vergleichen die sehr unterschiedliche Inanspruchnahme in Finnland, Norwegen, Schweden und Dänemark und führen diese darauf zurück, dass öffentliche Kinderbetreuung in Dänemark und Schweden bereits sehr verbreitet war, als das Betreuungsgeld dort eingeführt wurde. Dies ist ein Grund dafür, weshalb in diesen beiden Ländern weniger Eltern die Leistung nutzen als in Finnland oder Norwegen (Meagher/Szebehely 2012: 97). Daneben haben sich weitere Studien vor allem mit der Inanspruchnahme des Betreuungsgeldes in Norwegen und mit dem dortigen Rückgang in der Nutzung der Leistung befasst. Bungum und Kvande (2013) setzen sich ausführlich mit diesem Thema auseinander und identifizieren drei Phasen: die der Einführung mit einer hohen Inanspruchnahme, den Einbruch nach der Vergünstigung und dem Ausbau der öffentlichen Kinderbetreuung und zuletzt ein weitergehender Rückgang, bei dem sich zunehmend eine klassenspezifische Nutzung des Betreuungsgeldes zeigt. Als entscheidende erklärende Variable für den Rückgang in der Inanspruchnahme wird bei Bungum und Kvande der institutionelle Wandel angeführt, welcher mit der Reform der öffentlichen Kinderbetreuung einsetzte. Die gleiche Argumentation findet sich in einer früheren Studie von Ellingsæter und Gulbrandsen (2007: 661). Von Bedeutung ist ihnen zufolge auch die bereits angesprochene Nachfrage nach öffentlichen Kinderbetreuungsplätzen, welche durch die Einführung des Betreuungsgeldes nicht zurück gegangen ist. Zuletzt kontrastiert Gulbrandsen (2009) den Rückgang in der Inanspruchnahme des Betreuungsgeldes in Norwegen mit der nach wie vor positiven Sichtweise der norwegischen Bevölkerung auf die Leistung. Diesen Zusammenhang führt er darauf zurück, dass Norweger zwar Wahlfreiheit in der Familienpolitik als hohen Wert ansehen, zumeist aber öffentliche Kinderbetreuung gegenüber dem Betreuungsgeld bevorzugen.

Die Übersicht zeigt, dass es relativ wenige Arbeiten gibt, die sich mit der Inanspruchnahme des Betreuungsgeldes befassen. Allein Bungum und Kvande (2013) widmen diesem Thema einen ganzen Artikel. Gerade für Schweden ist der Forschungsstand hierzu sehr dürftig und auch für Deutschland existieren bisher aufgrund der erst kürzlich zurückliegenden Einführung des Betreuungsgeldes keine Arbeiten, die sich mit der Nutzung der Leistung befassen. Im Allgemeinen fehlt es bisher an einer vergleichenden Studie über die Inanspruchnahme des Betreuungsgeldes in den nordischen Ländern. Die vorliegende Arbeit trägt deswegen dazu bei, die bestehende Forschungslücke zu schließen.

1.3   Aufbau der Arbeit

Der weitere Aufbau der Arbeit gestaltet sich folgendermaßen: Das zweite Kapitel beinhaltet den theoretischen Rahmen der Arbeit, während das dritte Kapitel die methodische Herangehensweise vorstellt. Im vierten Kapitel wird untersucht, inwiefern das Zusammenspiel zwischen dem Betreuungsgeld und dem institutionellen Regime in Norwegen, Schweden und Deutschland die Inanspruchnahme der Leistung erklärt. Das fünfte Kapitel befasst sich mit dem Verhalten und der Einstellung von Eltern bezüglich der Aufteilung von Erwerbs- und Betreuungsarbeit in der Familie und analysiert, inwiefern diese beiden Elemente den Unterschied in der Inanspruchnahme zwischen Norwegen und Schweden sowie deren zukünftige Entwicklung in Deutschland erläutern können. Die Arbeit endet mit einer Zusammenfassung und Bewertung der Ergebnisse der empirischen Analyse in Kapitel sechs.

2 Theoretischer Rahmen

Bevor in diesem Kapitel die interessierenden theoretischen Ansätze präsentiert werden, soll zunächst geklärt werden, welche Ansprüche an eine Theorie gestellt werden müssen, um zur Beantwortung der vorliegenden Fragestellung beitragen zu können. Damit ein theoretischer Ansatz geeignet ist, muss dieser ganz grundsätzlich erläutern, was die Entscheidung von Eltern über die Nutzung einer bestimmten Wohlfahrtsleistung beeinflusst. Zu diesem Zweck muss sich eine Theorie mit dem Zusammenspiel und der Wechselwirkung von menschlichem Verhalten und Policies befassen.

Berücksichtigt man diese beiden Kriterien, so können zur Bearbeitung der vorliegenden Fragestellung die folgenden Ansätze beitragen: An erster Stelle stehen der soziologische und der historische Neo-Institutionalismus, welche sich mit institutionellem Wandel befassen. Die Forschung zum Betreuungsgeld in Norwegen legt nämlich nahe, dass sozialpolitische Reformen für den Rückgang der Inanspruchnahme verantwortlich waren (Bungum/Kvande 2013). Des Weiteren wird auf Governance-Ansätze eingegangen, die sich mit der Steuerung beziehungsweise Koordination von institutionellen Regelungen befassen. Sie setzen sich zwar weniger mit der Frage auseinander, inwiefern Policies menschliches Verhalten beeinflussen, doch helfen sie dabei zu zeigen, unter welchen Voraussetzungen Policies die gewünschten Effekte erzielen können. Daneben werden die Theorie des Geschlechterarrangements von Birgit Pfau-Effinger (2000) sowie das Konzept der Fragmentierung von Silke Bothfeld vorgestellt (Bothfeld 2008; Bogedan u.a. 2009), welche sich am detailliertesten mit den hier interessierenden Sachverhalten auseinandersetzen. Obwohl die genannten Ansätze teilweise auf sehr unterschiedliche Gegenstände abzielen, helfen sie alle dabei, ein Analysekonzept für die Arbeit zu entwickeln. Die Diskussion der theoretischen Ansätze im zweiten Unterkapitel dient dementsprechend der Festlegung der Untersuchungselemente für den empirischen Teil der Studie und soll eine Interpretation der Untersuchungsergebnisse ermöglichen. Nachdem die so gewonnenen analytischen Kategorien für die empirische Untersuchung identifiziert worden sind, werden Forschungshypothesen aufgestellt, anhand derer sich die methodische Herangehensweise der Studie entwickeln lässt.

Da sowohl der wohlfahrtsstaatliche Kontext als auch der Kreis der potentiellen Bezieher für die Fragestellung von Bedeutung sind, werden an dieser Stelle zwei Begriffe definiert, die im Folgenden eine wichtige Rolle spielen werden.

Unter dem Begriff ›Policy-Regime‹ wird die Gesamtheit der wohlfahrtsstaatlichen Leistungen und gesetzlichen Regelungen verstanden, welche auf die Aufteilung von Erwerbs- und Betreuungsarbeit innerhalb der Familie einwirken. Dazu zählen an erster Stelle familienpolitische Leistungen im engeren Sinne wie die Elternzeit, monetäre Leistungen wie das Kindergeld und Dienstleistungen wie die öffentliche Kinderbetreuung. Darüber hinaus müssen einer weiten Definition des Begriffs ›Familienpolitik‹ folgend auch andere Policies wie zum Beispiel lohnsteuerrechtliche Regelungen, Leistungen der Kranken- und Rentenversicherung, arbeitsmarktpolitische Maßnahmen sowie Regelungen des Unterhaltsrechts und der Gleichstellungsgesetzgebung untersucht werden, die auf die Aufteilung von Erwerbs- und Betreuungsarbeit in der Familie einwirken. In Kapitel 3 werden diese grossen Bereiche politischer Regelungen näher diskutiert.

Des Weiteren muss geklärt werden, was unter dem Begriff ›soziale Umwelt‹ verstanden werden soll. Mary Daly (2005) unterscheidet zur Untersuchung von familiärem Wandel zwischen *family forms*, *family organisation* und *family relations and values*. *Family forms* umfassen grundlegende Indikatoren über die Struktur von Familien wie die Zusammensetzung von Haushalten, die Fertilitätsrate und die Verbreitung von Eheschließungen und Scheidungen. *Family organisation* bezeichnet dagegen die innerfamiliäre Aufgabentrennung, während *family relations and values* auf die Einstellung der Familienmitglieder gegenüber ihrer eigenen Rolle in der Familie und der der anderen Familienmitglieder Bezug nimmt. Für das vorliegende Forschungsvorhaben sind *family organisation* und *family relations and values* von zentralem Interesse, da ihre Berücksichtigung darüber Aufschluss gibt, in welchem Verhältnis das Betreuungsgeld zu den gelebten Familienmodellen und den kulturellen Leitbildern in der Gesellschaft steht. *Family forms* sind darüber hinaus als Rahmenbedingung für die Untersuchung von Bedeutung, um festzustellen, ob die Anreize und Zielsetzungen des Betreuungs-geldes für verschiedene Paare eine unterschiedliche Rolle spielen.

2.1 Darstellung der relevanten Theorielandschaft

2.1.1 Neo-Institutionalismus

Der Neo-Institutionalismus lässt sich in drei Strömungen unterteilen: den Rational Choice, den historischen und den soziologischen Neo-Institutio-nalismus. Dabei sind hier Spielarten dieser Theorie-Familie zu berücksich-tigen, die sich mit institutionellem Wandel befassen, da zu überprüfen ist, ob der Rückgang in der Inanspruchnahme des Betreuungsgeldes in Nor-wegen durch Veränderungen im Policy-Regime verursacht wurde. Unter Institutionen werden in diesem Zusammenhang Policy-Institutionen ver-standen, wie sie Csigó (2006: 76ff.) in ihrer differenzierten Institutionen-Typologie vorstellt. Dabei muss zunächst geklärt werden, was unter dem Begriff Policy, der allgemein gesprochen die inhaltliche Ebene von Politik umfasst, genau zu verstehen ist. Csigó lehnt sich an die Policy-Definition von Schubert und Bandelow (2003) an, nach der unter Policies »Gesetze, Verordnungen, Entscheidungen, Programme und Maßnahmen« zu verste-hen sind, »deren konkrete materielle Resultate die Bürger direkt betreffen« (Schubert/Bandelow 2003: 4). Von Policy-Institutionen kann man also dann sprechen, wenn sich politische Inhalte langfristig in institutionellen Strukturen manifestieren (Csigó 2006: 81).

Es werden hier der historische und der soziologische Neo-Institutiona-lismus berücksichtigt, da ihre Konzeptionen von institutionellem Wandel für die vorliegende Fragestellung von Relevanz sind. Im Rational Choice Institutionalismus werden Akteure beziehungsweise Individuen als nut-zenmaximierend und ihre Interessen zumindest zum Teil als exogen gege-ben eingestuft. Zudem gehen die Ansätze dieser Theorie-Strömung davon aus, dass Individuen in ähnlicher Form auf die Anreize von Institutionen ansprechen (Csigó 2006: 37f.). Diese Sichtweise ist allerdings problema-tisch, da nicht beachtet wird, dass institutionelle Regelungen unterschiedli-che Anreize für Personengruppen bereitstellen, deren normative Vorstel-lungen voneinander abweichen. Dadurch ermöglicht sie nicht, die Präfe-renzen von Eltern für bestimmte Formen der Aufteilung von Erwerbs-und Betreuungsarbeit zu berücksichtigen (vgl. Kangas/Rostgaard 2007;

Lappegård 2008). Ein theoretischer Ansatz muss deswegen eine differenziertere Perspektive auf die soziale Umwelt einnehmen, als es der Rational Choice Institutionalismus tut. Der historische und der soziologische Neo-Institutionalismus sind hier passender, weil sie trotz einer Reihe von Unterschieden, die im Folgenden erläutert werden, Interessen als endogen gegeben und durch Institutionen beeinflusst ansehen (Koelble 1995: 232). Die Darstellung kann dabei nur eine Auswahl relevanter Arbeiten dieser beiden Formen des Neo-Institutionalismus enthalten, in der aber die für die vorliegende Fragestellung zentralen Aspekte zur Sprache kommen.

Dem historischen Neo-Institutionalismus zufolge entstehen Interessen und Ziele im institutionellen Kontext. Dadurch beeinflussen Institutionen die Entscheidungen von Akteuren maßgeblich, wobei ihnen allerdings ein gewisser Entscheidungsspielraum zugestanden wird (Koelble 1995: 241 f.). So handeln Akteure im Rahmen eines bestehenden institutionellen Gefüges, können es aber zugleich aktiv gestalten (Thelen 2006). Institutionen sind dabei das Erbe eines historischen Prozesses. Aus diesem Grund befasst sich diese Theorie-Strömung in der Regel mit dem Zustandekommen von Institutionen (Thelen 1999: 382ff.). Der Institutionenbegriff des historischen Neo-Institutionalismus beinhaltet formale Regelsysteme, aber auch Organisationen, die das Handeln von Akteuren strukturieren (Csigó 2006: 44).

Der historische Neo-Institutionalismus ist lange Zeit vor allem durch Ansätze geprägt gewesen, die auf institutionelles Beharrungsvermögen hingewiesen und es durch Pfadabhängigkeit erklärt haben (Pierson 1996). Eine Hauptkritik am historischen Neo-Institutionalismus bezieht sich auf dessen fehlende Erklärungskraft für institutionellen Wandel. Deswegen haben eine Reihe von Arbeiten darauf verwiesen, dass auch institutioneller Wandel durch den historischen Institutionalismus erklärt werden muss, wenn dieser ein umfassendes Konzept für die Entwicklung von Institutionen darstellen soll (Peters u.a. 2005). So gibt es Ansätze im historischen Institutionalismus, die institutionellen Wandel »durch Veränderungen der sozioökonomischen und/oder politischen Umwelt« bedingt sehen (Csigó 2006: 47). Ihnen zufolge funktionieren die alten Institutionen unter veränderten Rahmenbedingungen nicht mehr und müssen reformiert werden, um wieder die intendierten Outputs zu produzieren (ebenda). Nach Thelen (2006) besteht der Schlüssel zum Verständnis institutionellen Wandels darin herauszufinden, unter welchen Voraussetzungen etablierte Feedback-

Mechanismen die Reproduktion einer Institution gewährleisten und wann dies nicht der Fall ist. Dabei können Akteure das institutionelle Gefüge an neue Herausforderungen anpassen, ohne dass es zu radikalem Wandel kommt (Thelen 2006: 417f.). So kann auch inkrementeller institutioneller Wandel zu wichtigen Veränderungen des Institutionengefüges führen (Streeck/Thelen 2005: 8). Inkrementeller und abrupter Wandel beschreiben nach Streeck und Thelen zwei Prozesse, die nicht notwendigerweise in einem Zusammenhang mit dem Ergebnis des Wandels stehen: Beide Formen von Wandel können zu Kontinuität oder zu Diskontinuität des institutionellen Gefüges führen.

Bei der Analyse von Institutionen gilt es, neben der regulativen Funktion auch deren Leitbildfunktion zu berücksichtigen. Institutionen prägen durch die mit ihnen verbundenen Anreize und Sanktionen soziales Handeln, müssen dafür aber von ihrer sozialen Umwelt anerkannt werden. Zugleich beeinflussen Institutionen auch die soziale Umwelt, indem sie Normen und Deutungsmuster vorgeben. Voraussetzung für diesen wechselseitigen Effekt ist die »Stabilität der Umweltbedingungen und der Abgeschlossenheit gesellschaftlicher (Teil-)Systeme« (Quack 2005: 348). Ist eine solche Stabilität nicht mehr gegeben, da sich die soziale Umwelt verändert hat, kann institutioneller Wandel zu einer Behebung dieser Diskrepanz führen. Eine solche Berücksichtigung der normativen Funktion von Institutionen und ihrer Wechselwirkung mit der sozialen Umwelt lässt eine Konzeptualisierung von institutionellem Wandel als ›dramatischen‹ Wandel nach andauernder institutioneller Stabilität unrealistisch erscheinen, da gesellschaftlicher Wandel in der Regel kein abruptes Ereignis darstellt (ebenda).

Der soziologische Neo-Institutionalismus zeichnet sich in erster Linie durch eine andere Perspektive auf das Individuum aus als die historische Variante. Individuen sind dieser Sichtweise zufolge in den institutionellen Kontext eingebettet. Dies bedeutet, dass Individuen kaum Handlungsspielräume zugestanden werden, da ihre Einbettung in einen politischen, ökonomischen und sozialen Kontext die Möglichkeit verhindert, frei zu entscheiden (Koelble 1995: 234f.).

Ein wichtiges Konzept, welches das Handeln von Individuen im soziologischen Neo-Institutionalismus erläutert, ist die *logic of appropriateness*. Danach orientieren sich Individuen in einer Situation daran, welches Handeln sie als angemessen für ihre Rolle innerhalb einer Institution betrachten. Aus diesem Grund handeln Individuen zuweilen auch entgegen ihren eigenen Interessen. Voraussetzung dafür ist die Anerkennung der Legitimität einer Institution. Institutionen bestimmen dadurch auch die Identitäten von Individuen (Esser 2006: 48). Hierbei muss berücksichtigt werden, dass der soziologische Neo-Institutionalismus einen weiteren Institutionenbegriff besitzt als der historische. Demzufolge umfassen Institutionen nicht nur formale Regelsysteme, sondern auch normative Vorstellungen, Symbole, Routinen und Kultur (Csigó 2006: 51). Verortet man in diesem Zusammenhang formale Institutionen, so sind sie in einen größeren Kontext eingebunden, der durch gesellschaftliche und kulturelle Faktoren geprägt wird (Koelble 1995: 232).

Diese Sichtweise bestimmt auch die Konzeption von institutionellem Wandel: Es soll vor allem die Entstehung von Institutionen erklärt werden (Csigó 2006: 53). Institutioneller Wandel ist dieser Perspektive zufolge nur schwer zu erreichen, da die Einbettung in einen kulturellen Kontext und in bestehende Routinen das Handeln der Individuen determiniert (Thelen 1999: 386). Nach der *logic of appropriateness* ist institutioneller Wandel grundsätzlich dann möglich, wenn neue Institutionen als legitim angesehen werden (Cortell/Peterson 2001: 773). Akteure initiieren Wandel, da sie nach Legitimität streben. Die Ursachen können dabei endogener oder exogener Natur sein. So ist es möglich, dass Akteure auf Veränderungen außerhalb des Einflussbereiches der Institutionen reagieren müssen und dadurch Wandel auslösen. Solche Anpassungsprozesse finden aber immer im Rahmen bestehender Vorstellungsmuster statt. Wie im historischen Neo-Institutionalismus kann die Beziehung zwischen Individuen und Institutionen als wechselseitig beschrieben werden: Institutionen bestimmen zwar das Handeln der Individuen, doch sind diese in der Lage, Institutionen zu verändern, wenn auch nur in eingeschränktem Maßstab (Csigó 2006: 52ff.). Diese Fixierung auf regelgeleitetes Handeln von Individuen war Gegenstand breiter Kritik an der soziologischen Institutionentheorie (Schmid/Maurer 2006: 27).

Im vorherigen Abschnitt wurde geklärt, wie das Verhältnis von formalen und informellen Institutionen und menschlichem Verhalten in den beiden Varianten des Neo-Institutionalismus grundsätzlich gestaltet ist. Nun geht es um die spezifischere Frage, welche Aspekte beim Zusammenspiel von Policies und sozialer Umwelt berücksichtigt werden müssen, um Unterschiede in der Inanspruchnahme zu erklären.

Schmid und Schömann (1994) haben sich in einem Beitrag über die sozioökonomische Evaluation europäischer Arbeitsmarktpolitik mit der Frage beschäftigt, weshalb verschiedene Formen von Arbeitsmarktpolitik Erfolg haben. Grundsätzlich müssen (Arbeitsmarkt-)Institutionen die Vielfalt ihrer Umwelt berücksichtigen. Daneben muss bei der Wahl institutioneller Arrangements zum einen Konsistenz gewährleistet werden, was bedeutet, dass institutionelle Regelungen aufeinander abgestimmt sind. Zum anderen muss Kohärenz gegeben sein, womit die Fähigkeit der Akteure gemeint ist, von Institutionen zielgerichtet Gebrauch zu machen. Liegen diese Voraussetzungen vor, so können in verschiedenen Ländern ganz unterschiedliche Policies zum Erfolg führen (Schmid/Schömann 1994: 20f.). Dementsprechend kann davon ausgegangen werden, dass Inkonsistenz und Inkohärenz negative Effekte mit sich bringen und institutioneller Wandel nicht zum Erreichen der gewünschten Ziele beiträgt.

Ob durch institutionellen Wandel die Ergebnisse erzielt werden können, welche die Akteure anstreben, hängt vom institutionellen Kontext ab, in dem die zu untersuchende Institution steht (Cortell/Peterson 2001: 769). Dem historischen Neo-Institutionalismus folgend kommen unbeabsichtigte Konsequenzen von institutionellem Wandel dann zustande, wenn sich neu geschaffene Institutionen mit alten überlagern. So hat Thelen (1999) darauf hingewiesen, dass Institutionen aufgrund ihres unterschiedlichen Entstehungszeitpunktes nicht unbedingt aufeinander abgestimmt sind. Der politische Prozess bringt deswegen häufig unbeabsichtigte Folgen mit sich. Dagegen geht der soziologische Institutionalismus davon aus, dass solche Folgen dann eintreten, wenn neue Institutionen nicht zu den normativen und sozialen Strukturen in der Gesellschaft passen. Eine Voraussetzung für den Erfolg von institutionellem Wandel besteht darin, dass bei der Reform formaler Institutionen informelle Institutionen wie normative Grundauffassungen berücksichtigt werden. Die Reform formaler Institutionen kann nicht gleichzeitig mit dem Wandel informeller Institutionen stattfinden, vielmehr geht der Wandel letzterer dem formaler Institutionen voraus (Cortell/Peterson 2001: 774f.).

Fasst man die Diskussion des historischen und des soziologischen Neo-Institutionalismus zusammen, so zeigt sich, dass beide Ansätze ein detailliertes Konzept über den Einfluss von Institutionen auf Verhalten sowie über das Zusammenspiel zwischen beiden Elementen besitzen. Institutionen beeinflussen das Verhalten von Akteuren maßgeblich, wobei aber entscheidend ist, welchem Institutionenbegriff gefolgt wird: Da sich der historische Neo-Institutionalismus allein auf formale Institutionen bezieht, ist es nachvollziehbar, dass der Einfluss von Institutionen weniger weit reicht als in der soziologischen Variante, die beispielsweise auch Kultur als Institution versteht. Beide Ansätze betonen die Wechselseitigkeit des Verhältnisses von Institutionen und Akteuren beziehungsweise Individuen und weisen darauf hin, dass die Anerkennung von Institutionen für deren Funktionsfähigkeit wichtig ist. Mangelnde Anerkennung durch die soziale Umwelt kann in institutionellem Wandel münden, wobei in diesem Fall inkrementeller Wandel am wahrscheinlichsten ist (Quack 2005: 348). Für die Inanspruchnahme des Betreuungsgeldes bedeutet dies, dass zum einen der Kontext formaler Institutionen berücksichtigt werden muss, in dem Eltern handeln, zum anderen kulturelle Faktoren wie die gesellschaftliche Anerkennung der Leistung.

Über dieses grundsätzliche Verhältnis von Institutionen und menschlichem Verhalten hinaus liefern die beiden Theorieschulen Anhaltspunkte dafür, welche Voraussetzungen erfüllt sein müssen, damit Policies vor dem Hintergrund institutionellen Wandels Erfolg haben, das heißt zum Erreichen der mit ihnen verbundenen Zielsetzungen beitragen. Dem historischen Neo-Institutionalismus zufolge müssen die verantwortlichen Akteure darauf achten, dass sie das institutionelle Umfeld im Zuge einer Reform ausloten und die Ausgestaltung der neuen Institution an den Funktionsmechanismen der angrenzenden Institutionen ausrichten. Im soziologischen Neo-Institutionalismus müssen Akteure dagegen bei der (Um-)Bildung von Institutionen die in der Gesellschaft geteilten normativen Sichtweisen berücksichtigen. Damit beschreibt der historische Neo-Institutionalismus Voraussetzungen für eine gelungene Koordination auf der Ebene der Politik, die soziologische Variante hingegen auch auf der Ebene des Zusammenspiels von institutionellem Regime und sozialer Umwelt. Hieraus lässt sich ableiten, dass eine hohe Inanspruchnahme des Betreuungsgeldes dann wahrscheinlicher ist, wenn die institutionelle Ausgestaltung der Leistung mit anderen Policies gut abgestimmt ist und die mit dem Betreuungsgeld verbundenen Normen in der Gesellschaft geteilt werden. Sowohl ein Wandel formaler als auch informeller Institutionen kann sich auf die Inanspruchnahme des Betreuungsgeldes auswirken.

Eine Stärke der neo-institutionalistischen Perspektive besteht darin, dass sie veranschaulicht, welche Bedeutung institutioneller Wandel für das Verhalten von Individuen hat. Allerdings gibt der Neo-Institutionalismus nur Auskunft über das grundsätzliche Verhältnis von Policy-Regime und sozialer Umwelt. Die Einflussmechanismen zwischen beiden Ebenen werden nicht im Detail beleuchtet. Dies ist sicherlich darauf zurückzuführen, dass der Ansatz in erster Linie auf die Erläuterung des Zustandekommens von institutionellem Wandel abzielt und nicht auf die Erklärung von Verhalten.

2.1.2 Governance-Ansätze

Neben den neo-institutionalistischen Ansätzen sind auch Theorien aus der Governance-Forschung für die Untersuchung von Interesse, da sie dabei helfen zu klären, inwiefern die Koordinierung von Policies von Bedeutung für die Inanspruchnahme einer Leistung sein kann. Dabei geht es um Ansätze, die nicht die Koordinierung von Akteurshandeln durch Institutionen in den Vordergrund stellen, sondern die Koordination institutioneller Regelungen durch Akteure (vgl. Schuppert 2008: 33f.).

Bothfeld und Kuhl (2008) haben für Deutschland gezeigt, dass in verschiedenen Policies, die für die Gleichstellung der Geschlechter relevant sind, unterschiedliche Formen von politischer Steuerung zum Tragen kommen. Da die Gleichstellungsproblematik eng mit der Aufteilung von Erwerbs- und Betreuungsarbeit in der Familie verknüpft ist, sind die Ergebnisse dieses Beitrages von großem Interesse für die vorliegende Arbeit. So beschränkt sich Gleichstellungspolitik nicht auf ein einzelnes Politikfeld, sondern muss über verschiedene Regelungsgebiete hinweg koordiniert werden. Allerdings stellt gerade diese Koordination für die Gleichstellung der Geschlechter ein Problem dar, weil die Eigenlogiken der einzelnen Teilbereiche von Recht, Ökonomie und Sozialstaat die Möglichkeiten zur politischen Steuerung beschränken (Bothfeld/Kuhl 2008: 345).

An die von Bothfeld und Kuhl (2008) dargestellte Problematik schließt der *holistic governance*-Ansatz an. Dieser wurde ursprünglich von Perri 6 (1997) und 6 u.a. (2002) als normatives Steuerungskonzept entwickelt und von Irene Dingeldey (2003; 2006) zur Untersuchung von aktivierender Arbeitsmarkt- und Sozialpolitik herangezogen. 6 geht davon aus, dass die Organisation von Regierungshandeln problematisch ist, da sich diese nicht an bestmöglicher Problemlösung, sondern an der Unterteilung in bestimmte Aufgabenbereiche orientiert (6 1997: 16ff.). Zentrale Herausforderungen für die heutigen Gesellschaften stellen hingegen die so genannten *wicked problems* dar. Dies sind Probleme, die verschiedene administrative Ebenen berühren und sich deswegen einer Lösung durch das alleinige Handeln einer dieser Ebenen entziehen (6 u.a. 2002: 34).[8] In der Folge lassen sich komplexe soziale Probleme, die verschiedene Verwaltungseinheiten betreffen, nur lösen, wenn eine umfassende, ergebnisorientierte Koordination über verschiedene administrative Bereiche hinweg erfolgt. Das verlangt im Kern die Berücksichtigung eines einheitlichen politischen Leitbildes (Dingeldey 2006: 361). In analytischer Hinsicht ist dabei die Unterscheidung zwischen Mitteln und Zielen von Governance bedeutsam. Zwischen und innerhalb der Organisationen, die sich mit einem Problemfeld befassen, kann es sowohl bei den Zielen als auch bei den zum Einsatz kommenden Mitteln zu Konflikten kommen. Ist das der Fall, wird von *fragmented governance* gesprochen. Sie ist die Folge von Problemen in den Beziehungen zwischen den Organisationen, die sich mit *wicked issues* befassen (6 u.a. 2002: 37). Um eine ganzheitliche Form von Governance zu erreichen, genügt es nicht, dass sich Ziele und Mittel nicht widersprechen – sie müssen sich vielmehr gegenseitig verstärken (6 u.a. 2002: 32).

Ein anderes Konzept von Governance, das die Outcomes von Policies in den Blick nimmt und betont, dass die Anreize von Leistungen sowie Dienstleistungen und Infrastruktur koordiniert werden müssen, wurde unter dem Begriff *reflexive governance* diskutiert (Dingeldey 2009). Dingeldey untersuchte mit Hilfe dessen die Governance-Formen von Employability-Maßnahmen und den damit verbundenen Wandel im Verhältnis zwischen Staat und Individuum. Dieser Governance-Ansatz legt besonderes Gewicht auf die Koordination der Ausgestaltung von politischen Maßnahmen und damit auf die Effekte von Policies. Von *holistic governance* unterscheidet er sich insofern, dass der ›technische‹ Aspekt von Governance Gegenstand der Untersuchung ist. Zwar soll *reflexive governance* auf die Verwirklichung bestimmter Leitbilder abzielen (Dingeldey 2009: 26), doch wird die Koordination von Leitbildern in diesem Ansatz nicht explizit berücksichtigt.

Gegenüber den neo-institutionalistischen Ansätzen erlaubt die Miteinbeziehung der Governance-Perspektive zu bestimmen, welche Aspekte im Zusammenspiel zwischen dem Betreuungsgeld und den anderen Policies berücksichtigt werden müssen: Gemäß dem *holistic governance*-Ansatz muss die Koordination der Leitbilder beziehungsweise Paradigmen von Familienpolitik betrachtet werden. Daneben ist es notwendig, die Koordination

---

8 Ein Beispiel dafür ist die Kriminalitätsbekämpfung, die nicht nur polizeiliches Handeln, sondern beispielsweise auch Armutsbekämpfung umfasst (6 u.a. 2002: 35).

der institutionellen Ausgestaltung des Policy-Instrumentariums zu analysieren, das auf die Aufteilung von Erwerbs- und Betreuungsarbeit in der Familie einwirkt (vgl. Bothfeld/Kuhl 2008: 339).

Die Arbeiten von Jan Kooiman (1993; 2005) helfen, die dargestellten Erkenntnisse in ein abstraktes Konzept von Governance einzuordnen. Grundlage für seinen Governance-Ansatz ist die Annahme, dass die zunehmende Komplexität gesellschaftlicher Teilsysteme neue Konzeptionen der Steuerung zwischen verschiedenen Akteursgruppen notwendig macht. Kooiman stellt dabei in erster Linie die schwindenden Grenzen zwischen öffentlichem und privatem Sektor heraus (Kooiman 2005: 150f.). Im Sinne der oben dargestellten Governance-Ansätze kann an dieser Stelle auch auf einen Steuerungsbedarf zwischen verschiedenen administrativen Ebenen hingewiesen werden. Governance muss sowohl die Seite der Steuernden beziehungsweise die (Steuerungs-)Kapazitäten als auch die Seite der Gesteuerten beziehungsweise ihre Bedürfnisse berücksichtigen und die Interaktionen zwischen beiden Gruppen analytisch miteinander verbinden (Kooiman 1993: 46f.; 2005: 153).

Um diese Interaktionen beschreiben zu können, muss zwischen Prozessen und Strukturen von Interaktionen unterschieden werden. Prozesse umfassen dabei die Handlungsebene, auf der sich die »Werte, Ziele, Interessen und Zwecke von Individuen, aber auch von Organisationen und Gruppen« offenbaren (Kooiman 2005: 154). Strukturen beinhalten hingegen »die materiellen, soziostrukturellen und kulturellen Rahmenbedingungen und Kontexte, in denen Interaktionen stattfinden« (ebenda). Darunter sind zum einen formale Regelsysteme wie Institutionen zu verstehen, aber auch Verhaltensnormen oder Kommunikationsmuster. Hierbei muss berücksichtigt werden, dass die Handlungsebene (Prozess) und die Strukturebene nicht abgeschlossen sind, sondern in einer Wechselbeziehung miteinander stehen. Das Verhältnis der beiden Ebenen lässt sich anhand eines Beispiels deutlich machen: Strukturen beeinflussen zwar das Handeln von Akteuren, doch müssen sie auf der Handlungsebene zunächst entwickelt werden. So stellt institutioneller Wandel einen Prozess dar, in dem Institutionen reformiert oder geschaffen werden, die daraufhin das Handeln von Individuen beeinflussen. Das Verhältnis von Prozess und Struktur bleibt an diesem Punkt nicht in einem statischen Zustand verhaftet. In einer demokratischen Gesellschaft besteht die Möglichkeit, durch politische

Prozesse Strukturen zu verändern. Die folgende Abbildung veranschaulicht dieses Verhältnis von Handlungs- und Strukturebene.

Abbildung 2: Interaktionsmodell des Governance-Konzepts nach Kooiman (2005)

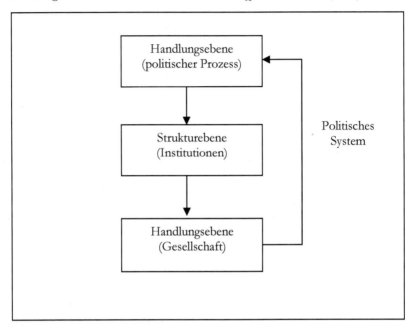

Quelle: Eigene Darstellung

Der Autor stellt drei Governance-Modi vor, mit deren Hilfe sich mögliche Steuerungsformen der Interaktion verschiedener Akteursgruppen klassifizieren lassen. Setzt man den oben dargestellten Governance-Ansätzen zufolge voraus, dass die Steuerung von Akteuren vor allem zwischen verschiedenen Verwaltungseinheiten und Ressorts bedeutend ist, so muss hier der Modus der Co-Governance betrachtet werden. Dieser beinhaltet unter anderem die Koordination der Interaktionen auf der Meso-Ebene von Akteuren, das heißt von Organisationen. Eine Voraussetzung für das Gelingen dieser Koordination ist die »ausreichende Übereinstimmung von Zielsetzungen und Interessen […], um ein synergetisches Vorgehen […] zu erreichen« (Kooiman 2005: 161). Dies entspricht der Leitbild-Orientierung des *holistic governance*-Ansatzes.

Daneben kann mit Hilfe von Kooimans Ansatz festgelegt werden, auf welche Ebenen von Governance sich die vorliegende Arbeit bezieht. Kooiman unterscheidet zwischen drei Formen von Governance: Governance erster Ordnung, welche »Problemlösung und Chancenerzeugung« beinhaltet (Kooiman 2005: 163). Governance zweiter Ordnung, welche die institutionellen Rahmenbedingungen für Problemlösung und Chancenerzeugung bildet und sich »mit dem Erhalt, dem Design und der Erneuerung soziopolitischer Institutionen« befasst (Kooiman 2005: 166). Kooiman bezieht sich dabei auf den Neo-Institutionalismus und betont, dass Institutionen auch durch Normvorstellungen geprägt sind. Die dritte Form von Governance bezeichnet er als Meta-Governance, welche die Maßstäbe für die Beurteilung von Governance diskutiert und den normativen Rahmen für die Entwicklung von Institutionen absteckt (Kooiman 2005: 168). Für das vorliegende Forschungsvorhaben sind Governance zweiter Ordnung und Meta-Governance von Bedeutung: Während *holistic* und *reflexive governance* in beiden Fällen Governance zweiter Ordnung berücksichtigen, befasst sich erstere durch die Miteinbeziehung von politischen Leitbildern auch mit Meta-Governance.

Beurteilt man die dargestellten Ansätze und Konzeptionen von Governance anhand des eingangs dargestellten Anspruchs an eine Theorie, so wird deutlich, dass eine Berücksichtigung des Zusammenspiels von Policies beziehungsweise Institutionen und menschlichem Verhalten nur in der Governance-Konzeption von Kooiman vorzufinden ist. Er bezieht auf überzeugende Weise das Verhältnis von Policy-Regime und sozialer Umwelt mit ein, indem er in seinem Interaktionsmodell die Beziehung zwischen Steuernden und Gesteuerten berücksichtigt. Dies leisten die anderen dargestellten Ansätze von Governance nicht. Allerdings helfen die anderen Ansätze zu konkretisieren, inwiefern das Zusammenspiel zwischen dem Betreuungsgeld und den anderen Policies von Relevanz für die Erklärung der Inanspruchnahme der Leistung sein kann. Wohlfahrtsstaatliche Leistungen müssen hierbei auf zwei verschiedenen Ebenen untersucht werden: Zum einen sind dies auf der abstrakten Ebene Leitbilder oder Meta-Governance, zum anderen ›technische‹ Aspekte der zweiten Ordnung von Governance, welche sich mit der Abstimmung der institutionellen Ausgestaltung von Policies befassen. Dabei müssen die Eigenlogiken der administrativen Ebene beziehungsweise der Politikfelder berücksichtigt werden, welche auf die Aufteilung von Erwerbs- und Betreuungsarbeit in der Familie einwirken. Aus diesen Ergebnissen lässt sich ableiten, dass eine Policy dann die gewünschten Ergebnisse produziert, wenn auf der einen Seite die angrenzenden Policies der gleichen Zielsetzung folgen und auf der anderen Seite die institutionelle Ausgestaltung koordiniert ist. Dies kann man als Voraussetzungen für eine hohe Inanspruchnahme des Betreuungsgeldes interpretieren. Leider liefern die Governance-Ansätze keine Anhaltspunkte dafür, welche Bedingungen im Zusammenspiel zwischen Betreuungsgeld und sozialer Umwelt erfüllt sein müssen, damit eine hohe Inanspruchnahme der Leistung wahrscheinlich ist.

2.1.3   Die Theorie des Geschlechter-Arrangements

Ein theoretischer Ansatz, der die Ebene politischer Institutionen und der sozialen Umwelt sehr überzeugend miteinander verbindet, ist die Theorie des Geschlechter-Arrangements von Birgit Pfau-Effinger (2000; 2004). Ziel dieses Ansatzes ist es, den Einfluss von kulturellen Leitbildern und gesellschaftlichen Institutionen auf das Erwerbsverhalten von Frauen zu analysieren (Pfau-Effinger 2000: 68). Damit befasst sich diese Theorie im Gegensatz zu den neo-institutionalistischen und den Governance-Ansätzen direkt mit der Frage, was menschliches Verhalten beeinflusst. Das Geschlechter-Arrangement eines Landes umfasst auf der einen Seite die Geschlechterkultur, auf der anderen die Geschlechterordnung.

Unter dem Begriff der Geschlechterkultur versteht Pfau-Effinger Vorstellungen und Leitbilder über die Arbeitsteilung zwischen den Geschlechtern. Diese Leitbilder sind das Ergebnis von gesellschaftlichen Aushandlungsprozessen und kommen als Normen im institutionellen Gefüge eines Landes zum Ausdruck. Die Geschlechterkultur beeinflusst die sozialen Strukturen, die gesellschaftlichen Institutionen und Diskurse sowie die Wertvorstellungen der Individuen. Sie ist allerdings nicht statisch, sondern wird immer wieder von den sozialen Akteuren neu ausgehandelt. Es muss berücksichtigt werden, dass die Geschlechterkultur nicht für alle Teile der Gesellschaft gleich ist, da soziale Gruppen wie Immigranten aus einem anderen Kulturkreis oder Menschen aus bestimmten Regionen eines Staates anderen Vorstellungen und Leitbildern folgen können. Daneben sollte nicht automatisch davon ausgegangen werden, dass Individuen, die ein bestimmtes Leitbild vertreten, dieses auch leben. Äußere Umstände oder Zwänge können dazu führen, dass dies den Individuen nicht möglich ist. Eine solche Situation kann eine Folge von Veränderungsprozessen sein oder solche auslösen (Pfau-Effinger 2000: 69f.).

Der Begriff der Geschlechterordnung fasst das Verhältnis zwischen den Institutionen des Wohlfahrtsstaates, des Arbeitsmarktes und der Familie sowie die Geschlechterstrukturen einer Gesellschaft zusammen. Letztere beinhalten die geschlechterspezifische Arbeitsteilung sowie die Machtverteilung zwischen den Geschlechtern und werden durch das Wechselspiel der genannten Institutionen beeinflusst. Die Geschlechterordnung bestimmt damit über die Aufteilung der Produktion von Wohlfahrtsleistungen durch Staat, Familie und Markt (Pfau-Effinger 2000: 70f.).

Pfau-Effinger betont, dass Aushandlungsprozesse von zentraler Bedeutung für den Bestand eines Geschlechter-Arrangements sind. Sie tragen zu einer Übereinstimmung zwischen Geschlechterkultur und Geschlechterordnung bei. Treten Widersprüchlichkeiten zwischen diesen beiden Ebenen des Geschlechter-Arrangements auf, ist dies ein Grund für Konflikte zwischen den Akteuren, welche zu einem Wandel bestimmter Aspekte des Arrangements führen können (Pfau-Effinger 2000: 71/77).

Die Theorie des Geschlechter-Arrangements wurde von Pfau-Effinger zu einer abstrakteren Theorie des Wohlfahrts-Arrangements weiterentwickelt, die sich mit der Bedeutung von Kultur für die Unterschiede zwischen Wohlfahrtsstaaten befasst. Im Vergleich zur Theorie des Geschlechter-Arrangements, die sich mit den Gründen für das Erwerbsverhalten von Frauen innerhalb eines Landes beschäftigt, ist die Theorie des Wohlfahrts-Arrangements auf internationale Vergleiche ausgelegt und deswegen für die Problemstellung der vorliegenden Arbeit von Interesse. Wohlfahrtsstaatspolitiken sind der Theorie zufolge immer in einen gesellschaftlichen, kulturellen Kontext eingebettet. Aus diesem Grund können vergleichbare politische Maßnahmen in verschiedenen kulturellen Kontexten unterschiedliche Wirkungen haben (Pfau-Effinger 2005: 10). Entscheidend ist allerdings, dass die Paradigmen der Policies in Einklang mit den in der Bevölkerung geteilten Werten stehen, um zu den gewünschten Wirkungen zu führen. Wandelt sich die Gesellschaft, nicht aber die Anreize des wohlfahrtsstaatlichen Arrangements, so erschwert dies den Bürgern, die von ihnen präferierten Lebensmodelle zu realisieren (Pfau-Effinger 2005: 14).

Der Ansatz zeichnet sich dadurch aus, dass er zum einen der Bedeutung von Policies beziehungsweise des institutionellen Regimes als auch der sozialen Umwelt Rechnung trägt und zum anderen eine sehr differenzierte Konzeption des Zusammenspiels zwischen diesen beiden Elementen besitzt. Pfau-Effinger verbindet mit ihrem Ansatz die institutionelle und die »kulturell-normative Ebene«, um das Verhalten von Individuen zu erklären (Hummelsheim 2009: 34). Das Regime der Aufteilung von Erwerbs- und Betreuungsarbeit kann dabei als ein Überbegriff für die politischen Institutionen gesehen werden, die innerhalb der Geschlechterordnung mit der gesellschaftlichen Institution der Familie und den Geschlechterstrukturen interagieren. Zusammen mit der Geschlechterkultur beeinflusst das Regime als Teil der Geschlechterordnung das individuelle (Erwerbs-)Verhalten. Policies wirken dadurch nicht nur auf die soziale Umwelt ein, sie müssen zudem sozial akzeptiert sein, um ihre intendierte Wirkung zu entfalten. Die Beziehung zwischen institutionellem Regime und Geschlechter- beziehungsweise Wohlfahrtskultur ist also eine wechselseitige (Pfau-Effinger 2005: 13f.). Dabei wird deutlich, dass in der Theorie des Geschlechter-Arrangements die Trennlinie zwischen Geschlechterkultur und Geschlechterordnung eine andere ist als zwischen Policy-Regime und sozialer Umwelt. Das ist der einfachen Tatsache geschuldet, dass Pfau-Effinger auf der Ebene der Geschlechterkultur kulturelle Werte ansiedelt und auf der Ebene der Geschlechterordnung die in Institutionen und Strukturen materialisierten Werte. Die Kategorie der Geschlechterkultur birgt den Nachteil, dass (anders als in den Governance-Ansätzen) nicht explizit zwischen der normativen und der Maßnahmen-Ebene des Policy-Regimes differenziert wird. Damit besteht die Gefahr, Unterschiede zwischen in der Politik und in der Gesellschaft geteilten Normen zu übersehen. Trotz dieser Einschränkung eignet sich die Theorie des Geschlechter-Arrangements gut für einen Analyserahmen zur Untersuchung der Inanspruchnahme des Betreuungsgeldes, da der Ansatz auf die Erklärung einer Verhaltensform (Frauenerwerbstätigkeit) abzielt.

Eine hohe oder niedrige Inanspruchnahme kann durch unterschiedliche Rahmenbedingungen verursacht werden, ohne dass das gesamte Geschlechter-Arrangement in Richtung einer Nutzung der Leistung wirkt. So ist es möglich, dass beispielsweise die Institution des Wohlfahrtsstaates oder die Geschlechterstruktur eine Nutzung nahe legt, dies aber nicht in Übereinstimmung mit den normativen Orientierungen der Eltern steht. In diesem Fall bestünde keine Übereinstimmung zwischen den in der Gesellschaft geteilten Sichtweisen über die Aufteilung von Erwerbs- und Betreuungsarbeit und dem institutionellen Regime, was als Hinweis auf die

Instabilität des Geschlechter-Arrangements gesehen werden kann. Der Ansatz erlaubt es damit nicht nur zu zeigen, ob Geschlechterkultur, Geschlechterstruktur oder Institutionen in Richtung einer höheren oder niedrigeren Inanspruchnahme wirken, sondern auch, was dies qualitativ bedeutet. Es macht für die Beurteilung einer Policy nämlich einen großen Unterschied, ob sie genutzt wird, weil Eltern sich aus normativen oder allein aus finanziellen Gründen dafür entscheiden. In der Praxis muss aber berücksichtigt werden, dass Geschlechterkultur, Geschlechterstruktur und Institutionen sehr eng miteinander zusammenhängen und deswegen nicht isoliert betrachtet werden sollten. Da sich Geschlechter-Arrangements in einem permanenten Wandlungsprozess befinden, kann man nicht davon ausgehen, dass ein Geschlechter-Arrangement völlig kohärent ist. Der Ansatz ist darüber hinaus auch geeignet zu erklären, weshalb sich die Inanspruchnahme einer Leistung verändert. Dies kann nämlich durch einen Wandel in den drei oben genannten Elementen beziehungsweise durch deren Zusammenwirken verursacht werden. Wie in den neo-institutionalistischen Theorien wird davon ausgegangen, dass »[g]esellschaftliche Entwicklungen [...] immer ›pfadabhängig‹ [sind]« (Hummelsheim 2009: 38).

2.1.4 Das Konzept der Fragmentierung

Das Konzept der Fragmentierung wurde von Silke Bothfeld (2008) für den Zweck entwickelt, die Veränderungen der deutschen Familienpolitik dahingehend zu untersuchen, ob durch das Elterngeld und den Ausbau der Kinderbetreuung ein Fortschritt in der Geschlechtergleichheit erreicht werden kann. Ziel des Ansatzes ist es, ein »umfassendes Bild von längerfristigen und tiefer liegenden Reformwirkungen« zu zeigen (Bothfeld 2008: 6). Allgemein gesprochen lässt sich sagen, dass sich das Konzept der Fragmentierung mit den Entwicklungsrichtungen institutionellen Wandels befasst, wobei Fragmentierung als Begleiterscheinung und als klassisches Merkmal inkrementellen Wandels gesehen wird (Bothfeld 2008: 5f.). Es soll dabei helfen, »Systembrüche klarer von systemimmanenten beziehungsweise ›systemverträglichen‹ Hybridisierungstendenzen zu unterscheiden« (Bogedan u.a. 2009: 102). Eine Besonderheit des Ansatzes der Fragmentierung besteht darin, dass er darauf abzielt, die *Folgen* inkrementellen institutionellen Wandels zu erklären. Im Gegensatz zu den meisten Theorien, die sich mit institutionellem Wandel befassen, steht also *nicht das Zustandekommen* des Wandels im Vordergrund. Damit weist das Konzept der

Fragmentierung einige Gemeinsamkeiten mit den oben dargestellten Ansätzen des Neo-Institutionalismus auf.

Bothfeld unterscheidet zwischen der formalen und der informellen Dimension von Politik, um »die Spannungen zwischen sozialem beziehungsweise kulturellem Wandel und dem Politikwandel [zu] thematisieren« (Bothfeld 2008: 9). Die formale Dimension umfasst dabei das politische Paradigma und das Policy-Regime, während die informelle Dimension die sozialen Praktiken und Identitäten beinhaltet. Unter dem Begriff politisches Paradigma sind dabei die normativen Grundauffassungen zu verstehen, die ein Politikfeld prägen (vgl. Hall 1993). Das Policy-Regime beinhaltet hingegen ein »Set von institutionellen Regelungen« (Bothfeld 2008: 9), die für den zu untersuchenden Gegenstand relevant sind und idealtypischer Weise zur Verwirklichung des politischen Paradigmas beitragen sollen, indem sie soziale Praktiken beeinflussen. Das Policy-Regime besteht demnach aus einer Reihe von Policy-Institutionen wie Csigó (2006) sie definiert hat (siehe S. 33).[9] Die Grundlage für soziale Praktiken bilden hingegen soziale Identitäten, welche sich nicht direkt durch politische Steuerung verändern lassen (Bogedan u.a. 2009: 103). Soziale Praktiken sind demnach grundsätzlich durch soziale Identitäten geprägt und von Policies beeinflusst. Betrachtet man das Verhältnis von politischem Paradigma und sozialen Identitäten demokratietheoretisch, so lässt sich sagen, dass soziale Identitäten, vermittelt über das politische System, das politische Paradigma prägen. Die normativen Orientierungen der Bürger schlagen sich dabei in der Wahl der politischen Repräsentanten nieder, deren Werteorientierungen wiederum auf die institutionellen Strukturen einwirken. In der Praxis stehen einem solchen idealtypischen Wirkungszusammenhang aber Hürden entgegen, da es von der Macht- beziehungsweise Ressourcenverteilung innerhalb einer Gesellschaft, der Art der Repräsentation und von den im politischen System angelegten Aushandlungsprozessen abhängt, welche sozialen Identitäten sich in institutionellen Regelungen niederschlagen und in welchem Ausmaß das geschieht (vgl. Pickel/Pickel

---

9 Csigó unterscheidet bei Policy-Institutionen darüber hinaus zwischen Policy-Kern und Policy-Programm, wobei ersterer die »Grundsätze und Ziele« und letzteres die »abgeleiteten konkreten Maßnahmen und Instrumente« beinhaltet (Csigó 2006: 81). Wie auf der Ebene eines Politikfeldes mit politischem Paradigma und Policy-Regime zwischen Werten und Strukturen, in denen sich Werte manifestieren, differenziert wird, so kann durch Csigós Definition von Policy-Institutionen eine solche Unterscheidung auch für einzelne Maßnahmen erfolgen.

2006: 56ff.). Die folgende Abbildung veranschaulicht das Verhältnis der zentralen Kategorien des Ansatzes.

Abbildung 3: Zentrale Kategorien des Konzepts der Fragmentierung

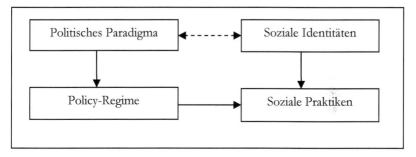

Quelle: Eigene Darstellung

Um die Folgen von Defiziten im Zusammenspiel dieser zentralen Elemente umfassend darzustellen, wird zwischen horizontaler und vertikaler Fragmentierung unterschieden.

Fragmentierung auf der horizontalen Ebene von Politik hat Inkonsistenz, das heißt eine »mangelhafte Koordinierung zwischen Politikfeldern« zur Folge (Bothfeld 2008: 5). Voraussetzung für die Konsistenz institutioneller Regime ist hingegen, dass die Vielschichtigkeit sozialer Problemlagen berücksichtigt wird, da Koordination in der Regel über mehrere Politikfelder hinweg erfolgen und dabei deren unterschiedliche Funktionslogiken berücksichtigen muss (Bothfeld 2008: 10f.). Die Koordinierung der horizontalen Ebene von Politik entspricht also der Governance von verschiedenen Politikfeldern und Maßnahmen zur Erreichung eines Ziels.

Dagegen zieht eine Fragmentierung auf der vertikalen Ebene von Politik Inkohärenz nach sich, was »mangelnd[e] Passförmigkeit zwischen dem dominierenden politischen Paradigma und der daraus abgeleiteten institutionellen Regulierung mit den sozialen Praktiken und Identitäten« bedeutet (Bothfeld 2008: 11). Die Berücksichtigung von sozialen Praktiken *und* Identitäten ist hierbei wichtig, da soziale Praktiken durch Institutionen mitgeprägt werden. Eine weitgehende Übereinstimmung zwischen sozialen Praktiken und Identitäten ist ein Indiz für die gesellschaftliche Passförmigkeit eines institutionellen Regimes und des mit ihm verbundenen Paradigmas. Stehen das politische Paradigma und die sozialen Identitäten aber im

Gegensatz zueinander, so liefert das Policy-Regime Anreize, die nicht zu den in der Gesellschaft geteilten Normen passen.

Aus der Definition von Inkonsistenz und Inkohärenz in Bothfeld (2008) geht allerdings nicht hervor, ob es sich bei Koordinationsdefiziten zwischen dem politischen Paradigma und dem Policy-Regime um Inkonsistenz oder Inkohärenz handelt. Zur Präzisierung trägt an dieser Stelle ein Beitrag von Bogedan u.a. (2009) bei, in dem das Konzept der Fragmentierung zur Untersuchung des Wandels des deutschen Sozialversicherungssystems herangezogen wurde. Nach ihrem Verständnis des Ansatzes der Fragmentierung steht Inkonsistenz dabei für mangelnde Passförmigkeit unterhalb der Ebene des Systembruchs, während Inkohärenz oberhalb dessen angesiedelt ist. So bedeutet horizontale Fragmentierung beziehungsweise Inkonsistenz allein den Mangel an ›technischer‹ Passförmigkeit innerhalb eines Policy-Regimes. Vertikale Fragmentierung umfasst hingegen dreierlei: Mangelnde Passförmigkeit zwischen dem politischen Paradigma und der institutionellen Regulierung, den sozialen Praktiken sowie den Identitäten, auf denen die Praktiken beruhen (Bogedan u.a. 2009: 103).

Die Berücksichtigung von sozialen Praktiken und Identitäten im Konzept der Fragmentierung lässt sich durch den Einfluss feministischer Forschungsansätze erklären, die sich mit der Konstruktion des Wohlfahrtsstaates befassen (vgl. Bothfeld 2008: 8). Der unterschiedliche Umgang mit Frauen und Männern in verschiedenen Wohlfahrtsregimen ist nach Maßgabe dieser Ansätze in der Kultur und den Normvorstellungen einer Gesellschaft über die Geschlechterrollen begründet. Zugleich kommen diese Vorstellungen in der institutionellen Regulierung zum Ausdruck. Ein Beispiel dafür, auf das Bothfeld eingeht, ist die in Kapitel 2.1.3 dargestellte Theorie des Wohlfahrts-Arrangements, die veranschaulicht, wie wichtig die Passförmigkeit von politischem Paradigma und sozialen Identitäten ist.

Die Stärke dieser Perspektive besteht in der Annahme, dass sich institutionelle Anreiz-Strukturen nicht direkt im sozialen Verhalten niederschlagen. Vielmehr sind gesellschaftlicher und kultureller Wandel wichtige Faktoren, welche die Wirkung von institutionellen Anreizen beeinflussen. Spannungen zwischen gesellschaftlichem und politischem Wandel können durch das Konzept der Fragmentierung aufgezeigt und soziale Problemlagen, denen die Politik nicht adäquat begegnet oder die sie sogar verstärkt, identifiziert werden (Bothfeld 2008: 9). Sowohl Konsistenz als auch Kohärenz tragen damit zur ›normativen Integration‹ von Policies in einer Gesellschaft bei. Dies bedeutet, dass die politischen Regelungen und die in der Gesellschaft vertretenen normativen Vorstellungen zueinander passen. Eine solche Übereinstimmung wird als Voraussetzung gesehen, um sozialen Spannungen zu begegnen (Bothfeld 2008: 13).

Obwohl sich das Konzept der Fragmentierung mit den Folgen inkrementellen institutionellen Wandels befasst, muss an dieser Stelle darauf verwiesen werden, dass institutionelle Rigiditäten von Bedeutung für den Ansatz sind. ›Normative Integration‹ kann dadurch verhindert werden, dass beispielsweise Wandel, der sich auf das gesamte Policy-Regime beziehen müsste, nur in einzelnen Teilbereichen des Regimes stattfindet und an anderer Stelle durch institutionelles Beharrungsvermögen blockiert wird. Institutionelle Rigiditäten können also ein Grund für die Fragmentierung eines Politikfeldes sein. Bothfeld betont darüber hinaus, dass politische Akteure dazu gezwungen sind, stringente Politikstrategien zu entwerfen, was der normativen Integration abträglich sei. Die durch das Policy-Regime geförderten Praktiken können deswegen nie der Vielfalt der sozialen Realität entsprechen (Bothfeld 2008: 14).

Die Voraussetzungen zur Vermeidung von Fragmentierung, welche die politischen Akteure erfüllen müssen, sind dabei sehr anspruchsvoll: Zunächst müssen die Akteure über ein fundiertes Wissen darüber verfügen, wie politische Leistungen und Regelungen in ihrem Zusammenspiel auf das Verhalten von Individuen wirken und welche Wertvorstellungen und Lebensweisen in der Gruppe der Betroffenen vorherrschen. Insofern dieses Wissen vorhanden ist, müssen sich die Akteure auf gemeinsame Politikziele einigen und diese (als dritte Voraussetzung) in konkrete politische Maßnahmen umsetzen (Bothfeld 2008: 33f.). Die zweite und dritte Voraussetzung zeigen, wie bedeutend die Konsensfähigkeit politischer Akteure zur Vermeidung von Fragmentierung ist. Ist das Bewusstsein dafür allerdings nicht vorhanden oder sind die Konflikte in der Phase der Politikformulierung zu groß, so wird auch eine genaue Problemdiagnose nicht zur normativen Integration von Politik führen.

Wenn man das Konzept der Fragmentierung charakterisieren will, kann man es als normatives Governance-Konzept beschreiben, das zeigt, welche Aspekte Akteure berücksichtigen und welche Rahmenbedingungen erfüllt sein müssen, damit inkrementeller institutioneller Wandel keine negativen Folgen nach sich zieht.

Die vorangegangene Darstellung hat deutlich gemacht, dass sich das Konzept der Fragmentierung sehr detailliert mit dem Zusammenspiel von

Policies und menschlichem Verhalten auseinandersetzt. Im Vordergrund steht dabei aber die Analyse der Wirkung von Policies. Der Ansatz unterscheidet auf der Ebene des institutionellen Regimes zwischen politischem Paradigma und Policy-Regime. Auf der Ebene der sozialen Umwelt wird zwischen sozialen Praktiken und Identitäten differenziert. So beeinflussen Institutionen, die auf politischen Paradigmen beruhen, soziale Praktiken, welche wiederum auf sozialen Identitäten basieren. Policy-Regime und soziale Praktiken sind also die materialisierten Ergebnisse von politisch vertretenen (politisches Paradigma) und in der Gesellschaft vertretenen Wertvorstellungen (soziale Identitäten).

Die Nutzung des Betreuungsgeldes ist dieser Untergliederung folgend im Bereich der sozialen Praktiken angesiedelt. Ein Vorteil des Konzepts der Fragmentierung liegt darin, dass es sehr klar darstellt, wie soziale Identitäten, politisches Paradigma und Policy-Regime auf das Verhalten von Eltern einwirken. Allerdings bleiben die sozialen Praktiken selbst eine Black Box, da der Ansatz keine Einflussmechanismen innerhalb des Bereichs der sozialen Praktiken diskutiert. Trotzdem liefert das Konzept der Fragmentierung eine Reihe an Hinweisen darauf, unter welchen Voraussetzungen Eltern auf eine wohlfahrtsstaatliche Leistung ansprechen und wie dies qualitativ zu beurteilen ist. Eine hohe Inanspruchnahme des Betreuungsgeldes kann dann als wahrscheinlicher angesehen werden, wenn die Leistung gut mit dem institutionellen Regime und der sozialen Umwelt koordiniert ist, das heißt konsistent und kohärent ist. Unter diesen Voraussetzungen würden Eltern das Betreuungsgeld beziehen, weil die Leistung zum einen mit der restlichen Familienpolitik, zum anderen mit den in der Gesellschaft geteilten Normen und Verhaltensweisen in Übereinstimmung steht. Viel interessanter ist allerdings die Frage, in welchem Ausmaß und aus welchen Gründen das Betreuungsgeld bezogen wird, wenn ein beträchtliches Maß an Fragmentierung zwischen dem institutionellen Regime und der sozialen Umwelt besteht. So kann sich das Betreuungsgeld gut in das Policy-Regime einfügen, aber den in der Gesellschaft geteilten Identitäten entgegenstehen. Zuletzt lässt sich durch Veränderungen in den vier von der Theorie aufgestellten Kategorien auch ein Wandel in der Inanspruchnahme der Leistung erklären. Das Konzept der Fragmentierung macht dabei klar, dass Wandel auf der Ebene des institutionellen Regimes und der sozialen Umwelt einer Pfadabhängigkeit unterworfen ist. Dies gilt damit auch für Veränderungen der sozialen Identitäten (Bothfeld 2008: 12f.).

Bevor im nächsten Abschnitt die theoretischen Ansätze gemeinsam diskutiert und ein Analyserahmen für die Studie entwickelt wird, gibt Tabelle 1 eine Übersicht über die vorgestellten Ansätze. Dabei werden die Unterschiede in der Zielsetzung sowie die Stärken und Schwächen der einzelnen Ansätze zusammengefasst.

Die hier beschriebenen Stärken und Schwächen der einzelnen Ansätze für die vorliegende Untersuchung sind darin begründet, dass die Theorien auf die Analyse ganz unterschiedlicher Gegenstände und Problematiken abzielen. Das Konzept der Fragmentierung und die Theorie des Geschlechter-Arrangements können dabei als die umfassendsten Ansätze für die vorliegende Fragestellung gelten. Sie besitzen beide eine sehr differenzierte Perspektive auf die Wechselwirkungen von Policy-Regime und sozialer Umwelt. Ein klarer Unterschied besteht allerdings im Fokus der beiden Ansätze: Das Konzept der Fragmentierung kann als Policy-orientiert beschrieben werden, wohingegen die Theorie des Geschlechter-Arrangements das Verhalten von Menschen erläutern soll. Dies erklärt auch die beiden ›Leerstellen‹ der Ansätze. Während beim Konzept der Fragmentierung die Wirkungsmechanismen zwischen verschiedenen Formen sozialer Praktiken unbeleuchtet bleiben, unterscheidet die Theorie des Geschlechter-Arrangements nicht zwischen der normativen Ebene von Policies und deren institutioneller Ausgestaltung. Nichtsdestotrotz haben beide Ansätze eine wichtige Gemeinsamkeit: Sie machen deutlich, dass neben der Entwicklung (formaler) Institutionen auch Wandel auf der Ebene der sozialen Umwelt Pfadabhängigkeiten unterworfen ist und Veränderungen nicht schlagartig auftreten. Die Governance-Ansätze können als die am wenigsten umfassendste Theorie-Familie gelten. Sie zeigen zwar sehr differenziert, wie bedeutend die Koordination der verschiedenen Dimensionen von Policies ist, sie berücksichtigen aber kaum die soziale Umwelt. Im Gegensatz dazu geht der Neo-Institutionalismus auf Policy-Regime und soziale Umwelt ein und stellt heraus, dass beide Ebenen abgestimmt sein müssen, damit eine Policy die gewünschten Ergebnisse produziert. Allerdings werden Policy-Regime und soziale Umwelt nicht weiter systematisch untergliedert und die Wechselwirkungen zwischen diesen Ebenen erläutert wie es im Konzept der Fragmentierung oder in der Theorie des Geschlechter-Arrangements der Fall ist. Dieser Umstand ist der Tatsache geschuldet, dass der Neo-Institutionalismus in erster Linie darauf abzielt, institutionellen Wandel und institutionelle Persistenz zu erklären.

Tabelle 1: Synopse über die theoretischen Ansätze

Ansatz	Neo-Institutionalismus	Governance-Ansätze	Theorie des Geschlechter-Arrangements	Konzept der Fragmentierung
Zielsetzung	Erklärt die Gründe für institutionellen Wandel und institutionelle Rigidität	Erklärt die Koordinierung institutioneller Regelungen durch Akteure	Erklärt den Einfluss von Leitbildern und Institutionen auf Frauenerwerbstätigkeit	Erklärt die Folgen von inkrementellem institutionellem Wandel für Gendergerechtigkeit
Stärke	Zeigt die Bedeutung von institutionellem Wandel für das Verhalten von Menschen	Detaillierte Perspektive auf die Koordinierung innerhalb des Policy-Regimes	Sehr differenzierte Perspektive auf das Zusammenspiel von Policy-Regime und sozialer Umwelt	Sehr differenzierte Perspektive auf das Zusammenspiel von Policy-Regime und sozialer Umwelt
Schwäche	Keine Differenzierung des Policy-Regimes und der sozialen Umwelt	Soziale Umwelt wird nicht beachtet (Ausnahme Kooiman)	Differenziert beim Policy-Regime nicht zwischen normativer und Maßnahmen-Ebene	Soziale Praktiken bleiben eine Black Box

Quelle: Eigene Darstellung

2.2 Theoretischer Analyserahmen der Studie

2.2.1 Diskussion der theoretischen Ansätze

Alle in den vier vorangegangenen Abschnitten dargestellten Ansätze können dazu beitragen, die Analysedimensionen für die empirische Untersuchung festzulegen, auch wenn sich ihre Erklärungskraft zum Teil auf sehr unterschiedliche Aspekte bezieht. Deswegen sollen im Folgenden die Erkenntnisse der theoretischen Ansätze auf einer abstrakten Ebene zusammengefasst werden.

Abgesehen vom *reflexive* und *holistic governance*-Ansatz, welche allein die Ebene des Policy-Regimes beachten, zeichnen sich alle theoretischen Ansätze durch eine differenzierte Perspektive auf das Zusammenspiel von institutionellem Regime und sozialer Umwelt aus. Sie betonen dabei die Wechselseitigkeit des Verhältnisses von institutionellem Regime und sozialer Umwelt. Trotz der sehr unterschiedlichen Begrifflichkeiten weisen alle Ansätze auf einen Kernaspekt hin: Das institutionelle Regime beeinflusst das Verhalten der Individuen, es kann aber auch durch das Handeln von Akteuren verändert werden. Für die Stabilität von Institutionen ist deswegen ihre Akzeptanz und Anerkennung in der Bevölkerung von Bedeutung.

Eine detailliertere Darstellung des Zusammenspiels dieser beiden Ebenen wird möglich, wenn man berücksichtigt, wie die verschiedenen theoretischen Ansätze dabei helfen, die Begriffe des Policy-Regimes und der sozialen Umwelt genauer zu bestimmen.

Eine Reihe von theoretischen Ansätzen differenziert die soziale Umwelt auf den zwei Ebenen der Werte und der bestehenden Lebensmodelle. Im soziologischen Neo-Institutionalismus werden Normen und kulturelle Werte als Institutionen angesehen, die das Verhalten der Individuen bestimmen. Des Weiteren stellen nach Kooiman neben dem institutionellen Regime auch in der Gesellschaft vertretene normative Vorstellungen Strukturen dar, welche die Handlungsebene beeinflussen. Das Konzept der Fragmentierung unterscheidet hier zwischen sozialen Praktiken und Identitäten, wobei die Praktiken das Ziel politischer Steuerung sind. Auch Pfau-Effingers Ansatz zeigt eine Differenzierung zwischen der Ebene der Werte (Geschlechterkultur) und den bestehenden Lebensmodellen (Institution der Familie in der Geschlechterordnung). Die genannten Ansätze unterscheiden also wie Daly (2005) zwischen *family organisation* und *family relations and values*, berücksichtigen aber nicht *family forms*. Dies ist allerdings nicht problematisch, da letztere für die vorliegende Untersuchung lediglich als Rahmenbedingungen der sozialen Umwelt von Interesse sind. Die Berücksichtigung dieser zwei Ebenen der sozialen Umwelt zeigt zum einen, dass es mit der Ebene der Werte einen Bereich der sozialen Umwelt gibt, der sich der direkten Einflussnahme durch das Policy-Regime weitestgehend entzieht. Zum anderen beeinflusst dieser Bereich wie das Policy-Regime die gelebten Familienmodelle.

Einige Ansätze untergliedern neben der sozialen Umwelt auch das institutionelle Regime in zwei Untersuchungsebenen. Auf der einen Seite folgt eine Policy immer einem bestimmten Ziel beziehungsweise Paradigma, auf der anderen Seite muss die reine Maßnahmenebene, das heißt die institutionelle Ausgestaltung einer Leistung berücksichtigt werden. Das Konzept der Fragmentierung unterscheidet hierbei zwischen dem politischen Paradigma und dem Policy-Regime, während der *holistic governance*-Ansatz zwischen Zielen und Mitteln trennt, um die Ursachen von Koordinationsproblemen aufzuzeigen. Darüber hinaus weist Quack (2005) als Vertreterin einer neo-institutionalistischen Perspektive neben der regulativen auf die normative Funktion von Institutionen hin. Demzufolge wird die soziale Umwelt nicht nur durch Anreize und Sanktionen beeinflusst, sondern auch durch die normativen Vorgaben, die von Institutionen ausgehen.

Vergleicht man nun, welche Voraussetzungen die diskutierten Ansätze für eine hohe Inanspruchnahme des Betreuungsgeldes anführen, so lässt sich eine Dreiteilung erkennen.

An erster Stelle ist für die Nutzung des Betreuungsgeldes von Bedeutung, dass es mit dem Policy-Regime auf der reinen Maßnahmenebene des institutionellen Arrangements koordiniert ist. So macht die historische Spielart des Neo-Institutionalismus darauf aufmerksam, dass die Funktionsmechanismen von Institutionen bei deren Abstimmung berücksichtigt werden müssen. Darauf verweisen auch der *reflexive* und der *holistic governance*-Ansatz, wobei letzterer die Koordination von Mitteln thematisiert. Kooimans Governance-Konzept spricht in diesem Zusammenhang von Governance zweiter Ordnung, während das Konzept der Fragmentierung den Begriff Konsistenz für die Koordination auf der formalen Ebene von Politik verwendet. Policies dürfen demnach nicht durch mangelnde Abstimmung in ihrer Ausgestaltung zu widersprüchlichen Anreizen führen.

Daneben ist für eine breite Nutzung des Betreuungsgeldes wichtig, dass es mit der sozialen Umwelt koordiniert ist, das heißt es muss zu den in der Gesellschaft vertretenen Normen bezüglich der Aufteilung von Erwerbs- und Betreuungsarbeit und den gelebten Familienmodellen passen. Der soziologische Neo-Institutionalismus betont, dass Institutionen auf die normativen und sozialen Strukturen in einer Gesellschaft abgestimmt sein sollten, während die Theorie des Geschlechter-Arrangements von einem Koordinationsbedarf zwischen Institutionen und gesellschaftlich geteilten Familienleitbildern spricht. Das Konzept der Fragmentierung trägt diesem Zusammenhang Rechnung, indem es herausstellt, dass politische Paradigmen und die daraus abgeleiteten Maßnahmen zu den sozialen Praktiken und Identitäten passen müssen, um Kohärenz zu erreichen. Auch hier erweist sich die Untergliederung der sozialen Umwelt in die zwei Bereiche der Werte und der gelebten Familienmodelle als sehr hilfreich, da sie eine bessere Analyse von Koordinationsdefiziten zwischen dem Policy-Regime und der sozialen Umwelt ermöglicht. Besteht nämlich eine Diskrepanz zwischen diesen beiden Ebenen, kann festgestellt werden, ob die Anreize einer Leistung dieses Ungleichgewicht vergrößern oder ihm entgegenwirken.

Folgen das Betreuungsgeld und die anderen Policies, die auf die Aufteilung von Erwerbs- und Betreuungsarbeit einwirken, unterschiedlichen Paradigmen, so muss das nicht prinzipiell problematisch für die Nutzung des Betreuungsgeldes sein. Pfau-Effinger (2000: 69f.) und Bothfeld (2008: 14) weisen nämlich darauf hin, dass die in der Gesellschaft vertretenen Normvorstellungen in der Regel heterogen sind, sodass eine Förderung unterschiedlicher Familienmodelle dieser Tatsache Rechnung tragen kann. Allerdings stellt sich hierbei die Frage, ob eine Leistung auch der sozialen Gruppe zugutekommt, die das mit der Leistung verbundene Familienmodell präferiert. Um beurteilen zu können, ob Policies mit unterschiedlichen Paradigmen in einem Politikfeld problematisch sind und folglich durch die Anreize einer Policy ein Hemmnis für die Inanspruchnahme einer anderen Leistung vorliegt, bedarf es der Kenntnis der normativen Präferenzen in den verschiedenen Bereichen der Gesellschaft. Eine vergleichende Untersuchung von Paradigmen ohne die Einbeziehung normativer Präferenzen ermöglicht aber festzustellen, ob ein *Potential* an Koordinationsproblemen zwischen Policies besteht. Dies ist nämlich dann der Fall, wenn zwei Policies ökonomische Anreize für die gleiche soziale Gruppe bieten, aber mit widersprüchlichen Paradigmen verbunden sind.

Zuletzt erlauben die diskutierten Ansätze, einen Wandel in der Inanspruchnahme des Betreuungsgeldes zu erklären. Dem Neo-Institutionalismus zufolge kann sich ein Wandel der formalen Institutionen auf die Inanspruchnahme der Leistung auswirken. Dabei muss überprüft werden, ob den Reformen der formalen Institutionen ein Wandel in der sozialen Umwelt durch Veränderungen der in der Gesellschaft geteilten Normen vorausgegangen ist. Die neo-institutionalistischen Ansätze betonen dabei, dass institutioneller Wandel immer graduell stattfindet. Dieser Sichtweise folgen auch die Theorie des Geschlechter-Arrangements und das Konzept der Fragmentierung, die darauf hinweisen, dass sich in der Gesellschaft geteilte Normen wie formale Institutionen nur schrittweise verändern.

Das folgende Schaubild veranschaulicht, wie die diskutierten Elemente des Policy-Regimes und der sozialen Umwelt die Inanspruchnahme des Betreuungsgeldes beeinflussen.

Abbildung 4: Schematische Darstellung der Einflussfaktoren auf die Inanspruchnahme des Betreuungsgeldes

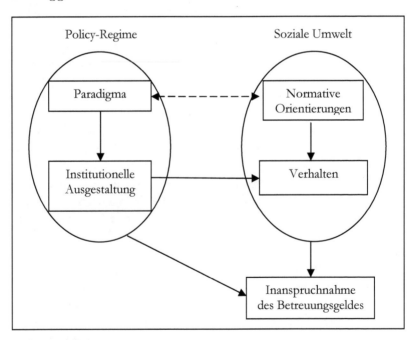

Quelle: Eigene Darstellung

2.2.2 Bestimmung der Untersuchungselemente

Fasst man die Theorie-Diskussion zusammen, so lassen sich folgende Analysekategorien für die empirische Untersuchung ableiten: Die Studie wird auf der einen Seite die Paradigmen und Zielsetzungen der zu untersuchenden Policies berücksichtigen, auf der anderen Seite die reine Maßnahmenebene, welche die institutionelle Regulierung umfasst. Damit wird den zwei Ebenen des Policy-Regimes Rechnung getragen, welche die theoretischen Ansätze angeführt haben. Die soziale Umwelt wird ebenso in zwei Untersuchungsebenen untergliedert: die der Werte und normativen Vorstellungen sowie die der gelebten Familienmodelle. In Bezug auf das Verhältnis dieser vier Elemente wird von folgenden Annahmen ausgegangen: Die institutionelle Regulierung basiert auf bestimmten politischen Paradigmen, die das institutionelle Regime prägen. Die gelebten Familienmodelle beziehungsweise das individuelle Handeln von Müttern und Vätern werden sowohl durch die in der Gesellschaft vertretenen Wertvorstellungen als auch durch die Anreize des institutionellen Regimes, das auf die Aufteilung von Erwerbs- und Betreuungsarbeit einwirkt, geprägt. Zum individuellen Handeln zählt dabei die Nutzung des Betreuungsgeldes, auf das aber auch andere Verhaltensmuster wie beispielsweise die Erwerbstätigkeit von Müttern Einfluss haben. Die Wertvorstellungen der Eltern können nicht direkt durch institutionelle Anreize beeinflusst werden. Allerdings muss davon ausgegangen werden, dass politische Paradigmen die in der Bevölkerung vertretenen Wertvorstellungen in einem gewissen Maße prägen.

Legt man die Annahmen der diskutierten theoretischen Ansätze zugrunde, stellen die folgenden Punkte Erklärungsfaktoren für eine hohe beziehungsweise niedrige Inanspruchnahme des Betreuungsgeldes dar:

- Wenn das institutionelle Design des Betreuungsgeldes gut auf die anderen Policies abgestimmt ist, die auf die Aufteilung von Erwerbs- und Betreuungsarbeit in der Familie einwirken, kann von einer hohen Inanspruchnahme ausgegangen werden. Anderenfalls werden Eltern vom Bezug der Leistung abgehalten.
- Wenn es eine große Zahl an Policies gibt, die dem gleichen Paradigma folgen wie das Betreuungsgeld und damit vergleichbare Verhaltensanreize bieten, kann von einer hohen Inanspruchnahme der Leistung ausgegangen werden.

– Wenn das Paradigma, dem das Betreuungsgeld folgt, mit den normativen Orientierungen von Eltern übereinstimmt, kann man von einer hohen Inanspruchnahme ausgehen. Genauer gesagt ist dies dann der Fall, wenn die ökonomischen Anreize des Betreuungsgeldes attraktiv für die soziale Gruppe von Eltern sind, die das mit dem Betreuungsgeld verbundene Paradigma befürworten.

– Wenn das mit dem Betreuungsgeld verbundene Paradigma zur in der Gesellschaft vorherrschenden Aufteilung von Erwerbs- und Betreuungsarbeit zwischen Müttern und Vätern passt, kann man von einer hohen Inanspruchnahme ausgehen. Auch hier muss berücksichtigt werden, ob die Anreize des Betreuungsgeldes für diejenigen Eltern attraktiv sind, die ein Familienmodell leben, das durch das Betreuungsgeld finanziell gefördert wird.

3   Methodischer Rahmen

Zur Untersuchung der im vorangegangenen Kapitel vorgestellten Forschungshypothesen soll nun ein methodischer Analyserahmen entwickelt werden. Um die Inanspruchnahme des Betreuungsgeldes in Norwegen, Schweden und Deutschland analysieren zu können, muss an erster Stelle das Zusammenspiel zwischen der Leistung und den anderen Policies betrachtet werden. Daneben wird berücksichtigt, wie das Betreuungsgeld mit der sozialen Umwelt koordiniert ist. Für diese beiden Arbeitsschritte werden unterschiedliche Untersuchungsinstrumente herangezogen.

Zur Identifizierung der Koordination zwischen dem Betreuungsgeld und dem Policy-Regime muss zum einen die institutionelle Ausgestaltung der interessierenden Leistungen und gesetzlichen Regelungen analysiert werden. Zum anderen werden die dem Betreuungsgeld und den anderen Policies zugrunde liegenden Paradigmen identifiziert und es soll untersucht werden, ob das mit dem Betreuungsgeld verbundene Paradigma dem vorherrschenden Paradigma des Politikfeldes entgegensteht oder nicht. Zur Aufdeckung von Koordinationsproblemen zwischen dem Betreuungsgeld und der sozialen Umwelt werden darüber hinaus die gelebten Familienmodelle und die in der Gesellschaft vertretenen normativen Vorstellungsmuster über die Aufteilung von Erwerbs- und Betreuungsarbeit identifiziert. In der darauf folgenden Analyse wird das Verhältnis zwischen dem politischen Paradigma des Betreuungsgeldes und den gelebten Familienmodellen beziehungsweise den normativen Vorstellungsmustern untersucht.

3.1   Verhältnis qualitativer und quantitativer Methoden

Die vorliegende Arbeit bedient sich eines Mixed Methods-Ansatzes, um die Koordination zwischen dem Betreuungsgeld und den anderen Policies sowie der sozialen Umwelt zu analysieren. Während bei der Untersuchung der institutionellen Ausgestaltung von Policies und der mit ihnen verbundenen Paradigmen qualitative Methoden zum Einsatz kommen, werden soziale Praktiken und normative Vorstellungsmuster im Rahmen einer quantitativen Analyse identifiziert. Kennzeichnend für die Kombination der zur Anwendung kommenden Methoden ist die enge Orientierung an der Fragestellung, welche als Merkmal eines ›pragmatischen‹ Forschungsansatzes gilt. In der Debatte um Mixed Methods-Ansätze wurde wiederholt betont, dass weniger das Forschungsparadigma für die Auswahl der Methodik entscheidet sei, sondern vielmehr das Erkenntnisinteresse der Arbeit (Bryman 2006: 118). In diesem Sinne orientiert sich der hier verwendete methodologische Ansatz an den im Theoriekapitel erarbeiteten Untersuchungselementen (institutionelles Design, politisches Paradigma, soziale Praktiken und normative Orientierungen), was die Verwendung von qualitativen und quantitativen Methoden nahelegt.

Um die vielfach herangezogene Unterscheidung zwischen qualitativen und quantitativen Studien zu überwinden, differenzieren Onwuegbuzie und Leech (2005: 382) zwischen explorativen und konfirmatorischen Untersuchungen. Damit ist es möglich, empirische Studien unabhängig von der zur Anwendung kommenden Methode auf Grundlage ihrer Zielsetzung zu unterscheiden. Die vorliegende Arbeit lässt sich dabei den konfirmatorischen Untersuchungen zuordnen, da sie vergleichend angelegt ist und eine Hypothese darüber aufgestellt wurde, was die Inanspruchnahme des Betreuungsgeldes in Norwegen, Schweden und Deutschland beeinflusst. Folgt man der Typisierung verschiedener Mixed Methods-Ansätze nach Greene u.a. (1989), so ist die vorliegende Arbeit dem Typ einer Erweiterungs-Studie (Expansion) zuordnen. Sie zielt darauf ab, die Reichweite einer Untersuchung zu vergrößern, indem unterschiedliche Methoden angewandt werden, die für die jeweiligen Bestandteile einer Studie am angemessensten sind (Greene u.a. 1989: 259). Eine solche Untersuchung zeichnet sich dadurch aus, dass die angewandten Methoden auf unterschiedliche Phänomene Bezug nehmen, die in einer einzigen Studie integriert werden (Greene u.a. 1989: 269). Mit dieser Sichtweise ist ein bestimmtes Verständnis der Triangulation verwandt, bei der unterschiedliche

Methoden notwendig sind, um einen Gegenstand umfassend analysieren zu können. Für einen Mixed Methods-Ansatz bedeutet dies, dass sowohl quantitative als auch qualitative Methoden zur Anwendung kommen müssen, um ein Phänomen zu untersuchen (Kelle 2001). Im vorliegenden Fall lässt sich zwischen der Ebene des Policy-Regimes, das mit Hilfe von qualitativen Methoden untersucht wird und der Ebene der sozialen Umwelt unterscheiden, welche durch quantitative Methoden analysiert wird.

3.2 Qualitative Methoden

Um die Inanspruchnahme des Betreuungsgeldes in den drei Ländern erklären zu können, soll zunächst die Koordination der Leistung mit den anderen Policies untersucht werden, die auf die Aufteilung von Erwerbs- und Betreuungsarbeit in der Familie einwirken. Dazu ist es notwendig einzugrenzen, um welche Policies es sich dabei genau handeln soll.

An erster Stelle werden familienpolitische Leistungen wie die Elternzeit oder das Kindergeld betrachtet. Daneben müssen Regelungen des Sozialversicherungssystems der drei Länder untersucht werden, die für Eltern kleiner Kinder relevant sind. Der dritte Bereich von Policies, welche die Aufteilung von Erwerbs- und Betreuungsarbeit in der Familie beeinflussen, sind Maßnahmen der passiven und aktivierenden Arbeitsmarktpolitik. Es wird auch auf den Gender-Pay-Gap eingegangen, obwohl dieser keine Policy im eigentlichen Sinne darstellt. Je höher das Verdienstgefälle zwischen Frauen und Männern ist, desto einfacher ist es nämlich für eine Familie, dass die Mutter zugunsten der Kinderbetreuung aus der Erwerbstätigkeit ausscheidet. Demnach lässt sich sagen, dass der Bezug des Betreuungsgeldes für Mütter umso attraktiver ist, je höher der Gender-Pay-Gap in einem Land ausfällt. Auch das Unterhaltsrecht ist hier von Bedeutung, weil es regelt, in welchem Maße Ehegatten nach der Scheidung die finanzielle Verantwortung füreinander tragen. Des Weiteren wird betrachtet, welche Rolle die Gleichstellungsgesetzgebung für die Aufteilung von Erwerbs- und Betreuungsarbeit spielt. Zuletzt müssen Regelungen des Steuerrechts untersucht werden. Dabei ist in erster Linie das System der Einkommensbesteuerung aus Erwerbseinkommen für Familien und Paare beziehungsweise Ehepartner relevant. Darüber hinaus sind steuerliche

Entlastungen für Familien und die steuerliche Förderung von privater Kinderbetreuung von Interesse.

Durch die Einbeziehung dieser Policies geht der Untersuchungsrahmen des Forschungsvorhabens deutlich über den Bereich der Familienpolitik im engeren Sinne hinaus. Für eine umfassende Analyse ist eine weite Definition des Policy-Regimes wichtig, da sich alle genannten Leistungen und Regelungen auf die Aufnahme und das Ausmaß von Erwerbstätigkeit junger Eltern sowie auf das Ausmaß externer Kinderbetreuung auswirken.

Bei der Analyse dieser Policies sollen die folgenden institutionellen Merkmale betrachtet werden.

Für alle zu untersuchenden Policies gilt, dass die Anspruchsvoraussetzungen und (sofern die Leistung mit einem Geldbetrag verbunden ist) die Höhe der Leistung berücksichtigt werden müssen. Dazu kommt beispielsweise beim Elterngeld oder Krankengeld die Dauer der Freistellung vom Arbeitsplatz beziehungsweise die Dauer des Bezuges monetärer Leistungen. Daneben müssen bei der Untersuchung der Kinderbetreuung die Dauer der öffentlichen beziehungsweise öffentlich geförderten Kinderbetreuung sowie die Verteilung der Finanzierungslasten zwischen Staat und Eltern betrachtet werden. Bei der Analyse des Rentensystems und der Krankenversicherung spielt es eine große Rolle, ob Ansprüche allein individuell erlangt oder aus dem Familienstatus abgeleitet werden. Das zeigt sich beispielsweise durch das Vorliegen einer Witwen-/Witwerrente oder einer Mitversicherung für Familienmitglieder. Rentenleistungen sind zwar kaum für den Lebensunterhalt von Eltern kleiner Kinder relevant. Doch das Wissen über abgeleitete Ansprüche kann gerade bei Müttern die Anreize zur Aufnahme oder Ausweitung von Erwerbstätigkeit senken. Auch in der Arbeitslosenversicherung ist von Interesse, ob Ansprüche beispielsweise durch Kindererziehung erlangt werden können und ob es in der aktivierenden Arbeitsmarktpolitik gesonderte Regelungen für Eltern junger Kinder gibt. Bei den steuerrechtlichen Regelungen muss die Einkommensteuer auf Erwerbseinkommen in Hinblick auf das Vorliegen einer Individualbesteuerung oder eines Ehegattensplittings untersucht werden. Die verschiedenen Formen der Besteuerung von Erwerbseinkommen sind wichtig, da sie unterschiedliche Anreize zur Aufnahme von Erwerbsarbeit zwischen (Ehe-)Partnern bieten. In individualisierten Steuersystemen wird das Individuum als Basis zur Berechnung der Steuerlast herangezogen. Dies bedeutet, dass die familiäre Situation wie Ehestand, Partnerschaft oder das Vorhandensein von Kindern nicht berücksichtigt wird. Diese Form der Besteuerung fördert zwar nicht direkt eine egalitäre Aufteilung der Erwerbstätigkeit zwischen (Ehe-)Partnern, doch entsteht für solche Partnerschaften die »relativ geringste Steuerlast für ein bestimmtes Haushaltseinkommen« (Dingeldey 2000: 14). Wird allerdings mit dem Ehegattensplitting eine gemeinsame Ehebesteuerung vorgenommen, so ist nicht das Individuum, sondern das Ehepaar die Basis zur Berechnung der Steuerlast. Hierbei werden die Einkommen der Ehepartner addiert und durch zwei geteilt, wobei für den sich so ergebenden Betrag die normale Einkommenssteuer berechnet wird. Die gemeinsame Steuerlast des Ehepaares ergibt sich, wenn der so berechnete Betrag verdoppelt wird. In einem progressiven Einkommenssteuersystem führt diese Berechnungsweise zu umso größeren finanziellen Vorteilen, je höher die Einkommensunterschiede zwischen den Partnern sind. Umgekehrt ist die steuerliche Belastung eines Ehepaares besonders hoch, wenn beide Partner gleich viel verdienen. Aus diesem Grund bietet das Ehegattensplitting negative Anreize für die Aufnahme beziehungsweise Ausweitung der Erwerbstätigkeit des Ehepartners mit dem niedrigeren Einkommen – und dies ist in der Regel die Frau (Dingeldey 2000: 15).

3.2.1 Institutionelle Ausgestaltung des Betreuungsgeldes und anderer Leistungen

Bevor die Koordination zwischen dem Betreuungsgeld und dem Policy-Regime untersucht wird, muss sich der erste Analyseschritt damit befassen, welche Aspekte der institutionellen Ausgestaltung des Betreuungsgeldes eine hohe oder niedrige Inanspruchnahme der Leistung wahrscheinlich machen. So kann das Betreuungsgeld beispielsweise durch eine generöse Leistungshöhe für viele Eltern attraktiv sein, was möglicherweise eine Erklärung für eine hohe Inanspruchnahme ist.

Daneben ist von Bedeutung, ob die institutionelle Ausgestaltung der anderen zu untersuchenden Policies den Bezug der Leistung mehr oder weniger attraktiv macht. Hierbei soll es sich allerdings nicht um Aspekte handeln, die mit der Zielsetzung der Policies zusammenhängen, weil solche Fälle zu der Koordinierung mit dem familienpolitischen Paradigma gerechnet werden (nächster Abschnitt). Vielmehr geht es um die administrative Koordinierung zwischen dem Betreuungsgeld und anderen Wohlfahrtsleistungen. So kann beispielsweise die Tatsache, dass für Bezieher bestimmter Sozialleistungen die Antragsstellung zum Betreuungsgeld sehr kompliziert ausfällt, dazu führen, dass diese von der Nutzung des Betreuungsgeldes abgehalten werden. Dabei wird davon ausgegangen, dass solche Defizite in der Koordination zwischen dem Betreuungsgeld und der anderen Leistung unbeabsichtigt sind.

3.2.2 Familienpolitisches Paradigma des Betreuungsgeldes und anderer Leistungen

Für die Inanspruchnahme des Betreuungsgeldes ist darüber hinaus relevant, wie sehr das mit ihm verbundene Familienmodell in den drei Wohlfahrtsstaaten unterstützt wird. Dazu wird untersucht, welchem familienpolitischen Paradigma das Betreuungsgeld und die anderen Policies folgen. Die Berücksichtigung von Gender-Regime-Ansätzen hilft, die für die Untersuchung relevanten Aspekte einzugrenzen.

Ein Vergleich der Geschlechterverhältnisse in verschiedenen Wohlfahrtsstaaten muss nach Lewis und Ostner (1994: 5ff.) Auskunft über das Verhältnis zwischen der Sphäre des Öffentlichen, welche die bezahlte Erwerbsarbeit umfasst, und des Privaten geben, welche die in der Regel von Frauen erbrachte, unbezahlte (Betreuungs-)Arbeit beinhaltet. Länder lassen sich danach unterscheiden, ob sie die Rolle der Frau in erster Linie als Mutter und Hausfrau oder als Erwerbstätige definieren. Spätere Arbeiten gehen detaillierter auf den Bereich der Betreuung ein und differenzieren bei nicht-elterlicher Betreuung zwischen öffentlicher und durch den privaten Markt erbrachten Betreuung (Betzelt 2007: 9f.). Ein weiterer Indikator für die Analyse von Gender-Regimen ist die Bedeutung von Herkunft oder sozialer Klasse für die Geschlechterverhältnisse (Betzelt 2007: 33). Damit wird eine Dimension berücksichtigt, die quer zu der Geschlechter-Perspektive verläuft und eine differenziertere Untersuchung der Paradigmen möglich macht.

Die Untersuchung des familienpolitischen Paradigmas muss demzufolge insgesamt vier Dimensionen abdecken: Die von Müttern und Vätern ausgeübte Erwerbsarbeit und persönliche Kinderbetreuung, die externe Kinderbetreuung (öffentlich/privat) und die sozioökonomische Wirkung von Policies. Betrachtet man diese Aspekte im Detail, so müssen die relevanten gesetzlichen Regelungen an erster Stelle in Hinblick auf die Anreize untersucht werden, die Müttern und Vätern zur Aufnahme und Dauer von Erwerbstätigkeit gegeben werden. Es ist für die Untersuchung eines Paradigmas nämlich entscheidend, in welchem Maße beide Elternteile zum Familieneinkommen beitragen. Daneben muss gefragt werden, welche Anreize für die persönliche Betreuung von Kindern gegeben werden. Dies gilt sowohl für Mütter als auch für Väter. Drittens muss berücksichtigt werden, welche Bedeutung externer Kinderbetreuung zugesprochen wird, das heißt inwiefern öffentliche Betreuungsplätze bereitgestellt und welche Anreize zur Inanspruchnahme eines solchen Platzes gegeben werden. Das Alter der Kinder, die sich in persönlicher oder externer Kinderbetreuung befinden, spielt dabei eine wichtige Rolle: Nach Korpi (2000: 145f.) ist zur Förderung eines egalitären Rollenmodells die Bereitstellung von Kinderbetreuung für die Null- bis Zweijährigen von Bedeutung, während in Wohlfahrtsstaaten mit einem traditionelleren Rollenverständnis Kinderbetreuung in der Regel ab einem Alter von drei Jahren zur Verfügung steht. Neben öffentlicher muss aber auch private Kinderbetreuung betrachtet werden. Zuletzt ist es von Relevanz, ob die Anreize für die Aufnahme von Erwerbstätigkeit und persönlicher oder externer Betreuung auf bestimmte gesellschaftliche Gruppen beschränkt sind und somit eine Asymmetrie in den Geschlechterverhältnissen entsteht, die entlang bestimmter Einkommensgrenzen verläuft. Die folgende Untersuchung wird diesen Dimensionen folgend zwischen zwei Modellen von Familienpolitik unterscheiden: dem *male-breadwinner-model* und dem *dual-earner-/dual-carer-model*. Die beiden Modelle lassen sich folgendermaßen charakterisieren.

Tabelle 2: Merkmale familienpolitischer Regime

	Male-breadwinner-model	Dual-earner-/dual-carer-model
Erwerbstätigkeit	Volle Erwerbstätigkeit des Mannes, max. Teilzeitbeschäftigung der Frau	Volle Erwerbstätigkeit beider Geschlechter
Persönliche Kinderbetreuung	Aufgabe der Mutter	Aufgabe beider Geschlechter
Externe Kinderbetreuung	Ab drei Jahren	Ab einem Jahr

Quelle: Eigene Darstellung

Ob sich die Geschlechterverhältnisse im Wohlfahrtsstaat für verschiedene Einkommensgruppen unterscheiden, ist für die Analyse zwar von großer

Bedeutung. Doch lassen sich der Literatur zufolge bei diesem Aspekt keine systematischen Unterschiede zwischen Wohlfahrts- und Geschlechterregimen feststellen, weshalb dieser Aspekt in Tabelle 2 nicht auftaucht.

Um die Paradigmen der interessierenden Policies zu ermitteln, wird untersucht, ob die Policies Anreize für das eine oder das andere Familienmodell bereitstellen. Dies ist ein zuverlässiges Verfahren, wenn man die Annahme zugrunde legt, dass die Policies durch den Gesetzgeber bewusst so gestaltet wurden, dass sie Anreize für ein konkretes Familienmodell bieten. Eine vergleichbare und nachvollziehbare Strategie zur Identifizierung von ökonomischen Anreizen stellt die Methode des *structured, focused comparison* dar. Nach George und Bennett (2005: 67) ist die Methode

»structured« in that the researcher writes general questions that reflect the research objective and that these questions are asked of each case under study to guide and standardize data collection, thereby making systematic comparison and cumulation of the findings of the cases possible. The method is ›focused‹ in that it deals only with certain aspects of the historical cases examined.«

Durch die Tatsache, dass nach Maßgabe der Methode nur die Kriterien der Strukturiertheit und der Fokussiertheit berücksichtigt werden müssen, ist sie leicht anzuwenden. Bei der Formulierung der Fragen, mit deren Hilfe die Fälle untersucht werden sollen, muss darauf geachtet werden, dass sie in Übereinstimmung mit dem Forschungsziel und dem theoretischen Fokus der Arbeit entwickelt werden und sich auf die relevanten Aspekte der Untersuchung beschränken. Dies schützt den Forscher vor einer ausufernden Darstellung von Sachverhalten, die für das Forschungsziel keine Rolle spielen (George/Bennett 2005: 69f.).

Die vier inhaltlichen Dimensionen lassen sich in den folgenden Fragen zusammenfassen:

– Welche Anreize werden der Mutter und dem Vater für Erwerbstätigkeit gegeben?
– Welche Anreize werden der Mutter und dem Vater für die persönliche Betreuung des Kindes gegeben?
– Welche Rolle spielt externe Kinderbetreuung, die durch den Staat beziehungsweise den Markt erbracht wird, für die Betreuung des Kindes?
– Unterscheiden sich die Anreize zur Aufnahme von Erwerbstätigkeit und zur persönlichen beziehungsweise externen Betreuung von Kin-

dern zwischen verschiedenen sozioökonomischen Gruppen und nach der Herkunft der Eltern?

Zur Analyse dieser vier Fragen wird die institutionelle Ausgestaltung der Policies untersucht. Es muss bedacht werden, dass alle vier Fragen sehr eng miteinander zusammenhängen, da die Anreize und der zeitliche Umfang jeder der vier Dimensionen an die Anreize und den zeitlichen Umfang der anderen drei gebunden sind beziehungsweise diese beeinflussen. Ein Beispiel hierfür ist das Zusammenwirken der Elternzeit und des Angebots externer Kinderbetreuung bei der Frage nach der Aufnahme der Erwerbstätigkeit der Mutter und der Dauer der persönlichen Betreuung: So setzt eine Vollzeit-Erwerbstätigkeit beider Elternteile das Vorhandensein externer Kinderbetreuung mit einer entsprechenden Dauer voraus. Eine relativ kurze Erwerbsunterbrechung der Mutter nach der Geburt ihres Kindes ist zu gleichen Teilen von den Anreizen der Elternzeit und dem Vorhandensein von Kinderbetreuungsplätzen für das Kind ab dem Zeitpunkt des Wiedereintritts in den Arbeitsmarkt abhängig. Dahingegen bedeutet ein niedriges Angebot an Betreuungsplätzen und eine Elternzeit von relativ langer Dauer, dass Mütter in der Regel eine längere persönliche Betreuung ihrer Kinder wählen müssen und nach der Geburt des Kindes später und häufig mit einer geringeren Arbeitszeit ihre Erwerbstätigkeit wieder aufnehmen (Gauthier 1996: 204; Korpi 2000: 145f.).

Es können nicht alle Fragen für jede zu untersuchende Leistung beantwortet werden. Das eben gezeigte Beispiel illustriert allerdings, dass dies nicht problematisch ist. Vielmehr ist es von Bedeutung, welches Gesamtbild sich aus der Charakterisierung der einzelnen Leistungen für die Wohlfahrtsstaatspolitik der drei Länder ergibt.

Nachdem nun die methodische Herangehensweise zur Identifizierung der Paradigmen geklärt ist, stellt sich die Frage, in welchem Umfang die zu untersuchenden Policies für Familien mit jungen Kindern von Relevanz sind. Es kann nämlich der Fall sein, dass es zwar eine hohe Zahl an Leistungen gibt, die dem gleichen Paradigma folgen wie das Betreuungsgeld, diese Leistungen jedoch nur sehr wenigen Familien zur Verfügung stehen. Deswegen werden bei der Analyse der Policies in Kapitel 4.2.2 zwei Aspekte berücksichtigt: die monetäre Leistungshöhe, wenn die Policy mit einer solchen verbunden ist, und die Reichweite, das heißt der Kreis an Personen, die von der Policy betroffen sind.

Um einen Vergleich der Policies und eine spätere Zusammenfassung zu vereinfachen, werden die monetären Leistungen als hoch, mittel oder niedrig eingeordnet. Als hoch gilt dabei eine Leistung, die es einer Person ermöglicht, ihren Lebensunterhalt zu bestreiten. Dies gilt zum Beispiel für das Elterngeld oder eine Sozialhilfeleistung. Eine Leistung gilt dann als niedrig, wenn sie auf das Jahr gerechnet weniger als ein Monatseinkommen eines Durchschnittsverdieners beträgt. Dies entspricht 8,33 Prozent des durchschnittlichen Jahreseinkommens. Ist die Leistungshöhe dazwischen angesiedelt, ist sie als mittel einzuordnen.

Wie die Leistungshöhe wird auch die Reichweite einer Policy als hoch, mittel oder niedrig eingestuft. Als Orientierungspunkt soll dabei gelten, wie viele Familien mit kleinen Kindern zu den Beziehern einer Leistung gehören. Es wäre ebenfalls möglich, den Kreis der grundsätzlich Anspruchsberechtigten als Ausgangspunkt zu wählen. Allerdings müsste dann davon ausgegangen werden, dass zum Beispiel Sozialhilfeleistungen für alle Eltern eine hohe Bedeutung haben, weil sie das grundlegende finanzielle Auffangnetz in einem Wohlfahrtsstaat darstellen. Dies würde allerdings nicht der tatsächlichen Bedeutung von Sozialhilfe für Eltern mit kleinen Kindern entsprechen. Nimmt man den Kreis der Bezieher als Ausgangspunkt, so besteht das Problem, dass die offiziellen Statistiken über die Nutzung einer Wohlfahrtsleistung sehr selten angeben, wie viele Eltern ein und zwei Jahre alter Kinder diese in Anspruch nehmen. Häufig existieren solche Statistiken überhaupt nicht. Deswegen können auf Basis veröffentlichter Statistiken in vielen Fällen nur grobe Schätzungen darüber erfolgen, wie viele Eltern kleiner Kinder eine Leistung nutzen. Da das Analyseziel des Kapitels aber nicht in der detaillierten Untersuchung jeder einzelnen Policy besteht, sondern in der Frage, wie sehr das Policy-Regime ein Familienmodell fördert, wird diese analytische Unschärfe wohl nicht zu einer Verzerrung des Endergebnisses führen. Die Reichweite einer Policy soll dann als hoch gelten, wenn man davon ausgehen kann, dass 50 Prozent der Eltern junger Kinder oder mehr von dieser Policy betroffen sind. Das gilt unter anderem für die Elternzeit sowie für bestimmte einkommensteuerrechtliche Regelungen, bei denen davon ausgegangen werden kann, dass sie für die Mehrheit der Eltern von Bedeutung sind. Als niedrig soll die Reichweite gelten, wenn man annehmen kann, dass 10 Prozent der Eltern oder weniger eine Leistung nutzen. Dazwischen gilt die Reichweite einer Policy als mittel.

Die Kriterien zur Einstufung von Leistungshöhe und Reichweite sind hier gewissermaßen willkürlich gewählt und können deswegen mit Sicherheit kritisiert werden. Allerdings gibt es keine verfügbare Literatur zur Einordnung von Leistungshöhe und Reichweite wohlfahrtsstaatlicher Leistungen, die auf abstrakten Kriterien beruht und die man folglich für eine große Zahl sehr unterschiedlicher Leistungen anwenden kann. Die aufgeführten Kriterien stellen jedenfalls einen einheitlichen Vergleichsmaßstab für die Policies dar und schaffen so Transparenz bei der Frage, in welchem Ausmaß die verschiedenen Familienmodelle gefördert werden.

3.3 Quantitative Methoden

Um Unterschiede in der Inanspruchnahme des Betreuungsgeldes erklären zu können, müssen dem theoretischen Rahmen zufolge auch die Aufteilung von Erwerbs- und Betreuungsarbeit von Eltern junger Kinder sowie die diesen Gegenstand betreffende Einstellung untersucht werden. Hierbei werden sowohl aktuelle Surveys, welche die drei Länder beinhalten, vergleichend untersucht als auch die Veränderungen von Einstellung und Verhalten in Norwegen zwischen der Zeit der Einführung des Betreuungsgeldes und heute mittels deskriptiver Statistiken analysiert. Folgt man dem theoretischen Rahmen, so kann allgemein gesprochen davon ausgegangen werden, dass die Inanspruchnahme im Länder-Vergleich dort höher ausfällt, wo die Menschen traditionellere Wertvorstellungen in Bezug auf die Familie vertreten und auch solche Verhaltensmuster aufweisen. Darüber hinaus ist eine hohe Inanspruchnahme dann wahrscheinlich, wenn die Leistung Anreize für eine konkrete Personengruppe innerhalb eines Landes bietet, die traditioneller eingestellt ist und sich entsprechend verhält. Aus der Literatur über das Betreuungsgeld ist bekannt, dass die Anreize der Leistung gerade für Mütter mit niedrigem Einkommen und Migrationshintergrund attraktiv sind (Försäkringskassan 2013b). Deswegen ist es notwendig, Einstellung und Verhalten in Bezug auf solche soziodemografischen Merkmale zu untersuchen. Wenn nämlich Eltern beziehungsweise Mütter mit diesen Merkmalen nicht traditioneller eingestellt sind als andere Gruppen oder sich so verhalten, kann dies eine Erklärung dafür sein, dass sie nur eingeschränkt auf die Anreize des Betreuungsgeldes ansprechen und demzufolge eine niedrige Inanspruchnahme vorliegt. An dieser Stelle sei bereits angemerkt, dass die im Folgenden vorgestellten Surveys für Norwegen aus den Neunzigern zwar in Hinblick auf den ersten Untersuchungsschritt dabei helfen, die Veränderungen in der Inanspruchnahme zu erläutern. Eine Analyse entlang der soziodemografischen Merkmale zeigte allerdings keine Erklärungskraft. Deswegen wird sich die Beschreibung der unabhängigen Variablen (Kapitel 3.3.4.2) allein auf die Surveys beziehen, die zu einem aktuellen Vergleich der drei Länder herangezogen werden.

3.3.1 Datengrundlage

Als Datengrundlage zur Untersuchung von normativen Vorstellungsmustern über die Aufteilung von Erwerbs- und Betreuungsarbeit wird die *European Values Study* (EVS) herangezogen (EVS 2010). Diese Studie, die bisher vier Erhebungswellen umfasst (1981, 1990, 1998, 2008), beinhaltet eine Reihe von Variablen über die Einstellung der Befragten zu der Rolle von Männern und Frauen in Hinblick auf Erwerbsarbeit und Erziehung von Kindern. Für die Analyse der gelebten Familienmodelle ist die EVS nicht geeignet, da sie keine Angaben über das Vorhandensein sowie die Dauer der nicht-elterlichen Kinderbetreuung enthält. Aus diesem Grund muss zur Untersuchung von sozialen Praktiken auf andere Datensätze zurückgegriffen werden. Zur Analyse sozialer Praktiken werden daher Daten der *European Union Statistics on Income and Living Conditions* (EU-SILC) verwendet (Eurostat 2010b).[10] Das EU-SILC Survey wurde erstmals 2003 durchgeführt und wird seit 2005 in allen EU-Mitgliedstaaten sowie in Norwegen und Island erhoben. Die EU-SILC Daten beinhalten Variablen zur Dauer der nicht-elterlichen Kinderbetreuung und zur Dauer der Erwerbstätigkeit von Männern und Frauen. Um auf der einen Seite möglichst aktuelle Daten zu verwenden und auf der anderen Seite eine Vergleichbarkeit zu gewährleisten, werden die EVS und EU-SILC Surveys aus dem Jahr 2008 zur Untersuchung herangezogen. Mit Hilfe der EVS und des EU-SILC Surveys werden die drei Länder verglichen, um die Unterschiede in der Inanspruchnahme des Betreuungsgeldes zu erklären.

---

10 Die in dieser Arbeit präsentierten Ergebnisse und Schlussfolgerungen sind allein die der Autorin und nicht die von Eurostat, der Europäischen Kommission oder einer der nationalen Behörden, deren Daten hier verwendet werden.

Die 1994er Erhebung des International Social Survey Programme (ISSP) wird zum Vergleich mit den EVS Daten für Norwegen verwendet (ISSP Research Group 2010). Weil Norwegen an der EVS-Welle des Jahres 1998, dem Jahr, in dem dort das Betreuungsgeld eingeführt wurde, nicht teilgenommen hat, stellt das ISSP 1994 die beste Datenquelle für einen Vergleich dar. Bei beiden Datensätzen handelt es sich um Zufallsstichproben, mit dem Unterschied, dass im ISSP die Stichprobe aus der Gruppe der 16- bis 79-Jährigen gezogen wurde, bei der EVS aus der Gruppe der ab 18-Jährigen. Die Netto-Stichprobe ist beim ISSP für Norwegen allerdings mit 2.087 befragten Personen etwa doppelt so hoch wie bei der EVS mit 1.090 Fällen (EVS/GESIS 2010b: 318f.; GESIS/ZA 1997: 49). Wie die EVS eignet sich das ISSP nicht, um soziale Praktiken zu untersuchen, weil keine Variablen zur Dauer der Kinderbetreuung enthalten sind. Deswegen wird zur Analyse des Verhaltens in Norwegen zur Zeit der Einführung des Betreuungsgeldes die Studie *Supervisory Arrangements, Employment and Economy in Families* von 1998 verwendet (Statistics Norway 2009).[11] Sie wurde mit einer Folgeuntersuchung 1999 durchgeführt, um die Wirkungen des Betreuungsgeldes analysieren zu können. Mütter von noch nicht schulpflichtigen Kindern wurden in diesem Survey im Auftrag des norwegischen Ministeriums für Kinder und Gleichheit befragt, um eine Bestandsaufnahme über die Situation von Familien in Hinblick auf Betreuung, Erwerbstätigkeit und ihre wirtschaftliche Lage durchzuführen (NSD 2009).

3.3.2 Untersuchungsgruppe

Aus dem Datensatz *Supervisory Arrangements, Employment and Economy in Families 1998* werden alle Befragten ausgewählt, deren jüngstes, zweitjüngstes oder drittjüngstes Kind zwischen dem 16.05.1995 und dem 15.05.1997 geboren wurde. Dieser Zeitraum wird gewählt, da das Survey zwischen dem 02.03.1998 und dem 15.05.1998 durchgeführt wurde und auf diese Weise alle Befragten mit Kindern erfasst werden können, die zum Ende des Befragungszeitraumes ein oder zwei Jahre alt waren. Dieses Ver-

---

11 »(Some of) the data applied in the analysis in this publication are based on ›Supervisory Arrangements, Employment and Economy in Families 1998‹. The survey was financed by Ministry of Children and Equality. The data are provided by Statistics Norway (SSB), and prepared and made available by the Norwegian Social Science Data Services (NSD). Neither SSB nor NSD are responsible for the analyses/interpretation of the data presented here.« (Statistics Norway 2012c: 5).

fahren ist notwendig, da eine Variable, die den genauen Interviewzeitpunkt angibt, im Datensatz fehlt. Durch die Wahl des Zeitraums ist auch eine Zahl von Müttern eingeschlossen, deren Kinder ein paar Tage zu jung oder zu alt sind. Der Vorteil besteht allerdings darin, dass keine Mütter wegen einer zu engen Beschränkung des Zeitraumes ausgeschlossen werden, deren Kinder zum Interviewzeitpunkt das entsprechende Alter aufwiesen. Nach dieser Auswahl umfasst der Datensatz 1.244 befragte Mütter, welche in einer Reihe von Variablen auch detailliert Auskunft über ihren Partner gegeben haben. Abgesehen von vorliegender Item-Non-Response bei den Fragen über den Partner gibt es eine entsprechende Zahl an Fällen, die zur Untersuchung der Väter in den Familien herangezogen werden können.[12]

Ein vergleichbares Auswahlverfahren wird auch beim EU-SILC Survey verwendet. In dem der Autorin vorliegenden Datensatz sind im Fall von Norwegen und Schweden das Jahr und das Quartal der Geburt des Kindes angegeben, im Fall von Deutschland nur das Jahr. Zudem enthält der Datensatz Angaben zum Jahr und Quartal des Interviews. Bei Norwegen und Schweden werden diejenigen Eltern ausgewählt, deren Kinder im Quartal des Interviews in jedem Fall ein oder zwei Jahre alt waren, was auch Kinder beinhaltet, die etwas zu jung oder zu alt sind.[13] Da die Angaben zum Geburtsquartal des Kindes bei Deutschland nicht vorhanden sind, werden die Eltern aller 2005 bis 2007 geborenen Kinder ausgewählt. Das EU-SILC 2008 Survey umfasst damit insgesamt 2.657 gültige Fälle für Deutschland, Norwegen und Schweden. Davon sind 1.371 Mütter (51,6 Prozent) und 1.286 Väter (48,4 Prozent).

In der EVS und dem ISSP sind leider keine Angaben zum Alter der Kinder der Befragten enthalten. So umfasst die ausgewählte Personengruppe alle Befragten, die Kinder haben, was auch einen erheblichen Anteil von Eltern beinhaltet, deren Kind älter als zwei Jahre ist. Um die Fallzahlen nicht zu sehr zu verringern, wird auf eine weitere Eingrenzung der Personengruppe, beispielsweise durch das Alter der Befragten, verzichtet.

Im Fall des ISSP umfasst die ausgewählte Personengruppe 1.316 Befragte, wobei hier zunächst alle Fälle für Norwegen ausgesucht werden und in einem zweiten Schritt die Personen mit Kindern. Davon sind 542 Väter (41,2 Prozent) und 774 Mütter (58,8 Prozent). Die Datensätze der EVS

---

12 So gibt es in 1.126 Fällen Angaben zur Arbeitszeit des Partners der Mutter.

13 Fand das Interview beispielsweise im zweiten Quartal 2008 statt, wurden die Eltern der Kinder ausgewählt, die zwischen dem zweiten Quartal 2005 und dem zweiten Quartal 2007 geboren wurden.

2008 aus den drei Ländern beinhalten insgesamt 3.116 befragte Personen mit Kindern, wovon 1.421 Väter sind (45,6 Prozent) und 1.695 Mütter (54,4 Prozent).

3.3.3 Vergleichbarkeit der Daten

Die Datensätze der EVS 2008 und des EU-SILC Surveys 2008 liefern grundsätzlich die gleichen Informationen in Hinblick auf die zu untersuchenden unabhängigen Variablen. Allerdings ist die Vergleichbarkeit der beiden Surveys dadurch eingeschränkt, dass in der EVS die Arbeitszeit des Befragten und vom Partner des Befragten nicht wie im EU-SILC Survey als Variable mit Verhältnisskala angegeben wird, sondern eine Beschäftigung von unter oder ab 30 Stunden in der Woche. Dazu kommt das bereits dargelegte Fehlen einer Altersvariablen für die Kinder der Befragten in der EVS und dem ISSP.

Betrachtet man die Größe der in Kapitel 3.3.2 vorgestellten Untersuchungsgruppen, so ist insgesamt eine ausreichende Zahl an Fällen vorhanden, mit denen sich repräsentativ die Wirklichkeit abbilden lässt. Bei der EVS 2008 und dem EU-SILC 2008 Survey ist es allerdings notwendig, dass die Untersuchungsgruppen nicht weiter für Norwegen, Schweden und Deutschland aufgeteilt werden, da die Fallzahlen ansonsten zu gering werden würden, um mit Hilfe der in Kapitel 3.5 vorgestellten Methodik zuverlässige Ergebnisse zu produzieren. Deswegen wird der länderspezifische Einfluss der unabhängigen Variablen unter Zuhilfenahme von Interaktionsvariablen analysiert (siehe Kapitel 3.3.4.2).

Sowohl das EU-SILC Survey als auch die EVS umfassen repräsentative Wahrscheinlichkeits-Stichproben für alle beteiligten Länder, wobei in ersterem Befragte ab 16 Jahren und in letzerem ab 18 Jahren vertreten sind (Eurostat 2010a: 22; EVS/GESIS 2010b: 23). Im EVS Survey für Deutschland sind Ostdeutsche deutlich überrepräsentiert, was allerdings durch eine im Datensatz vorhandene Gewichtungsvariable ausgeglichen werden kann (siehe unten). Die norwegische Stichprobe des ISSP 1994 ist ebenfalls nicht repräsentativ. An erster Stelle wurden überproportional viele Frauen befragt. Darüber hinaus sind Arbeitslose und Personen mit niedrigem Bildungsniveau unter-, Erwerbstätige und Menschen mit universitärer Bildung hingegen überrepräsentiert (GESIS/ZA 1997: 50f.). Dies kann bei den deskriptiven Statistiken in Kapitel 5.1.2 zu einer Verzerrung in Richtung eines egalitäreren Antwortverhaltens führen.[14] Zuletzt umfasst die Stichprobe des Surveys *Supervisory Arrangements, Employment and Economy in Families 1998* Mütter mit ab 1992 geborenen Kindern. Darunter sind Mütter mit ab 1996 geborenen Kindern deutlich überrepräsentiert, was darin begründet ist, dass diese Personengruppe zu den potentiellen Beziehrinnen des Betreuungsgeldes gehörte (Statistics Norway 2012c: 5). Im Datensatz ist ein Design-Gewicht enthalten, mit dem dies ausgeglichen werden kann. Befragte mit einer niedrigen Bildung sind in dem Sample unterrepräsentiert.

Bei der Auswahl der befragten Personen bestehen deutliche Unterschiede zwischen dem norwegischen Survey von 1998 und den anderen Datensätzen, da in ersterem nur Mütter von Kindern unterhalb des schulpflichtigen Alters interviewt wurden. Zwar liefert dieses durch die Variablen über den Partner auch die gewünschten Informationen, doch kann es hier zu Verzerrungen kommen, da die befragten Mütter möglicherweise nicht so genau über beispielsweise die Arbeitszeit des Partners Bescheid wissen wie dieser selbst (Diekmann 2005: 406).

Bei den Zeitpunkten, zu denen die Datensätze erhoben wurden, besteht zwischen den Datensätzen der EVS und des EU-SILC Surveys eine gute Vergleichbarkeit, da es sich in beiden Fällen um die Erhebungswellen aus dem Jahr 2008 handelt. Zwar gibt es hier bei der tatsächlichen Erhebung der Datensätze in den drei Ländern gewisse Unterschiede, sodass insgesamt eine Zeitspanne von zwei Jahren besteht (mit der Erhebung der EU-SILC Daten in Schweden wurde im Januar 2008 begonnen, die Interviews zur EVS in Schweden endeten im Januar 2010) (EVS/GESIS 2010b; Statistics Sweden 2009: 3). Doch ist eine gewisse Abweichung bei den Erhebungszeitpunkten nicht problematisch, da sich die Einstellung zur Aufteilung von Erwerbs- und Betreuungsarbeit und das tatsächliche Verhalten in einer Gesellschaft nicht innerhalb eines solchen Zeitraumes in relevanter Form ändern (vgl. Drasch 2011: 181). Die größte zeitliche Lücke besteht zwischen den Datensätzen des ISSP 1994 und des Surveys *Supervisory Arrangements, Employment and Economy in Families 1998*, welche vier Jahre beträgt. Ein zeitlicher Abstand von vier Jahren zwischen den beiden Surveys mag zwar leichte Verzerrungen bei der Gegenüberstellung der Ergebnisse beinhalten, aber kein bedeutendes Problem darstellen.

---

14 Frauen neigen bei Fragen über Geschlechterrollen zu einem egalitäreren Antwortverhalten als Männer (Jakobsson/Kotsadam 2010). Zum Einfluss des Bildungsniveaus auf die Einstellung siehe Kapitel 3.3.4.2.

Betrachtet man die Literatur zum Thema Gewichtung in der Regressionsanalyse, so muss die Frage, ob und auf welche Weise Gewichte verwendet werden sollen oder nicht, differenziert beantwortet werden. Zunächst kann man zwischen Design- und Anpassungsgewichtung unterscheiden. Während erstere beispielsweise durch die Art der Stichprobenziehung verursachte Unterschiede in der Auswahlwahrscheinlichkeit bestimmter Individuen ausgleichen soll, zielt letztere darauf ab, durch bestimmte soziodemografische Merkmale verursachte Non-Response auszugleichen. Die Verwendung von Designgewichten gilt als »unumstritten« und »sinnvoll« (Arzheimer 2009: 363), Anpassungsgewichte werden dagegen häufig als problematisch angesehen (siehe hierzu auch Gabler/Ganninger 2010). Deswegen wird im Folgenden auf die Verwendung von Anpassungsgewichten verzichtet. In der EVS ist ein Design-Gewicht enthalten, das die Überrepräsentation von Ostdeutschen gegenüber Westdeutschen im Sample ausgleichen soll (EVS/GESIS 2010b: 23). Da aus anderen Studien bekannt ist, dass Ostdeutsche gegenüber Geschlechtergleichheit positiver eingestellt sind als Westdeutsche (Drasch 2011: 178f.), ist die Verwendung dieses Gewichts für die folgende Untersuchung von Relevanz. Bei der Analyse der EVS in Kapitel 5 wird deshalb das Design-Gewicht für Ost- und Westdeutsche verwendet. Auch im Survey *Supervisory Arrangements, Employment and Economy in Families 1998* ist ein Design-Gewicht enthalten (siehe oben). Da sich bei Verwendung des Gewichts in Kapitel 5.1 aber lediglich Veränderungen in den Nachkommastellen der Mittelwerte zeigen, werden die ungewichteten Ergebnisse vorgestellt.

An dieser Stelle muss zudem betont werden, dass bei der Gegenüberstellung der Untersuchungen von Einstellung und Verhalten die Gefahr eines ökologischen Fehlschlusses besteht, da verschiedene Datensätze und damit Individuen betrachtet werden (Diekmann 2005: 116). Dies muss beim Vergleich der Ergebnisse zu Einstellung und Verhalten berücksichtigt werden. Sollte sich beispielsweise ergeben, dass Mütter und Väter mit höheren Einkommen Erwerbs- und Betreuungsarbeit egalitärer aufteilen, aber zugleich das Einkommen keinen signifikanten Einfluss auf eine egalitäre Einstellung hat, so kann dies als ein *Hinweis* darauf gewertet werden, dass Eltern mit höheren Einkommen stärker in der Lage sind, ein egalitäres Lebensmodell zu realisieren. Um eine belastbare Aussage über solche Zusammenhänge zu machen, bedürfte es allerdings der Analyse von Datensätzen, die eine weitergehende Interpretation ermöglichen.

3.3.4   Operationalisierung

3.3.4.1 Variablen zur Messung von Einstellung und Verhalten

Im Folgenden werden die Variablen aus der EVS 2008 und dem EU-SILC 2008 Survey vorgestellt, die als abhängige Variablen in die Analyse einbezogen werden. Zugleich werden die Variablen aus dem ISSP 1994 und dem Survey *Supervisory Arrangements, Employment and Economy in Families 1998* präsentiert, die im Rahmen der deskriptiven Statistiken einen Vergleich zwischen der Situation in Norwegen im Jahr 2008 und zur Zeit der Einführung des Betreuungsgeldes in den Neunzigern möglich machen sollen.

Einstellung der Befragten

Zunächst werden hier die Variablen aus dem ISSP 1994 und der EVS 2008 vorgestellt, die einen Einblick in die Ansichten der Befragten zu den Geschlechterrollen von Männern und Frauen geben. Sie bilden den Ausgangspunkt für die Untersuchung normativer Orientierungen.

Tabelle 3: Variablen zu Geschlechterrollenbildern im ISSP 1994

v4	A working mother can establish just as warm and secure a relationship with her children as a mother who does not work.
v5	A pre-school child is likely to suffer if his or her mother works.
v6	All in all, family life suffers when the woman has a full-time job.
v7	A job is all right, but what women really want is a home and children.
v8	Being a house wife is just as fulfilling as working for pay.
v9	Having a job is the best way for a woman to be an independent person.
v10	Most women have to work these days to support their families.
v11	Both the man and the woman should contribute to the household income.
v12	A man's job is to earn money; a woman's job is to look after the home and family.
v13	It is not good if the man stays at home and cares for and the woman goes out to work.
v14	Family life often suffers because men concentrate too much on their work.

Quelle: Eigene Darstellung auf Basis von GESIS/ZA (1997)

Dazu wurden die folgenden Antwortoptionen gegeben:[15]

- Strongly agree
- Agree
- Neither agree nor disagree
- Disagree
- Strongly disagree

Tabelle 4: Variablen zu Geschlechterrollenbildern in der EVS 2008

v159	A working mother can establish just as warm and secure a relationship with her children as a mother who does not work.
v160	A pre-school child is likely to suffer if his or her mother works.
v161	A job is alright but what most women really want is a home and children.
v162	Being a housewife is just as fulfilling as working for pay.
v163	Having a job is the best way for a woman to be an independent person.
v164	Both the husband and the wife should contribute to the household income.
v165	In general, fathers are as well suited to look after their children as mothers.
v166	Men should take as much responsibility as women for the home and children.

Quelle: Eigene Darstellung auf Basis von EVS/GESIS (2010a)

Im Gegensatz zum ISSP 1994 gab es in der EVS 2008 vier Antwortoptionen:[16]

- Agree strongly
- Agree
- Disagree
- Disagree strongly

---

15 Die Antwortmöglichkeiten »Can't choose, don't know« und »No answer, refused« wurden ausgeschlossen.
16 Auch hier wurden die weiteren Antwortoptionen »Don't know« und »No answer« ausgeschlossen.

Betrachtet man die Variablen aus den beiden Surveys, so zeigt sich, dass fünf beziehungsweise sechs Variablen miteinander übereinstimmen. Bei v11 im ISSP und v164 in der EVS ist lediglich die Formulierung in Hinblick auf Mann/Frau beziehungsweise Ehemann/Ehefrau unterschiedlich. Das ISSP beinhaltet darüber hinaus weitere Variablen, deren Bejahung einer konservativen Haltung gegenüber der Aufteilung von Erwerbs- und Betreuungsarbeit entspricht, während die EVS Variablen enthält, die auf eine egalitäre Einstellung abzielen.

Um herauszufinden, welche latenten, das heißt nicht direkt beobachtbaren Strukturen hinter diesen Variablen stehen und um zu einer Reduzierung der möglichen abhängigen Variablen bei der Untersuchung normativer Orientierungen beizutragen, wird eine explorative Faktorenanalyse durchgeführt. Bei diesem Verfahren wird untersucht, inwiefern einer Zahl von Variablen latente Einflussgrößen, die als Faktoren bezeichnet werden, zugrundeliegen (Bühl 2006: 485). In der folgenden explorativen Faktorenanalyse werden von den oben vorgestellten Variablen des ISSP 1994 und der EVS 2008 die sechs Variablen ausgewählt, die in beiden Surveys enthalten sind. Dies soll dazu dienen, die Vergleichbarkeit zwischen den später zu generierenden abhängigen Variablen zu verbessern. Das dabei zur Anwendung kommende Verfahren ist die Hauptachsenanalyse (PAF), da es für die Analyse von großer Bedeutung ist, die Faktoren kausal zu interpretieren (Schermelleh-Engel u.a. 2007: 4).

Da bei einer ersten Betrachtung der aus dem ISSP und der EVS vorgestellten Variablen davon ausgegangen werden kann, dass die Faktoren, die sich aus der Faktorenanalyse ergeben, möglicherweise negativ miteinander korrelieren, wird eine oblique Rotation verwendet. Dieses Verfahren lässt nämlich eine Korrelation zwischen den Faktoren zu. Dabei wird auf die bei obliquen Rotationen häufig eingesetzte Methode Oblimin direkt zurückgegriffen (Bühl 2006: 518). Bei dieser Methode werden zwei rotierte Matrizen für die Items ausgegeben, die Muster- und die Strukturmatrix. Während erstere die Ladungen auf den rotierten Faktoren angibt, weist letztere die Korrelationen zwischen den Items und den Faktoren aus (Schermelleh-Engel u.a. 2007: 11). Zur Zuordnung der Items zu den Faktoren wird im Folgenden die Mustermatrix angegeben.

Zur Durchführung der explorativen Faktorenanalyse der EVS 2008 wurden die drei einzelnen Datensätze für Norwegen, Schweden und Deutschland zunächst in einen neuen Datensatz integriert. In einem zweiten Schritt wurden die in Kapitel 3.3.2 vorgestellten Untersuchungsgruppen ausgewählt. Die Faktorenanalysen für die beiden Surveys mit den sechs Items ergaben zunächst zwei Faktoren, bei denen allerdings das Item »Being a house wife is just as fulfilling as working for pay« beim ISSP auf dem zweiten, in der EVS aber auf dem ersten Faktor lud. Da auf dieser Grundlage keine eindeutige inhaltliche Interpretation möglich ist, wurden die Faktorenanalysen in den beiden Surveys mit den verbliebenen fünf Items wiederholt. Diese haben zu vergleichbaren Ergebnissen geführt. Im Folgenden werden deswegen nur die Ergebnisse für die EVS 2008 präsentiert (die Ergebnisse für das ISSP 1994 befinden sich in Tabelle A 4 bis A 8).

Aus der Faktorenanalyse ergeben sich zwei Faktoren, deren aufgeklärte Varianz zusammen 66,180 Prozent beträgt. Dabei weisen alle Items relativ hohe Ladungen von über ,40 auf, sodass kein Item ausgeschlossen werden muss. Für die Faktorenanalyse ist zudem die Betrachtung einiger Gütemaße wichtig. Der Bartlett-Test auf Sphärizität, der überprüft, ob die Korrelationen in der Stichprobe nur zufällig vorliegen und in der Grundgesamtheit keine Korrelationen bestehen, fällt hoch signifikant aus. Das Kaiser-Meyer-Olkin (KMO)-Maß prüft die Eignung der Variablen für eine Faktorenanalyse und weist mit einem Wert von 0,662 auf eine mäßige Güte des Modells hin. Die Werte des Measure of Sampling Adequacy (MSA)-Maßes geben die Eignung der einzelnen Items an und betragen zwischen 0,690 und 0,630 (mäßig) (siehe Tabelle A 1). Eine Faktorenanalyse kann auf Basis dieser Ergebnisse durchgeführt werden (siehe Brosius 1998: 645ff. und Bühl 2006: 515).

Versucht man die in Tabelle 5 aufgeführten Faktoren inhaltlich zu interpretieren, so lässt sich feststellen, dass die Items des ersten Faktors auf eine traditionelle Rolle der Mutter in der Familie und damit auf eine traditionelle Einstellung hindeuten. Das erste Item »A working mother can establish just as warm and secure a relationship with her children as a mother who does not work« zielt dabei inhaltlich auf eine gegenteilige Haltung ab als die anderen beiden Items des Faktors. Allerdings weist es im Gegensatz zu den anderen beiden Items eine positive Faktorladung auf und wird zum Zweck der Skalenbildung umgepolt, sodass eine eindimensionale Skala entsteht und die Konstruktvalidität gewährleistet ist. Der zweite Faktor fasst dagegen Fragen zur Erwerbstätigkeit von Männern und Frauen zusammen, die auf eine egalitäre Haltung der Befragten abzielen. Dementsprechend werden die zwei Faktoren *Einstellung traditionell* und *Arbeit egalitär* genannt.

Tabelle 5: Mustermatrix der explorativen Faktorenanalyse (PAF) der EVS 2008

EVS 2008	Faktor	
Item	Einstellung traditionell	Arbeit egalitär
A working mother can establish just as warm and secure a relationship with her children as a mother who does not work.	,501	
A pre-school child is likely to suffer if his or her mother works.	-,983	
A job is alright but what most women really want is a home and children.	-,501	
Having a job is the best way for a woman to be an independent person.		,546
Both the husband and the wife should contribute to the household income.		,735

Quelle: Eigene Berechnungen nach EVS 2008

Bevor aus den Items die Skalen gebildet werden, soll zunächst noch die Reliabilität der Skalen betrachtet werden. Reliabilität bedeutet, dass das Messinstrument zuverlässig sein muss, indem es bei wiederholten Messungen die gleichen Ergebnisse hervorbringt. Das Cronbachs Alpha fällt als Maßzahl für die Reliabilität mit 0,695 bei der ersten Skala (*Einstellung traditionell*), 0,572 bei der zweiten (*Arbeit egalitär*) in Anbetracht der wenigen Items akzeptabel aus. Zwar wird in der Literatur häufig 0,7 als Grenzwert für eine akzeptable Reliabilität genannt. Da Cronbachs Alpha aber umso höher ausfällt, je mehr Items die Skala enthält, ist dieser Schwellenwert bei Skalen mit wenigen Items (2–4) oft schwer zu erreichen. Bei solchen Skalen gilt bereits ein Alpha ab 0,4 als akzeptabel (Zinnbauer/Eberl 2004: 6). Der Trennschärfe-Koeffizient (Item-Skala-Korrelation) ist ein zweites Maß für die Reliabilität und gibt die Korrelation eines Items der Skala mit der Summe der anderen Items der Skala an. Die korrigierten Item-Skala-Korrelationen liegen bei der ersten Skala zwischen 0,624 und 0,443 und bei der zweiten Skala bei 0,402. Die Trennschärfe der Items in den beiden Skalen befindet sich also im mittleren bis hohen Bereich (Kopp/Lois 2012: 98) (siehe Tabelle A 2 und A 3). In Anbetracht dieser Ergebnisse kann die Bildung der Skalen durchgeführt werden.

Die beiden Skalen werden durch die Berechnung des arithmetischen Mittels aus den Items der zwei Faktoren gebildet (Kopp/Lois 2012: 100). Sie können Werte zwischen 1 und 4 annehmen, wobei nach der ursprünglichen Kodierung 1 eine starke Zustimmung und 4 eine starke Ablehnung bedeutet. Aus Gründen der besseren Verständlichkeit werden die Skalen abschließend umgepolt, sodass 4 für eine hohe Zustimmung und 1 für eine hohe Ablehnung steht.

Dauer der externen Kinderbetreuung

Für das EU-SILC Survey muss eine neue Variable berechnet werden, welche die Dauer der Kinderbetreuung abbildet, die nicht durch die Eltern erbracht wird. Dazu wird die wöchentliche Dauer der externen Betreuung in einer Kindertagesstätte, durch eine Tagesmutter und durch Verwandte oder Bekannte zu einer neuen Variablen addiert. Um die deskriptiven Statistiken zu Norwegen aus dem EU-SILC Survey mit der Situation zur Zeit der Einführung des Betreuungsgeldes vergleichen zu können, wird im Survey *Supervisory Arrangements, Employment and Economy in Families 1998* ebenfalls eine neue Variable für die durchschnittliche wöchentliche Dauer der Kinderbetreuung gebildet, die nicht durch die Eltern erbracht wird. Dazu werden zunächst separate Variablen über die Dauer der externen Kinderbetreuung der Ein- und Zweijährigen berechnet. In einem zweiten Schritt werden die beiden Variablen aggregiert und in den Fällen, in denen Mütter sowohl ein- als auch zweijährige Kinder haben, das arithmetische Mittel gebildet. Wird das Kind ausschließlich durch die Eltern betreut, liegt bei den Variablen aus beiden Datensätzen der Wert 0 vor.

Arbeitszeit des Befragten

Als zweite abhängige Variable der sozialen Praktiken wird die Arbeitszeit des Befragten herangezogen. Im EU-SILC Datensatz werden die Variablen zur durchschnittlichen wöchentlichen Arbeitszeit im Hauptberuf sowie im zweiten und dritten Beruf zur einer neuen Variable addiert. Dabei erhalten die Individuen, die nicht erwerbstätig sind, den Wert 0, sodass auch sie in der Regressionsanalyse berücksichtigt werden. Zu deskriptiven Zwecken wird auch die wöchentliche Arbeitszeit der Befragten beziehungsweise ihres Partners aus dem Survey *Supervisory Arrangements, Employment and Economy in Families 1998* untersucht.

3.3.4.2 Unabhängige Variablen

Da die EVS 2008 und das EU-SILC 2008 Survey mithilfe induktiver Statistiken genauer untersucht werden sollen, werden nun die unabhängigen Variablen präsentiert, die in Kapitel 5.2 zur Anwendung kommen.

Untersuchungsland

In die Analyse der EVS und des EU-SILC Surveys werden Dummy-Variablen integriert, mit deren Hilfe der Einfluss des nationalen Kontextes auf die Einstellung zur Aufteilung von Erwerbs- und Betreuungsarbeit sowie auf die Dauer der externen Kinderbetreuung und die Arbeitszeit von Müttern und Vätern untersucht wird. Um den Einfluss des nationalen Kontextes schätzen zu können, sind bei drei zu untersuchenden Ländern zwei Dummy-Variablen notwendig. Hier werden Dummys für Schweden und Deutschland herangezogen, während Norwegen die Referenzkategorie bildet.

Für die Analyse wäre es mit Sicherheit hilfreich gewesen, zwischen Ost- und Westdeutschland zu differenzieren. Da eine Regionalvariable für Deutschland zwar in der EVS, aber leider nicht im EU-SILC Survey enthalten ist, wird auf die Einbeziehung der Regionalvariablen in Kapitel 5.2.2 aus systematischen Gründen verzichtet. Allerdings werden die Unterschiede zwischen Ost- und Westdeutschland in den deskriptiven Statistiken in Kapitel 5.1.2 berücksichtigt.

Bildungsniveau des Befragten

Aus aktuellen Studien zu Norwegen und Schweden weiß man, dass Mütter mit niedriger Bildung unter den Beziehern des Betreuungsgeldes überrepräsentiert sind (Bungum/Kvande 2013: 50; Statistics Sweden 2012c: 28). Dies passt zu der allgemeinen Annahme, dass sich eine höhere Bildung der Frau positiv auf ihre Erwerbstätigkeit sowie auf ihr Einkommen ausübt und in der Folge das Betreuungsgeld für höher gebildete Frauen wenig attraktiv ist. Studien aus Schweden zeigen zudem, dass höher gebildete Väter mehr Zeit mit ihrer Familie verbringen (Sundström/Duvander 2002: 435). Zugleich geht aus Knudsen und Wærness (2001) hervor, dass höher gebildete Personen egalitärer eingestellt sind. Demzufolge lauten die Hypothesen zum Bildungsniveau:

Eltern mit hoher Bildung sind egalitärer eingestellt als weniger gebildete Eltern.

Mütter mit hoher Bildung sind länger erwerbstätig als weniger gebildete und haben ihr

Kind länger in nicht-elterlicher Betreuung. Väter mit höherer Bildung sind dagegen für eine kürzere Zeit erwerbstätig, wobei auch eine hohe Bildung des Vaters einen positiven Effekt auf die Betreuungsdauer des Kindes hat.

Um den Einfluss des Bildungsniveaus auf die Einstellung und das Verhalten in allen Datensätzen vergleichbar messen zu können, werden zwei Dummy-Variablen kodiert, mit deren Hilfe sich drei verschiedene Abstufungen des Bildungsgrades messen lassen. Die Basis für die Bildung vergleichbarer Kategorien ist die ISCED 1997 Klassifizierung der UNESCO. Die erste Kategorie des Bildungsniveaus ist hier ›Bildung niedrig‹, welche die ISCED levels 0 bis 2 umfasst. Dies beinhaltet das Fehlen eines schulischen Abschlusses bis zu einem niedrigen sekundären Schulabschluss. In Deutschland bedeutet dies beispielsweise einen Hauptschul- oder Realschulabschluss ohne weitere berufliche Ausbildung oder in Norwegen einen Abschluss an der *Ungdomsskole*. Die zweite Kategorie, welche ein mittleres Bildungsniveau umfasst, beinhaltet die ISCED levels 3 und 4, das heißt eine mittlere oder hohe Sekundärbildung. In Deutschland umfasst dies unter anderem den Abschluss an einer Berufsfachschule bis zur allgemeinen Hochschulreife, in Norwegen an der *Videregående skole* oder in Schweden an der *Gymnasieskolan*. Die letzte Kategorie, die ein hohes Bildungsniveau beinhaltet, umfasst die ISCED levels 5 und 6, das bedeutet einen tertiären Abschluss, der vom Bachelor bis zur Promotion reicht (UNESCO 2012). Hohe und niedrige Bildung werden als Variablen in die Untersuchung einbezogen, während mittlere Bildung die Referenzkategorie darstellt.

Arbeitszeit des Partners

Aus Studien zu Deutschland ist bekannt, dass Väter in der Phase der Familiengründung ihre Erwerbstätigkeit ausweiten, wenn die Partnerin nicht oder nur geringfügig beschäftigt ist. Väter mit einer in Vollzeit beschäftigten Frau reduzieren ihre Arbeitszeit dagegen (Pollmann-Schult 2008). Dementsprechend wird hier angenommen, dass die Arbeitszeit des Partners der Mutter einen negativen Effekt auf die Dauer der Kinderbetreuung hat. Des Weiteren weisen Männer, deren Frauen erwerbstätig sind, eine egalitärere Einstellung auf (Kangas/Rostgaard 2007: 251). Umgekehrt wird davon ausgegangen, dass Mütter, deren Partner eine Teilzeitstelle hat, egalitärer eingestellt sind, da bei solchen Paaren das Potential zur ungleichen

Aufteilung von Erwerbs- und Betreuungsarbeit geringer ist. Die Hypothesen zur Arbeitszeit des Partners lauten demnach:

Väter sind egalitärer eingestellt, wenn die Partnerin arbeitet, insbesondere wenn sie eine Vollzeitstelle hat. Mütter sind egalitärer eingestellt, wenn der Partner eine Teilzeitstelle hat. Eine längere Arbeitszeit der Partnerin des Vaters wirkt sich positiv auf die Dauer der nicht-elterlichen Kinderbetreuung und negativ auf die Arbeitszeit des Vaters aus. Eine längere Arbeitszeit des Partners der Mutter hat hingegen einen negativen Effekt auf die Arbeitszeit der Mutter und die Dauer der Kinderbetreuung.

In der EVS ist angegeben, ob ein Hausfrauen-Status, eine Beschäftigung unter 30 Stunden in der Woche (Teilzeit) oder ab 30 Stunden (Vollzeit) vorliegt. Dementsprechend werden für diesen Datensatz auf Basis der ersten beiden Kategorien zwei Dummys gebildet, mit denen sich die Dauer der Beschäftigung des Partners untersuchen lässt. Im EU-SILC Survey wird die bereits erstellte abhängige Variable zur Arbeitszeit des Befragten genutzt, um durch die Verknüpfung mit der Partner ID dem Datensatz eine neue Variable zur Arbeitszeit des Partners hinzuzufügen.

Geburtsland des Befragten

Insbesondere für Norwegen hat eine Reihe von Studien gezeigt, dass Mütter mit Migrationshintergrund häufiger das Betreuungsgeld beziehen, was vor allem für Mütter aus Asien und Afrika gilt (Ellingsæter 2012: 7). Aus anderen Untersuchungen ist bekannt, dass Menschen mit Migrationshintergrund traditioneller eingestellt sind und Erwerbs- und Haus- beziehungsweise Betreuungsarbeit auch so aufteilen (Diehl u.a. 2009). Zugleich liegt die Erwerbstätigen-Quote von Immigranten in den meisten OECD-Staaten unter der der einheimischen Bevölkerung (OECD 2009b). Die Hypothesen zum Migrationshintergrund lauten demnach:

Eltern mit Migrationshintergrund sind traditioneller eingestellt als solche ohne Migrationshintergrund. Eltern mit Migrationshintergrund haben das Kind für kürzere Zeit in nicht-elterlicher Betreuung und insbesondere Mütter arbeiten weniger als solche ohne Migrationshintergrund.

Um den Effekt eines Migrationshintergrundes auf die Einstellung und die sozialen Praktiken untersuchen zu können, wird eine Dummy-Variable über das Geburtsland des Befragten in das Set der unabhängigen Variablen aufgenommen. Die im Ausland geborenen Eltern werden dabei mit 1, die im Inland geborenen mit 0 kodiert.

Haushaltseinkommen

Norwegischen Untersuchungen zufolge nutzen Mütter mit höherem Einkommen seltener das Betreuungsgeld (Ellingsæter 2012: 7). Zudem fällt für Paare mit einem höheren gemeinsamen Einkommen die relative Verteuerung der öffentlichen Kinderbetreuung durch das Betreuungsgeld weniger ins Gewicht (Rønsen 2000: 17f.). Da das Einkommen allgemeinhin positiv mit der Arbeitszeit korreliert, kann bei einem höheren Einkommen der Eltern von einem positiven Zusammenhang mit der Arbeitszeit sowie (bei Müttern) mit der Dauer der Kinderbetreuung ausgegangen werden. Des Weiteren gibt es Studien, denen zufolge sich ein höheres Einkommen beziehungsweise ein höherer sozialer Status positiv auf eine egalitäre Einstellung auswirken (Cunningham 2001: 112f.; Jakobsson/Kotsadam 2010: 146). Die Hypothesen zum Einkommen lauten deswegen:

Je höher das Einkommen, desto egalitärer die Einstellung der Eltern. Ein höheres Einkommen hat einen positiven Effekt auf die Arbeitszeit und die Dauer der nichtelterlichen Kinderbetreuung.

Das EU-SILC Survey enthält zwar Angaben zum persönlichen und zum Haushaltseinkommen, die EVS aber nur eine Variable zum Haushaltseinkommen. Deswegen wird im Folgenden das Haushaltseinkommen als unabhängige Variable in die Untersuchung einbezogen. Zwar kann damit nicht der individuelle Einfluss der Einkommenshöhe auf Einstellung und Verhalten untersucht werden, doch ist es möglich, Unterschiede entlang der ökonomischen Situation des Haushalts zu analysieren. Im Fall des EU-SILC Surveys handelt es sich um das jährliche totale verfügbare Haushaltseinkommen einschließlich Renten, Sozialleistungen, Kapitaleinnahmen, Einkommen aus Vermietung und Verpachtung, abzüglich Steuern und Sozialabgaben (Eurostat 2010a: 210). Der Definition folgend kann man vom Nettohaushaltseinkommen sprechen. In der EVS handelt es sich um das jährliche Nettohaushaltseinkommen einschließlich aller Löhne, Gehälter, Pensionen und anderer Einkommensarten, abzüglich Steuern und anderer Abgaben (EVS/GESIS 2010a: 32). Beide Variablen zum Haushaltseinkommen sind also grundsätzlich gut zu vergleichen, zumal sie in beiden Fällen in Euro angegeben sind. Allerdings handelt es sich bei der EVS um eine Variable, die nicht wie das Haushaltseinkommen im EU-

SILC Survey kontinuierlich ist, sondern zwölf Kategorien umfasst.[17] Die Angaben zum Einkommen nehmen dabei in der Regel auf das zuvor abgeschlossene Kalenderjahr Bezug, das heißt 2007, im EU-SILC Survey für Norwegen dagegen auf das Jahr 2006.

Zahl der Kinder

Aus Studien zu Norwegen ist bekannt, dass in Haushalten mit drei oder mehr Kindern das Betreuungsgeld deutlich häufiger bezogen wurde als in Haushalten mit nur einem Kind (Rønsen/Kitterød 2010: 95). Dazu kommt, dass das Arbeitsangebot von Müttern mit steigender Zahl der Kinder abnimmt (Rønsen 2009: 517), weshalb im Folgenden auch angenommen wird, dass die Dauer der Kinderbetreuung mit steigender Zahl der Kinder abnimmt. Eine Studie über Mehrkinderfamilien in Deutschland ergab, dass sich bei jüngeren Vätern eine höhere Zahl der Kinder ebenfalls negativ auf die Erwerbstätigkeit auswirkt (Bertram 2008: 31f.). Darüber hinaus sind Mütter mit einer größeren Zahl an Kindern traditioneller eingestellt (Farré/Vella 2007: 16). Davon soll grundsätzlich auch bei Vätern ausgegangen werden. Die Hypothesen zur Zahl der Kinder lauten demnach:

Je höher die Zahl der Kinder, desto geringer die Arbeitszeit der Eltern und die Dauer der nicht-elterlichen Betreuung. Je höher die Zahl der Kinder, desto traditioneller die Einstellung der Eltern.

Da im EU-SILC Survey keine Variable über die Zahl der Kinder enthalten ist, wird eine solche erstellt. Dabei wird festgestellt, ob und wie viele nach 1990 geborene, das heißt unter 18 Jahre alte Kinder ein Befragter hat und dies als Variable abgespeichert. Wie im Abschnitt zur Untersuchungsgruppe erwähnt, gibt es in der EVS keine Angaben zum Alter der Kinder. Deswegen wird die bereits im Datensatz enthaltene Variable zur Zahl der Kinder als unabhängige Variable verwendet. In beiden Surveys hat die Variable zur Zahl der Kinder metrisches Skalenniveau.

---

17 Die zwölf Kategorien sind: unter 1.800 Euro, 1.800 bis unter 3.600, 3.600 bis unter 6.000, 6.000 bis unter 12.000, 12.000 bis unter 18.000, 18.000 bis unter 24.000, 24.000 bis unter 30.000, 30.000 bis unter 36.000, 36.000 bis unter 60.000, 60.000 bis unter 90.000, 90.000 bis unter 120.000, ab 120.000.

Interaktionsvariablen

In Kapitel 3.3.3 wurde bereits dargestellt, dass die Fallzahlen für die einzelnen Länder in der EVS und dem EU-SILC Survey relativ niedrig sind. Aus diesem Grund werden in den beiden Surveys Interaktionseffekte zwischen den Länder-Dummys und den vorgestellten unabhängigen Variablen berechnet, um eine Aufteilung der Samples zu vermeiden. Die Berechnung von Interaktionseffekten hat darüber hinaus den Vorteil, dass die Unterschiede in der Stärke des Effekts einer unabhängigen Variablen zwischen den drei Ländern verglichen werden können.

3.3.5 Methodik

Da das Skalenniveau der interessierenden abhängigen Variablen metrisch und das der unabhängigen metrisch oder dichotom ist, kommt bei der Analyse von sozialen Praktiken und normativen Orientierungen die lineare Regression zur Anwendung, um den Einfluss der unabhängigen auf die abhängigen Variablen zu untersuchen (Backhaus u.a. 2006: 50). Das bei einer linearen Regression am weitesten verbreitete Verfahren ist die Schätzung des Regressionskoeffizienten durch die Methode der kleinsten Quadrate (OLS). Allerdings genügen die vorliegenden Daten den Voraussetzungen, die für die Verwendung des OLS-Schätzers erfüllt sein müssen, nur zum Teil. So ergab der Kolmogorov-Smirnov-Test auf Normalverteilung für die standardisierten Residuen, dass diese in keinem der zu schätzenden Modelle normalverteilt sind (vgl. Urban/Mayerl 2011: 197). Eine Möglichkeit, trotz dieses Umstandes eine lineare Regression durchzuführen, bietet die Verwendung eines robusten Schätzverfahrens (Jann 2010: 711). Der im Folgenden verwendete Huber-M-Schätzer zeichnet sich dadurch aus, dass den Residuen, die eine große Abweichung von der Verteilung aufweisen, ein geringeres Gewicht zugewiesen wird. Der verwendete Schwellenwert liegt im konkreten Fall bei 1,345, was einer gaußschen Effizienz von 95 Prozent entspricht. Dies gilt »in der Regel als guter Kompromiss« zwischen Effizienz und Robustheit des Schätzers (Jann 2010: 713).

Die Gleichung für das zu schätzende Interaktionsmodell lautet bei zwei unabhängigen Variablen:

$$\hat{Y} = b_1 X + b_2 Z + b_3 XZ + b_0$$

Wobei im vorliegenden Beispiel $\hat{Y}$ der geschätzte Wert der abhängigen Variable, b_1 das Regressionsgewicht der ersten unabhängigen Variable X, b_2 das Regressionsgewicht der zweiten unabhängigen Variable Z, b_3 das Regressionsgewicht des Interaktionseffektes zwischen X und Z und b_0 die Regressionskonstante ist (Aiken/West 1991: 2).

Da in der vorliegenden Untersuchung für die EVS- und EU-SILC-Daten Modelle mit Interaktionseffekten geschätzt werden, ist es wichtig, die unabhängigen Variablen mit metrischem Skalenniveau vor der Berechnung der Interaktionsvariablen zu zentrieren, um so möglichen Problemen mit Multikollinearität vorzubeugen (siehe hierzu Urban/Mayerl 2011: 215/ 238). Bei der Zentrierung der metrischen unabhängigen Variablen wird die Differenz zwischen dem empirischen Wert der Variablen und dem arithmetischen Mittel aller Messwerte der Variablen berechnet, sodass das arithmetische Mittel der zentrierten Variable 0,0 beträgt. Dies betrifft die folgenden unabhängigen Variablen: das Haushaltseinkommen, die Arbeitszeit des Partners (beim EU-SILC Survey) sowie die Zahl der Kinder. Da sich das Haushaltseinkommen zwischen den Ländern zum Teil deutlich unterscheidet, wurde im EVS und EU-SILC Datensatz jeweils um das arithmetische Mittel pro Land zentriert. Die Arbeitszeit des Partners und die Zahl der Kinder wurden hingegen auf Basis eines Durchschnittswerts für alle Länder zentriert.

Der Aufbau der Modelle der Regressionsanalysen folgt immer der gleichen Systematik: Zunächst wird jeweils für Mütter und für Väter ein Modell ohne Interaktionseffekte berechnet, das heißt es wird der Einfluss der Länder-Dummys für Deutschland und Schweden, von hoher und niedriger Bildung, der Arbeitszeit des Partners (EU-SILC) beziehungsweise von Teilzeitarbeit und einer Hausfrauentätigkeit des Partners (EVS), des Geburtslandes im Ausland, des Haushaltseinkommens sowie der Zahl der Kinder auf die jeweilige abhängige Variable berechnet (EVS: *Arbeit egalitär*, *Einstellung traditionell*; EU-SILC: Dauer nicht-elterlicher Betreuung/Woche, Arbeitszeit des Befragten/Woche). Danach folgen die Modelle mit den Interaktionen, wobei jeweils für nur eine unabhängige Variable die Interaktionen in ein Modell aufgenommen werden. Dieses Vorgehen hat gegenüber der Einbeziehung aller Interaktionen in ein Modell den Vorteil, dass die Haupteffekte der Modelle sinnvoll interpretierbar bleiben (siehe hierzu Kopp/Lois 2012: 156). Durch die Integration der anderen unabhängigen Variablen neben den Haupt- und Interaktionseffekten wird der Einfluss der Interaktionen zudem statistisch kontrolliert.

Die folgende Tabelle fasst die zur Anwendung kommenden Methoden abschließend zusammen.

Tabelle 6: Übersicht der Untersuchungsschritte

Erklärungsfaktor für die Inanspruchnahme	Methodik qualitativ
institutionelle Ausgestaltung des Betreuungsgeldes	Untersuchung der unterschiedlichen Verhaltensanreize des Betreuungsgeldes in den drei Ländern
Koordinierung zwischen der institutionellen Ausgestaltung des Betreuungsgeldes und der der anderen Policies	Analyse der Verhaltensanreize, die aus dem Zusammenspiel der institutionellen Ausgestaltung der Leistungen resultieren
Koordinierung zwischen den Paradigmen des Betreuungsgeldes und denen der anderen Policies	– Identifizierung der Paradigmen durch einen *structured, focused comparison* – Vergleich der Förderung des *male-breadwinner-* und des *dual-earner-/dual-carer-model* in den drei Ländern – Berücksichtigung von Reichweite und Leistungshöhe
	Methodik quantitativ
Koordinierung zwischen dem Betreuungsgeld und den normativen Orientierungen von Eltern	– Deskriptive Analyse der Einstellung zu Geschlechterrollen – Untersuchung des Einflusses der unabhängigen Variablen durch eine robuste Regressionsanalyse
Koordinierung zwischen dem Betreuungsgeld und den sozialen Praktiken der Eltern	– Deskriptive Analyse der Arbeitszeit der Eltern und der nicht-elterlichen Kinderbetreuung – Untersuchung des Einflusses der unabhängigen Variablen durch eine robuste Regressionsanalyse

Quelle: Eigene Darstellung

4 Policy-Koordination

In diesem Kapitel soll erläutert werden, inwiefern das Zusammenspiel zwischen dem Betreuungsgeld und den anderen Leistungen und Regelungen des Policy-Regimes die Inanspruchnahme des Betreuungsgeldes in Norwegen und Schweden erklärt. Für Deutschland soll eine erste Einschätzung darüber erfolgen, in welchem Maße Eltern das Betreuungsgeld nutzen werden.

Im folgenden Unterkapitel werden zunächst die rechtlichen Regelungen des Betreuungsgeldes in Norwegen, Schweden und Deutschland und die mit der Leistung verbundenen Paradigmen vorgestellt. Ein Vergleich soll daraufhin die Unterschiede und Gemeinsamkeiten zwischen der Leistung in den drei Ländern klären. Das zweite Unterkapitel befasst sich mit der Koordination zwischen dem Betreuungsgeld und dem Policy-Regime auf den zwei Ebenen der institutionellen Ausgestaltung und der Paradigmen. Die Ergebnisse dieses Kapitels werden abschließend in einem Fazit zusammengefasst.

4.1 Das Betreuungsgeld im Länder-Vergleich

4.1.1 Institutionelle Regelungen des Betreuungsgeldes

Norwegen

Das Betreuungsgeld *(kontantstøtte)* wurde am 1. August 1998 in Norwegen eingeführt und zunächst an alle dort wohnhaften Eltern von Kindern im Alter von einem Jahr gezahlt, die öffentliche Kinderbetreuung nicht oder nur auf Teilzeitbasis genutzt haben. Zwischen dem 1. Januar 1999 und dem 31. Juli 2012 wurde die Leistung auch an Eltern Zweijähriger gezahlt. Nach einer Reform der Leistung erhalten seit dem 1. August 2012 nur noch Eltern Einjähriger das Betreuungsgeld (Hardoy/Schøne 2008: 6; Ministry of Labour 2011: 27). Das Kind muss wie die Eltern in Norwegen wohnhaft sein. Das Betreuungsgeld wird ab dem ersten Geburtstag des Kindes und damit im Anschluss an die Elternzeit gezahlt. Die maximale Bezugsdauer betrug bis zum August 2012 23 Monate. Die Eltern, die das Betreuungsgeld erhalten, sind bei der Verwendung der Leistung frei. So kann sie als Kompensation für persönlich erbrachte Betreuung angesehen oder zur Finanzierung einer privaten Betreuungslösung herangezogen werden. Während des Bezuges des Betreuungsgeldes werden keine Ansprüche auf Leistungen des Sozialversicherungssystems erworben (Korsnes 2004: 110f.). Anspruchsberechtigte Eltern können die Leistung für jedes ihrer Kinder beziehen. Die Höhe des Betreuungsgeldes hängt davon ab, ob sich das Kind für eine bestimmte Stundenzahl in der Woche in öffentlich geförderter Kinderbetreuung befindet oder nicht. Zum 1. Januar 1999 betrug die Leistung 2.263 norwegische Kronen im Monat, wenn das Kind nicht in öffentlicher Betreuung war, 1.810 Kronen bei bis zu 15 Stunden in Betreuung, 1.357 Kronen bei 16 bis 20 Stunden und 1.018 Kronen bei 21 bis 30 Stunden (eigene Berechnung nach Sosial- og helsedepartementet 1998).

Mit Wirkung zum 1. August 2012 haben sich die Regelungen zum Betreuungsgeld deutlich verändert: Für Kinder im Alter von 13 bis 18 Monaten werden 5.000 Kronen im Monat gezahlt und für 19 bis 23 Monate alte Kinder 3.303 Kronen, wenn keine öffentliche Kinderbetreuung in Anspruch genommen wird. Dies entspricht 13,74 Prozent beziehungsweise 9,07 Prozent des durchschnittlichen Monatseinkommens norwegischer Frauen im Jahr 2012.[18] Bei einer Inanspruchnahme von bis zu 19 Stunden in der Woche reduziert sich der Betrag auf 2.500 Kronen beziehungsweise 1.652 Kronen. Wird das Kind 20 Stunden oder länger öffentlich betreut, entfällt das Betreuungsgeld (Ministry of Labour 2011: 27). Vor dieser Reform lag die Leistungshöhe für Ein- und Zweijährige bei 3.303 Kronen.

Das Betreuungsgeld stellt weder ein Einkommen noch eine bedarfsgeprüfte Sozialleistung dar, was sich auf die Abstimmung mit anderen Policies auswirkt. Bezieher des Betreuungsgeldes werden nicht im Arbeitsrecht berücksichtigt, haben keine Ansprüche auf Lohnfortzahlung im Krankheitsfall oder Krankengeld und erwerben keine Ansprüche auf Elternzeit. Die Leistung muss nicht versteuert werden und der Anspruch auf das Betreuungsgeld ist auch nicht von vorangegangener Erwerbstätigkeit abhän-

---

18 Das durchschnittliche Vollzeitäquivalenzeinkommen von Frauen lag in Norwegen 2012 bei 36.400 Kronen (Statistics Norway 2014).

gig (Korsnes 2004: 111). In Norwegen kann das Betreuungsgeld gleichzeitig mit anderen wohlfahrtsstaatlichen Leistungen bezogen werden. Es lässt sich also sagen, dass das Betreuungsgeld in Norwegen nicht auf andere Leistungen abgestimmt ist, da es ausschließlich eine Kind-bezogene Leistung darstellt (Rantalaiho 2010: 121).

Seit der Einführung des Betreuungsgeldes ist die Inanspruchnahme der Leistung deutlich zurückgegangen. Ellingsæter (2012: 7) hat dargestellt, dass der Anteil der Kinder, für die das Betreuungsgeld ausgezahlt wurde, 1999 bei 75 Prozent der Ein- bis Zweijährigen lag, 2011 allerdings nur noch bei 25 Prozent. Folgt man den in Kapitel 3.2.2 vorgestellten Kriterien, so war die Reichweite der Leistung 1999 hoch, zwölf Jahre später allerdings nur noch im mittleren Bereich. Auch der Anteil der Kinder, für die eine reduzierte Leistung gezahlt wird, hat sich verändert, wenn auch weniger dramatisch: 1999 lag die Quote bei 16 Prozent, 2011 bei 25 Prozent (ebenda). Gleichzeitig hat der Anteil der Kinder in öffentlicher Betreuung deutlich zugenommen: Waren dies 1998 noch 38,8 Prozent der Ein- bis Zweijährigen, so lag die Quote 2007 bei 69,3 Prozent (Gulbrandsen 2009: 21). Zu dem Kreis der Personen, die heute das Betreuungsgeld in Norwegen beziehen, gehören überdurchschnittlich viele Frauen, die in Afrika oder Asien geboren wurden, die ein niedriges Einkommen und niedrige Bildung aufweisen sowie Eltern, die in ländlichen Gegenden leben. Bemerkenswert ist hierbei, dass die Gruppe der Eltern, die das Betreuungsgeld erhält, in der Phase nach der Einführung der Leistung wesentlich heterogener war als heute. Ende der Neunziger bis Anfang der Zweitausender nutzte ein deutlicher größerer Anteil an Müttern mit höheren Einkommen und höherer Bildung die Leistung (Bungum/Kvande 2013: 47; Ellingsæter 2012: 7). Dementsprechend ist davon auszugehen, dass gerade diese Mütter heute öffentliche Betreuung anstatt des Betreuungsgeldes in Anspruch nehmen.

Schweden

In Schweden ist es den Kommunen überlassen, ein Betreuungsgeld *(vårdnadsbidrag)* einzuführen, allerdings gibt es staatliche Vorgaben für die Ausgestaltung der Leistung, die im Juli 2008 in Kraft getreten sind. Diese sehen folgendermaßen aus: Nach 250 Tagen Elternzeit können Eltern das Betreuungsgeld erhalten. Die Leistung kann dabei maximal bis zum dritten Geburtstag des Kindes bezogen werden. Die Höhe der ausgezahlten Leistung hängt davon ab, ob und wie lange sich das Kind in öffentlicher Kinderbetreuung befindet. Je länger das Kind in öffentlicher Kinderbetreuung betreut wird, desto niedriger ist die ausgezahlte Leistung. Die volle Leistung erhalten nur die Eltern, deren Kind gar keine öffentliche Betreuung in Anspruch nimmt. Die maximale Dauer zur Nutzung öffentlicher Kinderbetreuung richtet sich nach den Regularien der Kommunen. Der Höchstbetrag des Betreuungsgeldes beläuft sich auf 3.000 schwedische Kronen im Monat, wobei es nicht versteuert werden muss. Um anspruchsberechtigt zu sein, dürfen Eltern nicht Bezieher von Leistungen der Arbeitslosenversicherung, bezahlter Elternzeit, Unterstützungsleistungen für Asylbewerber, Altersrenten oder seit mehr als einem Jahr Bezieher von Krankengeld sein (Nyberg 2010: 78). Erhält ein Elternteil eine solche Leistung, hat auch der andere Elternteil keinen Anspruch auf das Betreuungsgeld. Die Leistung wird demnach an *working families* (Rantalaiho 2010: 120) gezahlt, da sie nach dem Willen des Gesetzgebers keine Armutsfalle darstellen soll. Die Wahlfreiheit zwischen öffentlich geförderter und privater Betreuung ist in Schweden also nicht für alle Eltern gewährleistet (ebenda). Eltern, die ganz aus dem Beruf ausscheiden, um sich bei vollem Betreuungsgeld um ihr Kind zu kümmern, haben das Recht, ihren Arbeitsplatz zu verlassen und müssen dabei keine Abstriche bei ihren Anrechten auf Sozialversicherungsleistungen befürchten (die letzte Phase der Erwerbstätigkeit bleibt ausschlaggebend für die Ansprüche). Bei einer persönlichen Betreuung des Kindes bis zu dessen dritten Geburtstag bleibt auch das Anrecht auf Arbeitslosengeld erhalten (Försäkringskassan 2013a). Um das Betreuungsgeld zu beziehen, ist ein Elternteil nicht verpflichtet, sich persönlich um die Betreuung des Kindes zu kümmern. So hängt der Bezug der Leistung nicht von einer Einschränkung der Erwerbstätigkeit ab. Das Betreuungsgeld kann deswegen auch zur Finanzierung einer privaten, das heißt nicht öffentlichen Betreuungslösung herangezogen werden, beispielsweise für eine Tagesmutter oder eine private Betreuungseinrichtung (Nyberg 2010: 69).

Bisher gewährleisten alle Kommunen, die ein Betreuungsgeld eingeführt haben, den Höchstbetrag von 3.000 Kronen, was 10,87 Prozent des durchschnittlichen Monatseinkommens schwedischer Frauen im Jahr 2012 entspricht.[19] In den meisten Kommunen wird das Betreuungsgeld an Eltern von Kindern im Alter von ein bis drei Jahren ausgezahlt, allerdings gab es 2009 von den 95 der 290 schwedischen Kommunen, welche die Leistung eingeführt hatten, sechs Kommunen, die das Betreuungsgeld für

---

19 2012 lag der durchschnittliche Monatslohn schwedischer Frauen bei 27.600 Kronen (Statistics Sweden 2014).

eine kürzere Zeitspanne anboten. Einige Kommunen haben eine Mindest-bezugsdauer von zumeist zwei Monaten festgelegt. In den meisten Ge-meinden können Eltern sich die Leistung teilen, auch wenn sie in unter-schiedlichen Gemeinden leben. Obwohl von staatlicher Seite ein Teilzeit-Bezug der Leistung gewünscht war, bieten die meisten Kommunen das Betreuungsgeld nur unter gänzlichem Verzicht auf einen öffentlichen Kin-derbetreuungsplatz an. Wenn Eltern, die das Betreuungsgeld beziehen, arbeiten oder sich in Ausbildung befinden, haben die älteren Geschwister des Kindes, für das die Leistung ausgezahlt wird, einen Anspruch auf einen öffentlich finanzierten Betreuungsplatz. Obwohl die Gesetzeslage in vielen Kommunen nicht eindeutig ist, muss davon ausgegangen werden, dass die Ansprüche der älteren Geschwister die gleichen sind, als wenn die Eltern wegen des jüngeren Geschwisters in Elternzeit sind. Damit stehen dem älteren Geschwister 15 Stunden öffentlicher Betreuung in der Woche of-fen. In einigen Kommunen haben alle Vorschul-Kinder dieses Recht, in anderen nur die Drei- bis Fünfjährigen. Darüber hinaus haben Schulkinder in einigen Kommunen keinen Anspruch auf Betreuung nach der Schule, wenn die Eltern das Betreuungsgeld beziehen (Nyberg 2010: 75f.).

Im Jahr 2011 hatten 108 Kommunen ein Betreuungsgeld, allerdings ist der Anteil der Kinder, für die die Leistung bezogen wird, sehr gering: Im gleichen Zeitraum betrug deren Anteil in den Kommunen mit einem Be-treuungsgeld gerade mal 4,7 Prozent, für gesamt Schweden 2,5 Prozent (Statistics Sweden 2012c: 23ff.). Die Reichweite des Betreuungsgeldes ist damit als niedrig einzuordnen. Zu den Personen, die das Betreuungsgeld beantragt haben, gehörten in der zweiten Hälfte des Jahres 2011 in der großen Mehrheit Frauen (92,1 Prozent). Daneben beantragten im Ver-gleich zur Gesamtbevölkerung mit Kindern zwischen ein und drei Jahren deutlich mehr Familien mit mehr als drei Kindern die Leistung. Ebenso ist der Anteil der nicht erwerbstätigen Personen beträchtlich höher, der Anteil der Menschen mit hoher Bildung niedriger und der mit niedriger Bildung höher als in der Vergleichsgruppe. Zudem beantragten Eltern, die im Aus-land geboren wurden, die Leistung häufiger und das Median-Einkommen der Antragssteller fällt niedriger aus als in der Gesamtbevölkerung mit ein-bis dreijährigen Kindern. Zuletzt sind die Personen, die das Betreuungs-geld beantragt haben, gegenüber der Vergleichsgruppe jünger (Statistics Sweden 2012c: 30ff.).

Deutschland

Das deutsche Betreuungsgeld wird für Kinder im Alter von 15 bis 36 Monaten gezahlt bei einer Dauer von höchstens 22 Monaten (§ 4d Abs. 1 BEEG). Die Leistung können Eltern damit im Anschluss an das maximal 14 Monate umfassende Elterngeld beziehen. Die Anspruchsvoraussetzungen sind erfüllt, wenn die Eltern in Deutschland leben oder dort ihren Wohnsitz haben, mit dem Kind in einem Haushalt leben, es selbst erziehen und für das Kind kein öffentlich geförderter Betreuungsplatz in Anspruch genommen wird (§ 4a Abs. 1 BEEG). In Härtefällen ist eine solche Kinderbetreuung bis zu durchschnittlich 20 Stunden in der Woche möglich (§ 4a Abs. 2 BEEG). Darüber hinaus darf ein Elternteil nicht mehr als ein steuerpflichtiges Einkommen von 250.000 Euro im Jahr verdienen. Bei Paaren liegt die Grenze bei über 500.000 Euro im Jahr (§ 1 Abs. 8 BEEG). Der Bezug von Sozialleistungen und dem Betreuungsgeld ist wie beim Elterngeld geregelt. So wird das Betreuungsgeld als Einkommen angerechnet, wenn die Eltern Leistungen nach SGB II, SGB XII oder den Kinderzuschlag nach § 6a BKGG beziehen. Demnach sind Arbeitslose, die keinen Anspruch auf das Arbeitslosengeld (ALG) I haben, vom Betreuungsgeld ausgeschlossen. Personen, die vor der Geburt des Kindes erwerbstätig waren, sind von dieser Regelung allerdings ausgenommen (§ 10 Abs. 5 BEEG). Wie beim Elterngeld soll damit eine Erwerbstätigkeit auch bei Beziehern der genannten Sozialleistungen belohnt werden (Kuschnereit 2011). Elterngeld und Betreuungsgeld können nur nacheinander bezogen werden, das heißt es darf kein Anspruch auf Elterngeld mehr bestehen, damit ein Elternteil das Betreuungsgeld erhalten kann. Die Höhe des Betreuungsgeldes beträgt im ersten Jahr nach der Einführung 100 Euro im Monat und ab dem 1. August 2014 150 Euro im Monat. Dies entspricht 4,04 Prozent beziehungsweise 6,06 Prozent des durchschnittlichen Bruttomonatseinkommens deutscher Frauen im Jahr 2012.[20] Dabei wird die Leistung für ab dem 1. August 2012 geborene Kinder ausgezahlt. Ein Anspruch auf Betreuungsgeld besteht pro Kind, sodass Eltern mit zwei Kindern zwischen 15 und 36 Monaten insgesamt 300 Euro erhalten können. Unter Umständen kann das Betreuungsgeld bereits gezahlt werden, bevor das Kind 15 Monate alt ist. Dies ist dann der Fall, wenn ein Paar die ihm

---

20 Im vierten Quartal 2012 lag der durchschnittliche Bruttomonatsverdienst von Frauen in Vollzeit, Teilzeit und geringfügiger Beschäftigung in Deutschland bei 2.477 Euro (Statistisches Bundesamt 2013d: 22).

zustehenden 14 Monate des Elterngeldes verbraucht hat, bevor das Kind 15 Monate alt wird, da die Eltern zugleich das Elterngeld bezogen haben. Allerdings wird auch in diesem Fall die Leistung für maximal 22 Monate gewährt. Das Betreuungsgeld kann nur von einem Elternteil zurzeit bezogen werden, wobei es möglich ist, dass die Eltern die Dauer des Leistungsbezuges untereinander aufteilen (Deutscher Bundestag 2012: 10ff.).

4.1.2 Vergleich der institutionellen Regelungen und Anreize

Vergleicht man nun die institutionellen Regelungen des Betreuungsgeldes in Norwegen, Schweden und Deutschland, so zeigen sich zum Teil erhebliche Unterschiede in der Ausgestaltung der Leistung. Zwar existiert in allen drei Ländern eine gesetzliche Regelung über das Betreuungsgeld auf nationalstaatlicher Ebene, doch ist die Implementation der Leistung unterschiedlichen administrativen Ebenen überlassen. Während in Norwegen und Deutschland der Staat für die Einführung der Leistung zuständig ist, sind es in Schweden die Kommunen. Allein aufgrund dieser Tatsache ist die Bedeutung des Betreuungsgeldes in Schweden anders einzuschätzen, da nicht alle Eltern mit Kindern zwischen ein und drei Jahren die Möglichkeit haben, die Leistung zu beziehen. Darüber hinaus können seit August 2012 in Norwegen nur noch Eltern Einjähriger die Leistung erhalten, während in Schweden und Deutschland Eltern Ein- und Zweijähriger anspruchsberechtigt sind. Dieser Aspekt schränkt die Zahl der anspruchsberechtigten Eltern in Norwegen heute deutlich ein. Weitere Unterschiede zeigen sich bei einem Bezug des Betreuungsgeldes mit reduzierter Leistung, der einen eingeschränkten Anspruch auf einen öffentlichen Betreuungsplatz begründet: Während ein solcher in Norwegen allen Eltern offen steht, ist dies in Schweden zwar grundsätzlich möglich, in den meisten Kommunen aber nicht der Fall. In Deutschland existiert ein eingeschränkter Anspruch auf Kinderbetreuung nur in Härtefällen, wobei die Leistungshöhe aber unverändert bleibt. Auch bei der Anspruchsberechtigung zum Betreuungsgeld gibt es deutliche Unterschiede zwischen den drei Ländern: Während die Leistung in Norwegen universell allen Eltern mit Kindern im entsprechenden Alter gewährt wird, ist dies in Schweden und Deutschland eingeschränkt. In Schweden sind Eltern vom Bezug ausgeschlossen, die keiner Erwerbstätigkeit nachgehen und als Kompensation eine sozial- oder familienpolitische Leistung erhalten. Vergleichbar ist die Situation in Deutschland: Dort werden Grundsicherungsleistungen auf das Betreuungsgeld angerechnet. Betrachtet man die Implementationsebene, das Alter der Kinder und die Anspruchsberechtigung zusammen, so fällt der Kreis der potentiellen Bezieher sehr unterschiedlich aus: In Norwegen ist die Zahl der anspruchsberechtigten Eltern zwar durch die Altersgrenze beschränkt, allerdings können dort alle Eltern für ein Jahr das Betreuungsgeld erhalten, da die Leistung einen universellen Charakter hat und im ganzen Land existiert. Norwegen bietet damit den breitesten Zugang zum Betreuungsgeld. Auf der anderen Seite lässt sich Schweden ansiedeln, wo es die Leistung nur in einer Reihe von Kommunen gibt und die Bezieher vieler Wohlfahrtsleistungen vom Betreuungsgeld ausgeschlossen sind. Deutschland liegt gewissermaßen zwischen diesen Fällen, da die Leistung zwar auf nationalstaatlicher Ebene eingeführt wurde, Bezieher von Grundsicherung aber faktisch ausgeschlossen sind.

Zuletzt unterscheiden sich die drei Länder in Hinblick auf die Höhe der Leistung: Legt man die in Kapitel 3.2.2 dargestellten Kriterien zugrunde, so liegt die Leistungshöhe des Betreuungsgeldes in Norwegen mit 13,74 Prozent des durchschnittlichen Monatseinkommens von Frauen während der ersten und 9,07 Prozent während der zweiten Hälfte des Bezugszeitraumes im mittleren Bereich. Das gilt auch für Schweden, wo das Betreuungsgeld 10,87 Prozent des durchschnittlichen weiblichen Monatseinkommens beträgt. In Deutschland hingegen ist die Leistungshöhe mit 4,04 Prozent beziehungsweise 6,06 Prozent ab August 2014 als niedrig einzustufen. Darüber hinaus ist es für den Vergleich der Höhe des Betreuungsgeldes aufschlussreich, den Betrag der Leistung in Kaufkraftparitäten (KKP) anzugeben. Legt man die Werte für 2012 zugrunde, so beträgt das deutsche Betreuungsgeld ab August 2014 154,30 KKP, das schwedische 275,44 KKP sowie das norwegische in den ersten sechs Monaten 455,69 KKP und danach 301,03 KKP (eigene Berechnungen nach Eurostat 2014b). Der Vergleich der Kaufkraftparitäten zeigt, dass die Unterschiede in der Leistungshöhe größer sind, als es die Prozentangaben oben vermuten lassen. Zudem ist das norwegische gegenüber dem schwedischen Betreuungsgeld auch in den zweiten sechs Monaten der Bezugsphase generöser.

In Anbetracht der großen Unterschiede in der Ausgestaltung des Betreuungsgeldes muss nun gefragt werden, ob sich diese in der Anreizstruktur der Leistung niederschlagen. Zunächst lässt sich feststellen, dass die Leistung trotz der Unterschiede in der institutionellen Ausgestaltung in allen drei Ländern ähnliche Anreize liefert.

Tabelle 7: Regelungen des Betreuungsgeldes im Länder-Vergleich

	Norwegen	Schweden	Deutschland
Nationale Gesetzgebung	Ja	Ja	Ja
Implementation	Staat	Kommunen	Staat
Alter	Seit August 2012: 1-Jährige	1- bis 2-Jährige	15 bis 36 Monate alte Kinder
Reduzierte Leistung mit Rechtsanspruch auf öffentliche Kinderbetreuung in Teilzeit	Ja	Nationale Gesetzgebung: Ja In den meisten Kommunen: Nein	Nein
Anspruchsberechtigung	Universell	*Working families*	Wird auf Grundsicherung angerechnet
Leistungshöhe/Monat	5.000 NOK bzw. 3.303 NOK	3.000 SEK	100 EUR bzw. 150 EUR
Leistungshöhe in KKP (2012)	455,69 bzw. 301,03	275,44	Ab August 2014: 154,30
Anteil am durchschnittlichen weiblichen Monatseinkommen (2012)	13,74% bzw. 9,07%	10,87%	4,04% bzw. 6,06%

Quelle: Eigene Darstellung in Anlehnung an Ellingsæter (2012: 4)

Das Betreuungsgeld setzt im Allgemeinen klare Anreize zur Aufgabe oder Einschränkung von öffentlicher Betreuung zugunsten persönlicher oder privater Betreuung des Kindes. Entscheiden sich Eltern dafür, die persönliche Betreuung ihres Kindes auszuweiten und auf öffentliche Betreuung zu verzichten, ist dies häufig mit einer Einschränkung der Erwerbstätigkeit eines Elternteils verbunden, wenn beide einer Beschäftigung nachgehen. Aus ökonomischen Gründen ist es für die Eltern dabei rational, wenn der

Elternteil die Erwerbsarbeit einschränkt oder unterbricht, der ein geringeres Einkommen aufweist. Das trifft zumeist auf die Mutter zu. Allerdings sind nicht nur die Einkommensunterschiede zwischen den Partnern für die Wahl des Betreuungsarrangements von Bedeutung, sondern auch die Einkommenshöhe selbst. Je mehr ein Elternteil beziehungsweise die Mutter verdient, desto größer ist der Einkommensverlust beim Bezug des Betreuungsgeldes. Ab einem gewissen Einkommen der Mutter spielt der relative Unterschied in der Einkommenshöhe der Partner also keine Rolle mehr. Auf der anderen Seite ist der relative Beitrag des Betreuungsgeldes zum Haushaltseinkommen umso größer, je niedriger dieses ausfällt (vgl. ZEW 2009: 29). Dementsprechend lässt sich feststellen, dass ein verhaltensändernder Effekt umso wahrscheinlicher ist, je weniger das Einkommen des betroffenen Elternteils beträgt.

Bei Paaren mit zwei hohen Einkommen kann deswegen davon ausgegangen werden, dass bei einem eventuellen Bezug der Leistung diese nicht zur Ausweitung der persönlichen Betreuung des Kindes genutzt wird, sondern um eine private Betreuungslösung mitzufinanzieren. Dazu kommt, dass nicht-öffentliche Betreuung generell stärker von Haushalten mit hohen Einkommen genutzt wird (Borck/Wrohlich 2011: 448). Man kann beim Betreuungsgeld also von einer schichtspezifischen Verwendung der Leistung ausgehen, wenn man allein die ökonomischen Anreize betrachtet. Während es für Eltern mit niedrigen Einkommen Anreize bietet, dass die Mutter ihre Erwerbsarbeit zugunsten persönlicher Betreuung einschränkt, senkt es für Eltern mit hohen Einkommen die Opportunitätskosten, eine private beziehungsweise nicht öffentlich geförderte Form der Kinderbetreuung zu finanzieren. Nur im ersten Fall fördert es also das *male-breadwinner-model*, im zweiten hingegen das *dual-earner-model*, da eine private Form der Kinderbetreuung wie öffentliche Betreuung die Spielräume für mütterliche Erwerbstätigkeit erweitert. Gemeinsam ist beiden Fällen, dass negative Anreize für öffentliche Betreuung gesetzt werden. Insgesamt muss aber davon ausgegangen werden, dass die verhaltensändernden Effekte für Eltern mit niedrigen Einkommen von größerer Bedeutung sind. Bei Eltern mit höheren Einkommen beeinflusst das Betreuungsgeld vielmehr die Entscheidung für private *anstatt* öffentlicher Kinderbetreuung. In diesem Fall wirkt sich die Leistung nicht auf die Aufteilung von Erwerbs- und Betreuungsarbeit zwischen Mutter und Vater aus.

Betrachtet man die Anreize des Betreuungsgeldes in den drei Ländern genauer, so zeigen sich Unterschiede, die auf die verschiedentliche Ausgestaltung der Leistung zurückzuführen sind.

Zunächst ist hier von Bedeutung, dass das Betreuungsgeld in Norwegen auch mit reduzierter Leistungshöhe und einem Teilzeit-Anspruch auf einen öffentlichen Kinderbetreuungsplatz bezogen werden kann. 2011 nahmen 25 Prozent der Leistungsbezieher diese Möglichkeit wahr (Ellingsæter 2012: 7). Zugleich werden während des (alleinigen) Bezuges des Betreuungsgeldes keine Sozialversicherungsansprüche erworben. Dieser Umstand kann dazu führen, dass eine Aufgabe der Erwerbsarbeit (die zu Sozialversicherungsansprüchen führt) zugunsten der persönlichen Betreuung des Kindes weniger attraktiv ist, als den Anspruch auf einen öffentlichen Betreuungsplatz und damit die Beschäftigung nur zum Teil aufzugeben und weiterhin Sozialversicherungsansprüche zu erwerben. Die institutionelle Ausgestaltung des norwegischen Betreuungsgeldes macht also eine völlige Aufgabe der Beschäftigung zugunsten persönlicher Betreuung unattraktiv. Allerdings wurde mit der Neuregelung des Betreuungsgeldes zum August 2012 auch die Dauer der Teilzeit-Option auf 19 Stunden/Woche beschränkt. Dies hat die Spielräume für eine Kombination von Betreuungsgeldbezug und öffentlicher Kinderbetreuung verkleinert. Generell gelten aber die Anreize für eine solche Kombination nicht bei allen Eltern. Für Hausfrauen oder Personen, die kaum Sozialversicherungsansprüche erwerben, spielen solche Überlegungen nur eine geringe Rolle. Das gilt insbesondere für Arbeitslose, die das Betreuungsgeld ebenfalls erhalten können.

In Deutschland und den meisten schwedischen Kommunen ist die Möglichkeit eines teilweisen Bezuges der Leistung nicht gegeben, weshalb das Betreuungsgeld dort keine Anreize für eine Teilzeitbeschäftigung bietet. Dazu kommt, dass in Schweden die Sozialversicherungsansprüche aus der letzten Phase der Erwerbstätigkeit erhalten bleiben, was die Anreize zur vollständigen Unterbrechung der Erwerbstätigkeit erhöht.

Auch bei der Anspruchsberechtigung lassen sich Unterschiede zwischen den Anreizen in den drei Ländern erkennen. In Deutschland und Schweden hat der Gesetzgeber Sozialhilfeempfänger sowie Elterngeldbezieher und in Schweden darüber hinaus weitere Gruppen vom Bezug der Leistung ausgeschlossen. Im deutschen Gesetzentwurf wird dies damit begründet, dass der Lebensunterhalt für die betroffene Personengruppe bereits »umfassend gesichert« und eine Anrechnung des Betreuungsgeldes damit »systematisch folgerichtig« sei (Deutscher Bundestag 2012: 8). In

Schweden wurde die Ausgestaltung der Anspruchsberechtigung dadurch erklärt, dass negative Anreize für die Aufnahme von Erwerbstätigkeit und in der Folge entstehende Armutsfallen vermindert werden sollen (Nyberg 2010: 78). Zudem führt die Anspruchsberechtigung in Deutschland und Schweden zu einer Reduzierung potentieller Mitnahmeeffekte, was für den Gesetzgeber auch ein Grund gewesen sein mag, die Regelungen so auszugestalten. In Norwegen ist es hingegen arbeitslosen beziehungsweise Sozialhilfe beziehenden Eltern möglich, das Betreuungsgeld zu erhalten. Damit gelten die Erwerbstätigkeit hemmenden Anreize der Leistung auch für diese Eltern.

Zuletzt muss an dieser Stelle die Bedeutung der Leistungshöhe des Betreuungsgeldes diskutiert werden. Je höher das Betreuungsgeld nämlich im Verhältnis zum Durchschnittseinkommen ist, desto weiter reichen dessen Anreize in die Mittelschicht hinein. Betrachtet man die oben dargestellten Zahlen, so fällt auf, dass das norwegische Betreuungsgeld zwischen dem 13. und 18. Lebensmonat des Kindes am höchsten ausfällt. Dabei ist insbesondere der Unterschied zur Leistungshöhe des deutschen Betreuungsgeldes beträchtlich, das gerade mal 4,04 Prozent beziehungsweise 6,06 Prozent des durchschnittlichen weiblichen Monatseinkommens ausmacht. Der norwegische Gesetzgeber scheint durch die Staffelung der Leistungshöhe den Bezug des Betreuungsgeldes für das erste halbe Jahr attraktiver gemacht haben zu wollen. Hierbei muss berücksichtigt werden, dass bei einem höheren Betreuungsgeld nicht nur die Anreize für einen Verzicht auf einen öffentlichen Betreuungsplatz weiter in die Mittelschicht hineinreichen, sondern auch die Finanzierung eines privaten Betreuungsplatzes erleichtert wird. Generell wird mit einer höheren Leistung ein größerer Personenkreis erreicht, wie das Betreuungsgeld auch immer genutzt wird. Damit liefert das norwegische Betreuungsgeld für Eltern Ein- bis Eineinhalbjähriger die breitesten Anreize, das deutsche Betreuungsgeld hingegen nur für eine vergleichsweise kleine (Einkommens-)Gruppe.

Zusammenfassend lässt sich sagen, dass das Betreuungsgeld vor allem für Familien mit niedrigen Einkommen das *male-breadwinner-model* fördert. Für Paare mit höheren Einkommen spielen diese Anreize der Leistung nach ökonomischen Kriterien nur eine geringe Rolle. Entscheiden sich letztere allerdings für einen Bezug der Leistung, so ist deren Nutzung zur Finanzierung eines privaten Betreuungsplatzes wahrscheinlicher, was in Übereinstimmung mit dem *dual-earner-model* steht. Trotz dieser grundsätzlichen

Gemeinsamkeiten variieren die Anreize der Leistung je nach Ausgestaltung zwischen den drei Ländern.

4.2 Koordination zwischen dem Betreuungsgeld und dem Policy-Regime

Dieser Abschnitt befasst sich mit der Koordinierung zwischen dem Betreuungsgeld und dem Policy-Regime in Norwegen, Schweden und Deutschland. Zunächst wird untersucht, inwiefern die soeben dargestellten institutionellen Regelungen des Betreuungsgeldes positiv oder negativ auf die Inanspruchnahme der Leistung wirken. Dabei muss insbesondere das Zusammenspiel mit der Ausgestaltung der anderen Policies berücksichtigt werden. In einem zweiten Schritt wird analysiert, welche Anreize die zu untersuchenden Policies für das *male-breadwinner-* und das *dual-earner-/dual-carer-model* bieten. Damit ist es möglich zu zeigen, wie gut das Betreuungsgeld auf der Ebene der Paradigmen mit den anderen Policies koordiniert ist. Folgt eine große Zahl an Policies dem gleichen Paradigma wie das Betreuungsgeld, macht dies eine hohe Inanspruchnahme wahrscheinlicher.

4.2.1 Koordination der institutionellen Arrangements

Vergleicht man die Inanspruchnahme des Betreuungsgeldes in Norwegen und Schweden, so muss zunächst angemerkt werden, dass die Anspruchsvoraussetzungen in den beiden Ländern teilweise den Unterschied in der Inanspruchnahme erklären. Die offiziellen Statistiken über die Inanspruchnahme des Betreuungsgeldes in den schwedischen Kommunen beziehen sich auf den Anteil der Kinder, für die Betreuungsgeld bezogen wird, von allen Kindern zwischen ein und drei Jahren in diesen Kommunen. Es gibt allerdings keine Statistiken über den Anteil der Kinder, deren Eltern anspruchsberechtigt sind (Statistics Sweden 2012c). Dies ist aber bei den norwegischen Statistiken der Fall, da das Betreuungsgeld in Norwegen eine universelle Leistung darstellt. Ein direkter Vergleich zwischen der Inanspruchnahme von 25 Prozent in Norwegen und 4,7 Prozent in Schweden im Jahr 2011 ist also nur eingeschränkt möglich. Wäre bekannt, für wie viele schwedische Kinder, deren Eltern anspruchsberechtigt sind, das Betreuungsgeld bezogen wird, würde die Inanspruchnahme in Schweden mit Sicherheit etwas höher ausfallen.

Ein anderer Aspekt, der möglicherweise eine Rolle für den Unterschied in der Inanspruchnahme zwischen den beiden Ländern spielt, ist das Vorhandensein eines Teilzeit-Betreuungsgeldes. Während in Norwegen generell eine solche Regelung vorliegt, haben nur wenige schwedische Kommunen eine Teilzeit-Option eingeführt. Schwedische Eltern, die eine solche Option gerne wahrnehmen würden, müssen sich in den meisten Fällen für oder gegen das Betreuungsgeld entscheiden. In Deutschland gibt keine Möglichkeit, das Betreuungsgeld in Teilzeit zu beziehen. In Anbetracht der Tatsache, dass die Leistungshöhe 150 Euro (beziehungsweise 100 Euro bis August 2014) beträgt, würde es auch absurd erscheinen, für einen Betrag von 75 Euro (beziehungsweise 50 Euro) auf die Hälfte des Anspruches auf Kinderbetreuung zu verzichten. Dazu kommt, dass in Deutschland der Rechtsanspruch auf einen Betreuungsplatz bereits dann erfüllt ist, wenn ein Teilzeitplatz zur Verfügung steht. Nichtsdestotrotz schränkt das Fehlen einer Teilzeit-Option die Möglichkeiten beim Bezug des Betreuungsgeldes ein.

Betrachtet man die Inanspruchnahme in Norwegen genauer, so fällt auf, dass die durchschnittliche Bezugsdauer des Betreuungsgeldes von 20,0 Monaten bei 1998 geborenen Kindern auf 13,3 Monate bei 2006 geborenen Kindern gesunken ist (Bakken/Myklebo 2010: 11). Es kann davon ausgegangen werden, dass eine große Zahl der Bezieher die Leistung in Anspruch nimmt, während sie auf einen öffentlichen Kinderbetreuungsplatz wartet. Die Ursache dafür liegt darin, dass in Norwegen Kinder nur einmal im Jahr, im Herbst, in Kinderbetreuungseinrichtungen aufgenommen werden. Ein Recht auf einen Betreuungsplatz besteht allein für Kinder, die vor dem 1. September des vorherigen Jahres geboren wurden (Ellingsæter 2012: 6). Damit gibt es jedes Jahr eine Reihe an Eltern, die für ihr Kind keine öffentliche Kinderbetreuung nutzen können, da ihr Kind zu jung ist. In Schweden sind die Kommunen dagegen verpflichtet, innerhalb von maximal vier Monaten einen öffentlichen oder öffentlich geförderten Kinderbetreuungsplatz zu schaffen, wenn die Eltern ihr Kind anmelden und ein solcher nicht zur Verfügung steht (Björnberg/Dahlgren 2008: 47). Obwohl diese Frist zuweilen nicht eingehalten wird, existiert in Schweden nicht im gleichen Ausmaß die Problematik, dass Kinder im Alter von einem Jahr nicht in öffentliche Betreuung aufgenommen werden. Demnach ist in Schweden auch die Notwendigkeit geringer, das Betreuungsgeld zur

Überbrückung der Phase bis zum Eintritt des Kindes in öffentliche Betreuung zu nutzen. Blickt man auf den aktuellen Ausbau der öffentlichen oder öffentlich geförderten Kinderbetreuung in Deutschland, so kann wie im Fall von Norwegen davon ausgegangen werden, dass eine große Zahl an Eltern das Betreuungsgeld nutzen wird, weil für ihr Kind noch kein Betreuungsplatz zur Verfügung steht. Dies hängt in erster Linie damit zusammen, dass der Bedarf an Betreuungsplätzen nicht gedeckt ist. Die Wartezeit auf einen Betreuungsplatz variiert sehr stark zwischen den Bundesländern, wobei das Angebot an öffentlicher oder öffentlich geförderter Betreuung in Ostdeutschland deutlich besser ist (siehe Kapitel 4.2.2.3). In den westdeutschen Großstädten betragen die Wartezeiten auf einen Krippenplatz zuweilen deutlich über ein Jahr (Nienhaus/Hennig 2012). Nutzen Eltern unter diesen Voraussetzungen das Betreuungsgeld, kann man annehmen, dass sie sich aus rationalen Erwägungen heraus für den Bezug entscheiden und nicht weil sie das mit dem Betreuungsgeld verbundene Familienmodell präferieren.

Auch die Leistungshöhe des Betreuungsgeldes muss in Hinblick auf ihre Relevanz für die Inanspruchnahme diskutiert werden. Für Deutschland kann vermutet werden, dass sich die niedrige Leistungshöhe des Betreuungsgeldes negativ auf die Inanspruchnahme auswirkt. Grund dafür ist die Tatsache, dass die Anreize der Leistung wegen des niedrigen Geldbetrages in geringerem Maße in die Mittelschicht hineinwirken. Nimmt man die Kaufkraftparitäten als Vergleichsmaßstab, so ist das norwegische Betreuungsgeld generöser als das schwedische, was zur höheren Inanspruchnahme in Norwegen passt.[21] Allerdings ist es schwierig, den Unterschied in der Inanspruchnahme zwischen Norwegen und Schweden aus den Differenzen der Leistungshöhe abzuleiten. Um mit Gewissheit Aussagen über die Relevanz der Leistungshöhe machen zu können, müssten die Opportunitätskosten bekannt sein, die durch den Bezug des Betreuungsgeldes und eine etwaige Einschränkung oder Aufgabe der Erwerbsarbeit für Mütter entstehen. Solche Berechnungen für Mütter aus verschiedenen Einkommensgruppen durchzuführen, liegt leider außerhalb der Reichweite dieser Arbeit.

---

21 Da hier die Inanspruchnahme in Norwegen und Schweden im Jahr 2011 verglichen wird, wird hier auf die in Norwegen bis zum August 2012 geltende Leistungshöhe Bezug genommen.

Zusammenfassend lässt sich sagen, dass insbesondere im Fall von Norwegen die höhere Inanspruchnahme durch die institutionelle Ausgestaltung des Betreuungsgeldes und ihr Zusammenspiel mit den Regelungen zur öffentlichen Kinderbetreuung plausibel erscheint. Hier müssen die Anspruchsvoraussetzungen, die Regelungen bei der Aufnahme von Kindern in die öffentliche Betreuung sowie die Teilzeit-Option des norwegischen Betreuungsgeldes genannt werden. Im Fall von Deutschland spricht gerade das niedrige Angebot an Betreuungsplätzen und die damit verbundene lange Wartezeit für eine hohe Inanspruchnahme, die niedrige Leistungshöhe und das Fehlen einer Teilzeit-Option eher dagegen. Allerdings kann man davon ausgehen, dass das geringe Angebot an Betreuungsplätzen eine gewichtigere Rolle spielt als die anderen beiden Aspekte. Zuletzt legen die diskutierten Aspekte eine niedrige Inanspruchnahme in Schweden nahe.

4.2.2 Koordination der Paradigmen

4.2.2.1 Norwegen

Male-Breadwinner Policies

Unter diesen Policies müssen zunächst diejenigen genannt werden, welche die persönliche Betreuung des Kindes bis zur Vollendung des dritten Lebensjahres und eine anschließende externe Betreuung unterstützen.

Die norwegische Elternzeit bietet Eltern die Möglichkeit, den Bezug der Leistung über die regulären 47 beziehungsweise 57 Wochen mit einer Lohnersatzrate von 100 Prozent beziehungsweise 80 Prozent zu verlängern und dabei mit einer Teilzeitbeschäftigung zu kombinieren (Ministry of Labour 2011: 21f.). Diese verlängerte Elternzeit stellt zwar sicher, dass der Elternteil, der die Elternzeit nutzt, vom anderen Partner nicht finanziell stärker abhängig ist als vor der Geburt (Skevik/Hatland 2008: 101). Doch kann die verlängerte Elternzeit dazu führen, dass nach dem ersten Lebensjahr des Kindes die Betreuungsarbeit zwischen Mutter und Vater ungleicher verteilt ist, als wenn die reguläre Elternzeit genutzt würde. Sie fördert damit das Haupt-/Zuverdiener-Modell. Eine Aussage über die Leistungshöhe zu machen, ist sehr schwierig, da diese von der genauen Nutzung der verlängerten Elternzeit abhängt. Die Reichweite muss als niedrig eingeschätzt werden, da 2003 nur 2,2 Prozent der Eltern die verlängerte Elternzeit nutzten (ebenda).

Die Rentenpunkte für Kindererziehungszeiten tragen zur Sicherung der Rentenansprüche von Eltern bei, die zugunsten der persönlichen Betreuung des Kindes auf Erwerbstätigkeit verzichten oder diese einschränken. Als das Betreuungsgeld eingeführt wurde, erhielt ein Elternteil (in der Regel die Mutter) für ein Kind unter sieben Jahren je drei Rentenpunkte pro Jahr bei einer Beitragsbemessungsgrenze von dem Vierfachen des Grundbetrages[22] (Skevik/Hatland 2008: 105f.). Seit dem Jahr 2011 besteht in Norwegen ein neues Rentensystem, in dem die Rentenansprüche durch Kindererziehung neu geregelt sind: Die zusätzlichen Rentenansprüche betragen nun das 4,5-fache des Grundbetrages pro Jahr für die Betreuung von Kindern unter sechs Jahren. Verdient der beziehende Elternteil weniger als das 4,5-fache des Grundbetrages, werden dessen Rentenansprüche bis auf dieses Niveau erhöht, bei höheren Einkommen findet keine Anrechnung statt (OECD 2011a: 281). Die Relevanz der Kindererziehungszeiten in der Rente erstreckt sich damit lediglich auf einen Teil der Eltern, da nur Eltern mit einem unterdurchschnittlichen Einkommen (bis 29.259 Kronen/Monat) von der Leistung profitieren können.[23] Leider lässt sich nicht sagen, wie viel Prozent der Eltern Ein- und Zweijähriger dazu gehören, doch kann in diesem Fall von einer mittleren Reichweite ausgegangen werden. Über die Leistungshöhe lassen sich leider keine Aussagen machen, da sich schwerlich prognostizieren lässt, auf welchen Kronen-Betrag sich der Rentenanspruch aus den Kindererziehungszeiten in der Zukunft belaufen wird.

Mit diesen Leistungen sind die Policies eng verbunden, welche die Erwerbstätigkeit von Müttern und Vätern im Sinne des *male-breadwinner-model* unterstützen. Dazu zählt das norwegische Unterhaltsrecht, das im Falle einer Scheidung oder Trennung den ökonomisch schwächeren Partner schützt. Die Unterhaltsverpflichtung zwischen Ehegatten gilt sowohl in der Ehe als auch nach einer Scheidung (Eriksen 2001: 68). Nach der aktuellen Gesetzeslage wird Unterhalt für maximal drei Jahre gezahlt, unter bestimmten Voraussetzungen wird dieser aber auch länger gewährt (Chapter

---

22 Der Grundbetrag ist die Basis für die Berechnung der Leistungen in der norwegischen Sozialversicherung. Im Jahr 1998 belief sich der Grundbetrag auf 44.413 Kronen, 2012 auf 79.216 Kronen (Ministry of Labour 2011: 4; Sosial- og helsedepartementet 1998).

23 Im Folgenden werden die Leistungen ins Verhältnis zum durchschnittlichen Jahreseinkommen für Vollzeitbeschäftigte im Jahr 2011 gesetzt. In Norwegen betrug dies 456.355 norwegische Kronen, in Schweden 353.148 schwedische Kronen und in Deutschland 33.766 Euro (OECDstat 2012).

16, Section 81, The Marriage Act). Im Jahr 1998 lag die Scheidungsrate wie auch 2011 bei 2,1 Prozent (Eurostat 2012a). Der Kreis an jungen Eltern, der von den Unterhaltsregelungen profitiert, dürfte also klein sein. Vergleichbar mit den Anreizen des Unterhaltsrechts ist die Anrechnung des Partnereinkommens in der Sozialhilfe (Wennberg 2008: 121). Wenn zum Beispiel eine junge Mutter, die noch keine Ansprüche auf Arbeitslosengeld erworben hat, eine Stelle sucht, ist sie auf das Einkommen des Partners angewiesen. Dies kann zu einer Spezialisierung der Aufgaben von Erwerbs- und Betreuungsarbeit in der Beziehung führen. Allerdings spielt die Sozialhilfe in Norwegen eine geringere Rolle als in anderen Wohlfahrtsstaaten (Lorentzen 2006: 21). 2010 entsprach der Anteil der Sozialhilfebezieher 5,98 Prozent der erwerbsfähigen Bevölkerung (Statistics Norway 2012d). Insgesamt wird die Anrechnung des Partnereinkommens also nur wenige Eltern betreffen.

Das *male-breadwinner-model* wird des Weiteren im Steuerrecht durch den so genannten *personfradrag* gefördert. Bei diesem Steuerfreibetrag erhalten Alleinverdiener-Familien im Vergleich zu Familien mit zwei Einkommen eine doppelte Steuerersparnis (87.200 Kronen gegenüber 43.600 in 2011). Haupt-/Zuverdiener-Familien profitieren von dieser Regelung hingegen nicht, da sie wie Paare mit gleichen Einkommen behandelt werden (OECD 2011b: 442; Skevik/Hatland 2008: 102). Die finanzielle Bedeutung der Leistung liegt im mittleren Bereich: Nimmt man den Steuerfreibetrag für Doppelverdiener als Referenz, so können Alleinverdiener-Familien 9,55 Prozent des durchschnittlichen Jahreseinkommens durch diese Regelung an Steuern sparen. Da in Norwegen im Jahr 2007 81,1 Prozent der Mütter erwerbstätig waren (Duvander u.a. 2010: 46), kann man von einer mittleren Reichweite des *personfradrag* ausgehen.

Darüber hinaus werden abhängige Ehegatten durch die Witwen-/Witwerrente unterstützt, auf die ein Hinterbliebener einen individuellen Rechtsanspruch hat (Skevik 2004: 107). Sie ist Bestandteil der einkommensabhängigen Rente und entschädigt für eine unzureichende Absicherung durch eigene Erwerbstätigkeit. Vor dem Erreichen des Rentenalters soll die Witwen-/Witwerrente das Einkommen des Hinterbliebenen ergänzen (Skevik 2001: 93; Skevik 2004: 107f.). Nach dem 67. Geburtstag kann sich der Hinterbliebene entscheiden, entweder die eigene einkommensabhängige Rente zu beziehen oder 55 Prozent der selbst erwirtschafteten sowie der einkommensabhängigen Rente des Verstorbenen (Sosial- og helsedepartementet 1998). Bei der Hinterbliebenenrente gelten auch nach der Rentenreform noch die alten Regelungen (Fredriksen/Stølen 2011: 5). Die Witwen-/Witwerrente ist in erster Linie für Frauen relevant, da sie häufiger ihre Partner überleben und in der Regel niedrigere Renten beziehen. Der Anteil der Personen mit einer Hinterbliebenenrente an allen Altersrentnern betrug 2010 4,71 Prozent (Statistics Norway 2012d). Die Reichweite ist somit als niedrig anzusehen. Fredriksen und Stølen (2011: 11) zufolge liegt der Anteil der Witwenrente heute aber nur zwischen 3 und 5 Prozent der gesamten Rentenleistungen von Frauen. Die Bedeutung dieser Altersrente kann also als beschränkt eingeordnet werden und wird in Zukunft wegen der zunehmenden Erwerbstätigkeit von Frauen noch weiter abnehmen.

Daneben kann die Zusatzrente zu negativen Erwerbsanreizen für Frauen mit einer Teilzeitbeschäftigung führen. Die Zusatzrente stockt die Rentenansprüche von Personen, die keine oder nur eine kleine einkommensabhängige Rente haben, zur Minimalrente auf, um ein ausreichendes Rentenniveau zu gewährleisten (Ministry of Labour 2011: 10). Für Personen mit niedrigen Einkommen kann der Fall eintreten, dass sich eine Ausweitung der Erwerbsarbeit für die späteren Rentenansprüche nicht lohnt. Dies gilt dann, wenn die einkommensabhängige Rente ein Niveau erreicht, das auch durch die Aufstockung der Zusatzrente entstünde (Dahl/Pedersen 2006: 51).[24] Aussagen über die durchschnittliche Leistungshöhe lassen sich leider nicht machen. Heute kann man davon ausgehen, dass etwa ein Viertel der Rentner eine Zusatzrente erhält (Fredriksen/Stølen 2011: 8). Damit wird die Zusatzrente von mehr Personen (und insbesondere Frauen) bezogen als die Witwen-/Witwerrente.

Zur Zeit der Einführung des Betreuungsgeldes existierte darüber hinaus die 2006 abgeschaffte gemeinsame Ehegattenbesteuerung, in der finanziell abhängige Ehegatten berücksichtigt wurden. Dabei hatten Alleinerziehende wie Paare, bei denen einer der Partner kein oder nur ein sehr geringes Einkommen hat, eine höhere Einkommensgrenze bei der nationalen Lohnsteuer (OECD 2000: 291). Die gemeinsame Ehegattenbesteuerung bot für solche Familien finanzielle Vorteile und förderte damit das *male-breadwinner-model* (OECD 2005: 108). Die finanzielle Bedeutung war dabei groß: 1998 belief sich die Steuerersparnis bis zur Erhebung einer Zusatz-

---

24 Nach der 2011 in Kraft getretenen Rentenreform ist dies aber nur noch in abgeschwächter Form der Fall, da die einkommensabhängige Rente nur zu 80 Prozent auf die Garantierente, welche die Minimalrente ersetzt, angerechnet wird (Fredriksen/Stølen 2011: 8).

steuer von 9,5 Prozent auf 20,04 Prozent des durchschnittlichen Einkommens[25] (52.000 Kronen/Jahr) und bis zur Erhebung einer nationalen
Lohnsteuer von 13,7 Prozent auf 12,72 Prozent (33.000 Kronen/Jahr),
wenn man die Besteuerung von Doppelverdienern als Referenz nimmt
(OECD 2000: 291).[26] Die Leistungshöhe liegt damit im mittleren Bereich,
wobei sie allen Alleinverdiener-Familien zugutekam. Die Reichweite kann
man deshalb wie beim *personfradrag* als mittel einschätzen.
Abschließend muss hier als aggregiertes Merkmal des Arbeitsmarktes
der Gender-Pay-Gap genannt werden. In Norwegen betrug der unbereinigte Gender-Pay-Gap 2012 15,1 Prozent und lag damit unter dem EU 27-
Durchschnitt von 16,4 Prozent (Eurostat 2014a). Das Bestehen des Lohn-
gefälles macht damit den Bezug des Betreuungsgeldes durch die Mutter
insgesamt attraktiver, auch wenn der Gender-Pay-Gap in Norwegen auf
einem moderaten Niveau liegt.

Dual-Earner-/Dual-Carer Policies

Anreize für die persönliche Betreuung des Kindes bis zur Vollendung des
ersten Lebensjahres und eine anschließende externe Betreuung bietet an
erster Stelle die reguläre Elternzeit. Sie ermöglicht mit 100 Prozent beziehungsweise 80 Prozent Lohnersatzrate für eine Dauer von 47 beziehungsweise 57 Wochen ein komplettes Ausscheiden aus dem Arbeitsmarkt ohne
Abhängigkeit vom Einkommen des Partners. Die Elternzeit beinhaltet
zudem vier (1998) beziehungsweise zwölf Wochen (2012), die für den
Vater reserviert sind, was für Männer Anreize bietet, sich an der persönlichen Betreuung des Kindes stärker zu beteiligen und diese egalitärer mit
der Mutter aufzuteilen (Ministry of Labour 2011: 21; Skevik/Hatland 2008:
99). Diese *daddy weeks* sind das einzige Element in der norwegischen Sozialpolitik, das die persönliche Kinderbetreuung durch den Vater fördert.
Insgesamt kann davon ausgegangen werden, dass die Bedeutung der regulären Elternzeit hoch ist, da die überwiegende Mehrheit der Mütter und
Väter die Leistungen nutzt (die Väter allerdings für eine kürzere Dauer;

---

25 Das durchschnittliche Monatseinkommen betrug 1998 21.620 Kronen (Statistics
Norway 2012f).
26 Für Einkommen unter 248.000 Kronen in Steuerklasse 1 und 300.000 Kronen in Steuerklasse 2 fiel im Jahr 1998 keine nationale Lohnsteuer an. Zwischen 248.000 Kronen und
272.000 in Klasse 1 und zwischen 300.000 Kronen und 305.000 in Klasse 2 betrug der
zusätzliche Tarif 9,5 Prozent. Bei einem Einkommen über dieser Grenze lag der
Steuertarif bei 13,7 Prozent (OECD 2000: 291).

Duvander u.a. 2010) und die Elternzeit zum anderen durch die hohe Lohnersatzrate einen wesentlichen Beitrag zum Haushaltseinkommen darstellt. Zudem fördert das heutige Angebot an öffentlichen Kinderbetreuungsplätzen eine frühe externe Betreuung. Das Angebot an öffentlichen Betreuungsplätzen hat seit der Einführung des Betreuungsgeldes deutlich zugenommen. Im Jahr 1998 lag die öffentliche Betreuungsquote Ein- und Zweijähriger bei 38,8 Prozent (Gulbrandsen 2009: 21), was einer Reichweite im mittleren Bereich entspricht. Das Kinder- und Familienministerium ging für das Jahr 2000 davon aus, dass bei den Ein- und Zweijährigen ein Bedarf von 50 bis 60 Prozent an Betreuungsplätzen bestehen würde (Barne- og Familiedepartementet 1999: 26). Die zu niedrig angesetzte Einschätzung des Bedarfs kann dadurch erklärt werden, dass die politischen Akteure durch die Einführung des Betreuungsgeldes einen Rückgang in der Nachfrage nach Betreuungsplätzen erwarteten – dieser trat allerdings nicht ein (Ellingsæter 2006: 133). Für das Jahr 2011 kann man davon ausgehen, dass die Nachfrage nach Betreuungsplätzen deutlich besser gedeckt ist als Ende der neunziger Jahre, was auf deren Ausbau zurückzuführen ist. Dieser wurde 2003 durch die Einführung eines Rechtsanspruches auf öffentliche Kinderbetreuung ab einem Jahr und ein paar Jahre später durch die Einführung einer Höchstgrenze für Elternbeiträge ergänzt (Bungum/Kvande 2013; Skevik/Hatland 2008: 96). 2011 wurden 65 Prozent der Kinder im Alter von einem Jahr in einer *barnehage*, wie öffentliche Kinderbetreuungseinrichtungen in Norwegen heißen, und 33 Prozent durch ihre Eltern betreut. Bei den Zweijährigen waren es bereits 91 Prozent mit einem Platz in einer *barnehage* (Statistics Norway 2012a). Die Reichweite der öffentlichen Kinderbetreuung kann damit als hoch eingeschätzt werden. Nicht nur der Anteil der Kinder in öffentlicher Betreuung hat seit Ende der Neunziger deutlich zugenommen, auch bei der Dauer der externen Betreuung hat es eine Verschiebung zu einer längeren Betreuung gegeben. So haben heute 87,28 Prozent der Kinder zwischen 0 und zwei Jahren einen Betreuungsplatz von 41 Stunden oder mehr in der Woche (eigene Berechnung nach Statistics Norway 2012b). 1997 waren es noch 68,18 Prozent (eigene Berechnung nach Barne- og Familiedepartementet 1999: 17).[27]

---

27 Hierbei muss angemerkt werden, dass es sich um den Umfang des Betreuungsplatzes handelt, nicht um die tatsächliche Dauer der Kinderbetreuung in der Woche.

Eine weitere Policy unterstützt öffentliche, aber auch private Formen der Kinderbetreuung nach dem ersten Geburtstag: Die steuerliche Absetzbarkeit der Kinderbetreuungskosten für Kinder unter zwölf Jahren durch den *foreldrefradrag* stellt für Eltern eine wichtige Leistung dar (Skevik/ Hatland 2008: 102). Betrachtet man die Steuererleichterung für das erste Kind (25.000 Kronen/Jahr beziehungsweise 2.083,33 Kronen/Monat), so entspricht dies fast dem Höchstbetrag für öffentliche Kinderbetreuung, der sich auf 2.330 Kronen im Monat beläuft (Kalb/Thoresen 2010: 262; OECD 2011b: 443). Die tatsächlichen Kosten für öffentliche Kinderbetreuung sind damit in Norwegen relativ niedrig. Für einen Haushalt mit zwei Kindern beträgt die Leistungshöhe 8,77 Prozent des durchschnittlichen Jahreseinkommens (25.000 Kronen für das erste und 15.000 pro weiteres Kind) und liegt damit im mittleren Bereich. Da die Leistung von allen Eltern in Anspruch genommen werden kann, die finanzielle Aufwendungen für Kinderbetreuung haben, ist die Reichweite des *foreldrefradrag* wahrscheinlich hoch.

Die Erwerbstätigkeit beider Elternteile im Sinne des *dual-earner-model* wird im Allgemeinen durch die Aktivierung von Arbeitslosen und Sozialhilfeempfängern in der Arbeitsmarktpolitik gefördert, da sie für Eltern und Kinderlose beziehungsweise Männer und Frauen die gleichen Regelungen umfasst. Lediglich eine Regelung nimmt auf Arbeitslose mit Erziehungsverantwortung Rücksicht: So müssen diese nicht die gleichen Anforderungen bei der regionalen Mobilität erfüllen wie andere Arbeitslose (Duell u.a. 2009: 70). Nur 0,59 Prozent der Bevölkerung im erwerbsfähigen Alter waren 2011 in ›regulären‹ Arbeitslosenmaßnahmen, die nicht auf Personen mit eingeschränkter Arbeitsfähigkeit oder ähnliches abzielen (Statistics Norway 2012e). Damit sind diese Aktivierungsmaßnahmen nur für sehr wenige Eltern mit Kindern zwischen ein und zwei Jahren relevant.

Auch die relativ niedrige Geringfügigkeitsgrenze der Arbeitslosenversicherung, die 1998 bei dem 1,25-fachen und 2012 bei dem 1,5-fachen des Grundbetrages lag, hilft Personen mit geringen Einkommen, eine eigenständige Absicherung aufzubauen und schafft damit eine Unabhängigkeit vom Partnereinkommen im Sinne des *dual-earner-model* (Ministry of Labour 2011: 22; Sosial- og helsedepartementet 1998). Da die Arbeitslosenquote 2011 bei 3,3 Prozent lag, kann man von einer niedrigen Reichweite ausgehen (Eurostat 2012b).

Neben den Leistungen, die zur Arbeitsmarktpolitik und Aktivierung gezählt werden können, spielen die Regelungen zur Gleichstellung von Männern und Frauen für die Aufteilung der Erwerbsarbeit eine bedeutende Rolle. Das zentrale Gesetz zur Gleichstellung ist der *Gender Equality Act* von 1978, der direkte und indirekte Diskriminierung von Frauen und Männern verbietet. Allerdings sind dem Gesetz zufolge Maßnahmen erlaubt, bei denen Frauen bevorzugt behandelt werden, um eine bessere Gleichstellung zu erreichen (Skjeie/Teigen 2005: 195). Darüber hinaus beinhaltet der *Working Environment Act* gleichstellungsrelevante Regelungen wie das Verbot der Diskriminierung am Arbeitsplatz und die Gleichstellung von Teilzeitarbeit gegenüber Vollzeitarbeit (Hardoy/Schøne 2006: 265). Zudem verpflichtet der *Gender Equality Act* private Arbeitgeber sowie Arbeitnehmer- und Arbeitgeberverbände, die Gleichstellung von Frauen und Männern zu befördern (Løken/Aarvaag Stokke 2009: 16). Insgesamt unterstützen diese Regelungen das *dual-earner-model*, da sie auf die gleiche Beteiligung von Männern und Frauen im Erwerbsleben abzielen. Da sich die Regelungen auf alle Erwerbstätigen erstecken, ist der Gleichstellungsgesetzgebung eine hohe Reichweite zuzuschreiben. Zur Teilzeitarbeit sei angemerkt, dass deren Gleichstellung mit Vollzeitarbeit aus Gründen der Vereinbarkeit von Familie und Beruf positiv zu bewerten ist, Teilzeitarbeit allerdings vor allem von Frauen genutzt und zu einer Rollenverteilung im Sinne des Haupt-/Zuverdiener-Modells beitragen kann.

Die Rentenpunkte für Kindererziehungszeiten sichern darüber hinaus nicht nur Personen ab, die zugunsten persönlicher Betreuung auf Erwerbstätigkeit verzichten, sie machen auch eine Beschäftigung in den ersten Lebensjahren des Kindes durch die Erwirtschaftung doppelter Anwartschaftszeiten attraktiv. Die Relevanz der Leistung ist dabei genauso zu bewerten wie im vorherigen Abschnitt.

Abschließend ist auch das heute weitgehend individualisierte Lohnsteuersystem von Bedeutung. Zwar fördert es nicht direkt das *dual-earner-model*, doch ist in einem solchen System die relative Steuerlast für ein Paar dann am geringsten, wenn beide gleich viel verdienen (Dingeldey 2000: 14f.). Nimmt man das alte System der gemeinsamen Ehegattenbesteuerung als Referenz, befindet sich die Leistungshöhe im mittleren Bereich. Da sich vor allem für Paare mit einem Alleinverdiener die Situation verändert hat, liegt eine mittlere Reichweite vor.

Die folgende Tabelle fasst zusammen, welche Policies sich welchem Familienmodell zuordnen lassen und wie die Reichweite der Policies sowie deren Leistungshöhe zu bewerten sind.

Tabelle 8: Reichweite und Leistungshöhe der Policies nach Familienmodellen – Norwegen

Norwegen	Reichweite	Leistungshöhe
Male-breadwinner-model		
Betreuungsgeld (1999/2011)	+++/++	++
Verlängerte Elternzeit	+	
Unterhaltsrecht	+	
Gemeinsame Ehegattenbesteuerung (1998)	++	++
personfradrag	++	++
Anrechnung Partnereinkommen Sozialhilfe	+	
Witwen-/Witwerrente	+	+
Zusatzrente	++	
Rentenpunkte für Kindererziehung	++	
Dual-earner-/dual-carer-model		
Betreuungsgeld (1999/2011)	+++/++	++
Reguläre Elternzeit	+++	+++
Angebot Kinderbetreuungsplätze (1998/2012)	++/+++	
Weitgehende Individualbesteuerung (2012)	++	++
foreldrefradrag	+++	++
Gleichstellungsgesetzgebung	+++	
Aktivierende Arbeitsmarktpolitik	+	
Niedrige Geringfügigkeitsgrenze Arbeitslosengeld	+	
Rentenpunkte für Kindererziehung	++	

Anmerkung: +++ hoch, ++ mittel, + niedrig
Quelle: Eigene Darstellung

Die Gegenüberstellung der Policies, die das *male-breadwinner-model* und das *dual-earner-/dual-carer-model* fördern, hat gezeigt, dass es in Norwegen ein deutliches Potential an Koordinationsdefiziten auf der Ebene der politischen Paradigmen gibt. Bei einem Vergleich zwischen der Zeit der Einführung des Betreuungsgeldes und der heutigen Situation wird allerdings deutlich, dass es bei der weggefallenen gemeinsamen Ehegattenbesteuerung eine Verschiebung vom *male-breadwinner-model* zum *dual-earner-/dual-carer-model* gegeben hat. Durch den Ausbau der öffentlichen Kinderbetreuung wird das *dual-earner-model* ebenfalls stärker gefördert. Die deutliche Ausweitung der für den Vater reservierten Wochen der Elternzeit bedeutet dagegen eine Stärkung des *dual-carer* Elements.

Die dargestellte Verschiebung zeichnet sich auch bei den beiden Kriterien der Reichweite und Leistungshöhe ab. Während die Zahl von *male-breadwinner* Policies zu *dual-earner-/dual-carer* Policies heute ausgeglichen ist, ist die Reichweite letzterer insgesamt höher. Durch den Wegfall der gemeinsamen Ehegattenbesteuerung hat es auch bei der Leistungshöhe eine gewisse Verschiebung gegeben. Aufgrund der hohen Zahl an Policies, bei denen sich keine Aussage zur Leistungshöhe machen lässt, fällt die Beurteilung aber schwerer.

Ein anderer wichtiger Aspekt ist die Ambivalenz einiger Policies: So können das Betreuungsgeld und die Rentenpunkte für Kindererziehung im Sinne unterschiedlicher Familienmodelle genutzt werden. Beim Betreuungsgeld lässt sich diese Ambivalenz dahingehend einschränken, dass heute davon ausgegangen werden kann, dass die Leistung in stärkerem Maße für persönliche Betreuung verwendet wird als früher (siehe Kapitel 4.1.1).

Abschließend muss betrachtet werden, inwiefern die untersuchten Policies Anreize für die beiden Familienmodelle bereitstellen, die vom sozioökonomischen Status der Eltern abhängen. Damit lässt sich zeigen, ob sich das Potential an Koordinationsproblemen für Eltern aus verschiedenen Einkommensgruppen unterscheidet.

Unter den dargestellten Policies bieten eine Reihe gerade für Geringverdiener und nicht erwerbstätige Elternteile Anreize für das *male-breadwinner-model*. An erster Stelle muss hier das Betreuungsgeld genannt werden, da die Höhe der Leistung und die durch den Verzicht auf öffentliche Betreuung gesparten Beiträge zum Haushaltseinkommen relativ gesehen umso höher ausfallen, je niedriger dieses ist. Wie bereits erwähnt wird das Betreuungsgeld in Norwegen gerade von Geringverdienern, Migranten und Müttern mit niedriger Bildung genutzt (Bungum/Kvande 2013: 47). Das Unterhaltsrecht sichert zudem den ökonomisch schwächeren Partner finanziell ab. Davon profitieren vor allem Frauen mit niedrigen Einkommen (Eriksen 2001: 70). Die Zusatzrente kann insbesondere für Frauen mit einer Teilzeitstelle und relativ niedrigen Einkommen zu negativen Anreizen bei der Aufnahme oder Ausweitung der Beschäftigung führen. Zuletzt sind allein Paare mit einem schwachen sozioökonomischen Status von den Anreizen für eine traditionelle Aufteilung von Erwerbs- und Betreuungsarbeit betroffen, die von der Anrechnung des Partnereinkommens in der Sozialhilfe ausgehen können.

Diesen Anreizen für das *male-breadwinner-model* stehen solche für das *dual-earner-/dual-carer-model* gegenüber, die ebenfalls nur Geringverdiener betreffen. Dazu gehören zum einen die Rentenpunkte für Kindererziehungszeiten, die eine Erwerbstätigkeit in den ersten Lebensjahren des Kindes durch doppelte Anwartschaftszeiten attraktiv machen. Dies gilt jedoch nur für Frauen mit einem unterdurchschnittlichen Einkommen. Für das Jahr 2011 entsprach die Einkommensgrenze einer Summe von 29.259 Kronen im Monat,[28] wobei das durchschnittliche monatliche Erwerbseinkommen von Frauen im gleichen Jahr 34.800 Kronen betrug (Statistics Norway 2012g). Daneben bietet die niedrige Geringfügigkeitsgrenze in der Arbeitslosenversicherung Erwerbsanreize für Geringverdiener.

Wird das Betreuungsgeld zur Finanzierung einer privaten Kinderbetreuung verwendet, liefert es ebenfalls Anreize für eine egalitäre Aufteilung von Erwerbs- und Betreuungsarbeit. Da private Betreuung häufiger von Haushalten mit höheren Einkommen genutzt wird (Borck/Wrohlich 2011), kommt die Leistung damit solchen Paaren eher zugute.

Tabelle 9 stellt die Policies, die auf bestimmte Einkommensgruppen abzielen, einander gegenüber.

Es zeigt sich, dass Anreize, die sich bestimmten sozioökonomischen Gruppen zuordnen lassen, fast ausschließlich für Eltern mit geringen Einkommen bestehen. Dies ist wahrscheinlich darauf zurückzuführen, dass der norwegische Wohlfahrtsstaat gerade diese Personengruppe durch seine Maßnahmen unterstützen möchte. Dabei besteht ein Übergewicht an Leistungen, die das *male-breadwinner-model* fördern.

---

28 Der Grundbetrag belief sich im Jahr 2011 auf 78.024 Kronen (Ministry of Labour 2011: 4).

Tabelle 9: Förderung niedriger und höherer Einkommen in Norwegen

Niedrige Einkommen	Höhere Einkommen
Male-breadwinner-model	
Betreuungsgeld Unterhaltsrecht Zusatzrente Anrechnung des Partnereinkommens in der Sozialhilfe	
Dual-earner-/dual-carer-model	
Rentenpunkte für Kindererziehung Niedrige Geringfügigkeitsgrenze der Arbeitslosenversicherung	Betreuungsgeld

Quelle: Eigene Darstellung

4.2.2.2 Schweden

Male-Breadwinner Policies

Diese Policies bieten Anreize für eine persönliche Betreuung des Kindes bis zu dessen dritten Geburtstag und für eine anschließende externe Betreuung. Neben dem in Kapitel 4.1 diskutierten Betreuungsgeld bietet die sehr flexible schwedische Elternzeit eine Reihe von Möglichkeiten, bei niedrigeren Lohnersatzleistungen die Dauer der Elternzeit zu verlängern oder wieder in den Arbeitsmarkt zurückzukehren, ohne Vollzeit erwerbstätig zu sein (Earles 2011: 188). Dies eröffnet den Eltern mehr Möglichkeiten, ihre Kinder persönlich zu betreuen, wobei davon ausgegangen wird, dass ein Kind in seinem ersten Lebensjahr vollständig durch die Eltern betreut wird. Insbesondere die Möglichkeit, bis zum achten Geburtstag des Kindes in Teilzeit beschäftigt zu sein, kann zu einer ungleichen Verteilung der Betreuungsarbeit zwischen Müttern und Vätern beitragen (Haas u.a. 2009: 330). Allerdings nutzen nur sehr wenige Eltern diese Option, weshalb die Reichweite einer verlängerten Elternzeit als niedrig einzuordnen ist (Försäkringskassan 2012b: 18). Aufgrund der Flexibilität der Elternzeit ist es sehr schwierig, die anfallende Leistungshöhe bei einem verlängerten Bezug der Elternzeit abzuschätzen. Allerdings trägt die Leistung in der Kombination mit einer Teilzeiterwerbstätigkeit dazu bei, dass das Einkommensniveau vor der Geburt etwa gehalten wird.

Seit 2009 gibt es in Schweden einen Gutschein für Kinderbetreuung. Ziel dieser Leistung ist es, Eltern für die von ihnen erbrachte Kinderbetreuung zu kompensieren, wenn sie sich neben ihren eigenen Kindern um die Kinder anderer Eltern kümmern. Nach dem Willen der Mitte-Rechts Regierung soll dies das Angebot und die Wahlfreiheit an Betreuungsmöglichkeiten für Kinder erhöhen. Der Gutschein bietet in erster Linie Anreize für Frauen mit schlechten Erwerbsperspektiven und Migrationshintergrund, persönliche Betreuung zu erbringen und dafür entlohnt zu werden (Ferrarini/Duvander 2009: 7). Folglich bestehen negative Erwerbsanreize für diese Personengruppe. Die Leistung folgt damit dem gleichen familienpolitischen Paradigma wie das Betreuungsgeld und fördert das *male-breadwinner-model*. Da der Gutschein von den Kommunen getragen wird, lassen sich leider keine einheitlichen Aussagen über dessen Leistungshöhe machen. Ebenso bestehen noch keine Statistiken über die Inanspruchnahme des Gutscheins.

Darüber hinaus erhalten Eltern von Kindern unter vier Jahren zusätzliche Rentenansprüche, das so genannte *barnår*, und zwar unabhängig davon, ob sie erwerbstätig sind (und dadurch separate Ansprüche erwerben) oder nicht (Ståhlberg u.a. 2006: 93). Folglich sichert diese Leistung Eltern ab, die zugunsten persönlicher Kinderbetreuung auf Erwerbstätigkeit verzichten. Für das *barnår* gibt es dabei drei verschiedene Berechnungsarten, wobei diejenige automatisch gewählt wird, von der der betroffene Elternteil am meisten profitiert. Die Rentenansprüche können für Eltern, die nach der Geburt weniger verdienen, entweder auf das Niveau vor der Geburt aufgestockt werden oder auf ein Niveau von 75 Prozent des Durchschnittseinkommens (Köppe 2007: 178). Da die Beitragsbemessungsgrenze des *barnår* mit dem 7,5-fachen des Einkommensgrundbetrages (390.750 Kronen in 2011) über dem Durchschnittseinkommen liegt (353.148 Kronen in 2011), kommt die Leistung einem breiten Kreis von Eltern zugute (Svenskt Näringsliv 2012: 26). Die Leistungshöhe des *barnår* lässt sich allerdings schwer beziffern.

Negative Erwerbsanreize im Sinne des *male-breadwinner-model* kann die Anrechnung der einkommensabhängigen Rente auf die Garantierente mit sich bringen. Die Garantierente ist eine steuerfinanzierte Grundrente und soll, je nach Höhe der erwirtschafteten einkommensabhängigen Rentenanwartschaften, diese aufstocken, damit ein angemessenes Rentenniveau erreicht wird. Durch einen (geringen) Einkommenszuwachs oder eine längere Lebensarbeitszeit wird aber nicht immer eine höhere Rente erreicht, da die Garantierente in einigen Fällen eine anteilig geringere Aufstockung bereitstellt. Für Personen mit niedrigen Einkommen, die von diesem Umstand betroffen sind, bedeuten die Beiträge zur einkommensbezogenen Rente damit in der Praxis eine Steuer (Settergren 2003: 387). Dazu kommt, dass durch die niedrige Geringfügigkeitsgrenze der einkommensabhängigen Rente besonders viele Geringverdiener in diese eingebunden und von den Regelungen betroffen sind. Dementsprechend ist der Kreis der Bezieher der Garantierente relativ groß: So erhielten im Dezember 2011 von allen Rentnern 36,4 Prozent eine Garantie- und eine einkommensabhängige Rente.[29] Die Reichweite der Leistung ist dementsprechend als mittel einzustufen. Eine Aussage über die Leistungshöhe lässt sich leider nicht machen.

Zu den Policies, die eine traditionelle Aufteilung der Geschlechterrollen in der Familie fördern, zählt an letzter Stelle die Anrechnung des Partnereinkommens in der Sozialhilfe. Davon sind Ehepaare wie registrierte Partnerschaften und ›Gemeinsam-Wohnende‹ betroffen, die in einer eheähnlichen Partnerschaft leben (Wennberg 2008: 75f.). Für den Anspruch auf Sozialhilfe und deren Berechnung ist der Haushalt und nicht das Individuum die relevante Bezugsgröße. Dies kann für Frauen, die keine Ansprüche in der Arbeitslosenversicherung erworben haben und deren Partner erwerbstätig ist, zu einer ökonomischen Abhängigkeit vom Partner und in der Folge zu einer verstärkten Übernahme der Haus- und Betreuungsarbeit führen. Da 2008 in Schweden 4,1 Prozent der Bevölkerung Sozialhilfe bezogen, ist dieser Umstand wohl nur für einen kleinen Teil der Eltern mit Ein- und Zweijährigen relevant (Gustafsson 2011: 8).

Auch im Fall von Schweden führt der Gender-Pay-Gap dazu, dass die Aufgabe oder Einschränkung der Erwerbsarbeit der Mutter zu Betreuungszwecken wahrscheinlicher ist als die des Vaters. In Schweden lag der unbereinigte Gender-Pay-Gap 2012 bei 15,9 Prozent und damit auf einem ähnlichen Niveau wie in Norwegen (Eurostat 2014a).

Dual-Earner-/Dual-Carer Policies

Zu den *dual-earner-/dual-carer* Policies zählen zunächst die Leistungen, welche die persönliche Betreuung des Kindes bis zur Vollendung des ersten Lebensjahres fördern und anschließend eine externe Betreuung. Hierfür

---

29 Die Angaben erhielt die Autorin auf Nachfrage von der Statistik-Abteilung der Pensionsmyndigheten (http://www.pensionsmyndigheten.se/Statistik.html).

bietet im Rahmen der Familienpolitik die Elternzeit Anreize, wenn sie als Leistung mit kurzer Dauer und maximaler Lohnersatzrate gewählt wird. Die Elternzeit kann insgesamt für 390 Tage mit Lohnersatz und weitere 90 Tage mit einer Flat-Rate-Leistung bezogen werden (Tunberger/Sigle-Rushton 2011: 227). Dies sichert den betreuenden Elternteil unabhängig vom Einkommen des Partners ab und führt zu einer relativ schnellen Reintegration in den Arbeitsmarkt. In der Elternzeit fördern die pro Elternteil reservierten 60 Tage die persönliche Betreuung durch beide Elternteile und damit die Geschlechtergleichheit in der persönlichen Betreuung. Da die große Mehrheit der Mütter die Elternzeit in der regulären Form nutzt, ist die Reichweite hier als hoch einzuschätzen (Evertsson/ Duvander 2011: 437; Försäkringskassan 2012b: 18). Im Gegensatz zur verlängerten Elternzeit, die das modifizierte *male-breadwinner-model* fördert, ist die Leistungshöhe der regulären Elternzeit höher. Mit einer Lohnersatzrate von 80 Prozent kann die Elternzeit im hier dargestellten Fall den Lebensunterhalt eines Elternteils sichern, weshalb ihre Leistungshöhe als hoch eingeordnet werden muss.

Die Elternzeit wird durch das Angebot an öffentlichen Betreuungsplätzen für unter Dreijährige ergänzt. Während Kinder unter einem Jahr in Schweden vollständig durch ihre Eltern betreut werden, waren 2008 von den Einjährigen 48,9 Prozent in Kinderbetreuung und von den Zweijährigen bereits 91,3 Prozent (Skolverket 2011). Zusammengenommen waren 2008 in Schweden 49,0 Prozent der Kinder zwischen 0 bis 2 Jahren in Betreuung, wobei 18,0 Prozent dieser Altersgruppe 1–29 Stunden in der Woche und 31,0 Prozent 30 Stunden oder mehr betreut wurden (Eurostat 2010c). Dies zeigt, dass der Anteil an Ganztagsbetreuung deutlich überwiegt. Die Nachfrage nach Kinderbetreuungsplätzen war im Jahr 2005 fast gedeckt. Einer Umfrage zufolge betrug die nicht gedeckte Nachfrage in diesem Jahr bei den Ein- bis Fünfjährigen 1,0 Prozent. Dabei war der Bedarf bei den Kindern von erwerbstätigen oder sich in Ausbildung befindenden Eltern gedeckt, allein bei den Kindern von Arbeitslosen oder Eltern in Elternzeit bestand noch eine Nachfrage. Bevor für Kinder dieser Eltern 2001 und 2002 ein Rechtsanspruch eingeführt wurde, war die Nachfrage bei diesen beiden Gruppen deutlich größer (Björnberg/Dahlgren 2008: 47; Nordfeldt/Segnestam Larsson 2011: 25f.). Insgesamt lässt sich festhalten, dass durch die fast vollständige Deckung der Nachfrage eine öffentliche Betreuung ab dem ersten Geburtstag des Kindes für nahezu alle Eltern möglich ist. Dazu tragen auch die relativ niedrigen Gebühren für einen Kinderbetreuungsplatz bei: Seit 2002 beträgt der maximale Elternbeitrag für einen Kinderbetreuungsplatz 3,0 Prozent des Haushaltseinkommens für das erste Kind, 2,0 Prozent für das zweite und 1,0 Prozent für das dritte Kind. Ab dem vierten Kind müssen Eltern keine Beiträge mehr zahlen. Allerdings gibt es eine Höchstgrenze für die Beiträge, unabhängig vom Haushaltseinkommen der Eltern (Björnberg/Dahlgren 2008: 47). So müssen heute für das erste Kind maximal 1.260 Kronen, für das zweite 840 Kronen und für das dritte 420 Kronen gezahlt werden (Skolverket 2012). In Anbetracht der Betreuungsquote kann davon ausgegangen werden, dass die öffentliche Kinderbetreuung in Schweden eine hohe Reichweite besitzt. Da für das erste Kind maximal 3,0 Prozent des Einkommens aufgewendet werden müssen, sind die Kosten für einen Betreuungsplatz relativ gering, was die Nutzung öffentlicher Betreuung entsprechend attraktiv macht.

Im schwedischen Steuerrecht gibt es ebenfalls Policies, welche die Betreuung des Kindes im Sinne des *dual-earner-/dual-carer-model* unterstützen. Dazu zählt zum einen der Gleichheitsbonus *(jämställdhetsbonus)*, der im Juli 2008 zusammen mit dem Betreuungsgeld eingeführt wurde. Diese Steuererleichterung fällt umso höher aus, je egalitärer die Partner die Elternzeit aufteilen. Der Gleichheitsbonus wird dem Partner mit dem niedrigeren Einkommen (in der Regel der Frau) gewährt, wenn dieser früher aus der Elternzeit in den Beruf zurückkehrt und der Partner mit dem höheren Einkommen (in der Regel der Mann) dementsprechend für eine längere Dauer Elternzeit nimmt. Die Steuererleichterung beläuft sich bis auf 3.000 Kronen im Monat, was dem Betrag des Betreuungsgeldes entspricht (Ferrarini/Duvander 2010: 17). Der Gleichheitsbonus kann damit als Gegenentwurf zum Betreuungsgeld gesehen werden, da er eine gleiche Verteilung der Lasten zwischen den Eltern in der Erwerbstätigkeit wie auch bei der persönlichen Betreuung des Kindes fördert. 2011 hatten allerdings nur 54 Prozent der anspruchsberechtigten Eltern die Leistung erhalten (Försäkringskassan 2012a: 2). Tunberger und Sigle-Rushton (2011: 234) führen die niedrige Quote darauf zurück, dass die Beantragung des Gleichheitsbonus kompliziert sei und für Eltern wohlmöglich nicht nur ökonomische Aspekte bei der Aufteilung der Elternzeit von Bedeutung seien. Da wahrscheinlich die meisten Eltern, die Elternzeit nehmen, anspruchsberechtigt sind, kann die Reichweite der Leistung allerdings noch im hohen Bereich angesiedelt werden. Durch die Leistung sparen Paare im unteren und mittleren Einkommensbereich mit gleichen Einkommen am meisten

Steuern, Paare mit höheren Einkommen und ungleicher Einkommensverteilung weniger, auch wenn dort die Anreize für eine gleiche Aufteilung der Elternzeit zunehmen (Tunberger/Sigle-Rushton 2011: 230f.). Die Leistungshöhe liegt wie die des Betreuungsgeldes im mittleren Bereich. Eine private Kinderbetreuung im Haushalt wird durch die Steuererleichterung für Dienstleistungen im Haushalt unterstützt. Dabei werden dem Haushalt 50 Prozent der Lohnkosten in Form einer reduzierten Einkommenssteuer erstattet. Das gilt bis zu einem absetzungsfähigen Nettobetrag von 50.000 Kronen pro Haushaltsmitglied. Ziel des Gesetzes ist es, Schwarzarbeit zu bekämpfen und Eltern, die beide erwerbstätig sind, bei der Finanzierung von privaten Haushalts- und Kinderbetreuungshilfen zu entlasten (Ferrarini/Duvander 2010: 16). Die Steuererleichterung für Dienstleistungen im Haushalt bietet in der Folge Anreize für private Formen der Kinderbetreuung. Die Leistung stärkt damit private gegenüber öffentlicher Kinderbetreuung. Vor allem Haushalte mit einem relativ hohen Einkommen profitieren von dieser Steuererleichterung, da sie private Betreuung häufiger in Anspruch nehmen (ebenda). Die Leistung setzt Anreize für eine externe Form der Kinderbetreuung und bietet so indirekt Möglichkeiten für die Erwerbstätigkeit beider Elternteile. Betrachtet man die Zahl der Personen, welche die Steuererleichterung nutzen, so bezogen 2007 nur 1,0 Prozent der Paare mit minderjährigen Kindern und nur etwa 0,5 Prozent der Alleinerziehenden mit minderjährigen Kindern die Leistung (Sköld 2009). Die Reichweite der Steuererleichterung kann also mit Recht als sehr beschränkt bezeichnet werden. Die Leistungshöhe ist allerdings beachtenswert, da »for a family of four the maximum deduction amounts to an average production worker's net wage.« (Ferrarini/Duvander 2010: 16).

Positive Anreize für die Erwerbstätigkeit von Müttern und Vätern bietet das schwedische Unterhaltsrecht. Im Falle einer Scheidung ist die Zahlung von Unterhalt an den geschiedenen Partner sehr unüblich. In den siebziger Jahren wurde der nacheheliche Unterhalt abgeschafft, um Geschlechtergleichheit und Frauenerwerbstätigkeit zu fördern. Damit zeigt sich auch hier die zentrale Bedeutung der Erwerbsarbeit im schwedischen Wohlfahrtsstaat. Sollte ein geschiedener Partner nicht in der Lage sein, für den eigenen Unterhalt zu sorgen, ist es Sache des Staates, diesem zu helfen (Martinek 2006: 6f.). Es wird also davon ausgegangen, dass Männer wie Frauen ihren Lebensunterhalt selbst verdienen, wobei die persönliche Betreuung von Kindern nicht berücksichtigt wird. Das schwedische Recht schafft damit klare Anreize für Erwerbstätigkeit und in der Folge auch einen indirekten Anreiz, öffentliche Kinderbetreuung zu nutzen. Nach Angaben von Eurostat wurden 2011 in Schweden 2,5 Prozent der Ehen geschieden (Eurostat 2012a). Deswegen ist davon auszugehen, dass die Regelungen des Unterhaltsrechts nur einen kleinen Teil der Eltern Ein- bis Zweijähriger betreffen, zumal nur etwa die Hälfte dieser Kinder in Familien mit verheirateten Eltern lebt (Statistics Sweden 2012a).

Die Gleichstellung von Frauen und Männern ist im *Discrimination Act* von 2009 niedergelegt, in dem eine Reihe von Gesetzen zur Anti-Diskriminierung, darunter auch der *Sex Equality Act* von 1980, zusammengefasst wurden. Das Nebeneinander von Gesetzen zur Anti-Diskriminierung und das Ziel, Frauen im Erwerbsleben zu fördern, haben in Schweden in einzelnen Fällen zu Problemen geführt. Maßnahmen zur Förderung von Frauen wurden teilweise wegen ihres diskriminierenden Charakters gegenüber Männern als unzulässig bewertet (Svensson/Gunnarsson 2012: 9f.). Nichtsdestotrotz zählen aktive Maßnahmen der Förderung von Frauen zum klassischen Instrumentarium der schwedischen Gleichstellungspolitik, auch wenn diese Formen positiver Diskriminierung nicht verpflichtend für die Arbeitgeber sein dürfen (Svensson/Gunnarsson 2012: 12f.). Neben dem *Discrimination Act* gibt es einen *Action Plan for a Gender Equal Working Life*, der darauf abzielt, geschlechterstereotypen Entscheidungen über Ausbildung und Beruf entgegenzuwirken (Svensson/Gunnarsson 2012: 9). Wie in Norwegen ist Teilzeit- der Vollzeitarbeit gleichgestellt. Die Förderung von Teilzeitarbeit, beispielsweise durch die verlängerte Elternzeit, muss aber aus den bereits genannten Gründen kritisch gesehen werden (Nyberg 2012: 70f.). Insgesamt unterstützen diese Regelungen das *dual-earner-model*, wobei ihnen eine hohe Reichweite zuzuschreiben ist, da sie alle erwerbstätigen Eltern betreffen. Allerdings lässt sich in den letzten Jahren die Tendenz erkennen, dass Gleichstellungsmaßnahmen weniger auf die Veränderung struktureller Faktoren als vielmehr auf die Schaffung von Spielräumen für individuelle Entscheidungen abzielen. Dies hat in Schweden zu einem gewissen Rückschritt in der Gleichstellung von Männern und Frauen geführt (Svensson/Gunnarsson 2012: 18f.).

Auch im schwedischen Steuerrecht bestehen durch das System der Individualbesteuerung klare Erwerbsanreize. Im schwedischen Lohnsteuersystem werden Ehe- und Lebenspartner einzeln veranlagt, wobei Schweden im internationalen Vergleich als Idealtyp des individualisierten Steuersystems gilt (Dingeldey 2000: 27). Da die relative Steuerlast in so einem Steuersystem dann am geringsten ist, wenn beide Partner gleich viel verdienen, fördert es das *dual-earner-model* (Dingeldey 2000: 14f.). Die Reichweite der Individualbesteuerung muss als hoch angesehen werden, da alle Eltern betroffen sind, die Lohnsteuern zahlen.

2007 wurde ein Freibetrag in der kommunalen Einkommenssteuer eingeführt, der sich positiv auf das Arbeitskräfteangebot auswirken soll. Dieser betrug 2008 für Personen unter 65 Jahren, die eine durchschnittliche kommunale Einkommenssteuer zahlen, bis zu 14.400 Kronen (OECD 2009a: 406ff.). Obwohl es bei dem Freibetrag keine Obergrenze gibt, sollen insbesondere untere und mittlere Einkommen von der Absenkung der Einkommenssteuer profitieren. Das soll die Aufnahme von Arbeit gerade in den unteren Lohngruppen attraktiver machen. Dabei werden Anreize für einen Übergang von keiner Beschäftigung beziehungsweise Arbeitslosigkeit zu mindestens einer Teilzeitarbeit erzeugt (Edmark u.a. 2012: 3). Dementsprechend kann davon ausgegangen werden, dass ein großer Kreis an Personen von dem Freibetrag profitiert und die Reichweite der Leistung hoch ist. Eine pauschale Aussage über die Höhe des Freibetrages zu machen, ist aufgrund der Berechnungsweise schwer. Im oben genannten Beispiel bei einer durchschnittlichen kommunalen Einkommenssteuer beträgt die jährliche Steuerersparnis bis zu 4,4 Prozent des durchschnittlichen Jahreseinkommens, was einer niedrigen Leistungshöhe entspricht.[30]

In der Arbeitsmarktpolitik fördern die aktivierenden Maßnahmen für Arbeitslose und Sozialhilfeempfänger die Erwerbstätigkeit von Müttern und Vätern gleichermaßen, da keine Regelungen vorliegen, die auf persönliche Kinderbetreuung Rücksicht nehmen und sich der Staat gegenüber Eltern sowie Männern und Frauen neutral verhält (vgl. Wennberg 2008: 75). Im Jahr 2011 bezogen 3,06 Prozent der Bevölkerung zwischen 20 und 64 Jahren Leistungen im Rahmen von Arbeitsmarktprogrammen (Statistics Sweden 2012b). Unter den Aktivierungsmaßnahmen spielt auch die *rehabilitation chain* eine Rolle, die zu einer Rückkehr von Krankengeldempfängern in den Arbeitsmarkt führen soll (Marnetoft 2009). Da das Krankengeld eine generöse Leistung darstellt, beziehen es häufig auch Personen, die im Grunde genommen arbeitslos sind. Deswegen hat die Aktivierung von Krankengeldempfängern in Schweden eine besondere Bedeutung (Hytti 2006: 138). 2011 bezogen 1,87 Prozent der 20 bis 64-Jähringen Kranken-

---

30 2008 betrug das durchschnittliche Jahreseinkommen in Schweden 327.585 Kronen (OECDstat 2012).

geld (Statistics Sweden 2012b). Insgesamt kann davon ausgegangen werden, dass nur relativ wenige Eltern Ein- und Zweijähriger von den Anreizen der Aktivierungsmaßnahmen betroffen sind.

Im schwedischen Rentensystem bietet das *barnår* Anreize für das *dual-earner-model*. Es macht eine Beschäftigung während der ersten vier Lebensjahre für Eltern attraktiv, indem doppelte Rentenanwartschaftszeiten erworben werden können. Reichweite und Leistungshöhe sind dabei wie im vorangegangenen Abschnitt einzuschätzen. Allerdings können auch Eltern vom *barnår* profitieren, die nach der Geburt das gleiche Einkommen aufweisen wie zuvor. Sie erhalten bis zur Beitragsbemessungsgrenze zusätzliche Rentenansprüche in Höhe des Grundbetrages.[31] Insbesondere diese Berechnungsweise des *barnår* kommt *dual-earner*-Familien zugute (Svenskt Näringsliv 2012: 26).

Betrachtet man, welche Familienmodelle durch die einzelnen Policies gefördert werden, so zeigt sich, dass in der Hauptsache das *dual-earner/dual-carer-model* unterstützt wird. Tabelle 10 führt alle relevanten Policies, geordnet nach den Familienmodellen, die sie fördern, auf.

Die Gegenüberstellung der Policies hat gezeigt, dass das Potential an Koordinationsproblemen auf der Ebene der politischen Paradigmen in Schweden relativ gering ist, da die überwiegende Zahl der Policies das *dual-earner-/dual-carer-model* unterstützt. Dementsprechend überwiegt auch die Reichweite und Leistungshöhe der Policies, die ein egalitäres Familienmodell fördern, gegenüber den *male-breadwinner* Policies.

Betrachtet man allerdings die Einführung des Betreuungsgeldes und die anderen damit verbundenen Reformen wie die Einführung der Steuererleichterung für Dienstleistungen im Haushalt, die Einführung des Gutscheins für Kinderbetreuung oder den Wandel in der Gleichstellungspolitik, so haben diese zu einer Fragmentierung in der schwedischen Familienpolitik geführt. Vor der Einführung dieser Leistungen war der schwedische Wohlfahrtsstaat nämlich deutlich stärker auf das *dual-earner-/dual-carer-model* ausgerichtet. Nicht nur persönliche Betreuung wird durch das Betreuungsgeld und den Gutschein für Kinderbetreuung stärker gefördert – auch eine größere Unterstützung privater Formen der Kinderbetreuung wird durch diese Policies und die Steuererleichterung für Dienstleistungen im Haushalt vorangetrieben. Dies kann man als ein Abrücken vom starken Fokus auf

---

31 Der Grundbetrag belief sich 2011 auf 52.100 Kronen (Svenskt Näringsliv 2012: 108).

öffentliche Kinderbetreuung interpretieren, der für die schwedische Familienpolitik lange konstitutiv war (Björnberg/Dahlgren 2008: 38). Nichtsdestotrotz muss angemerkt werden, dass sich die Förderung persönlicher Betreuung nicht einseitig auf die Unterstützung einer traditionellen Arbeitsteilung in der Familie bezieht, da zur gleichen Zeit der Gleichheitsbonus eingeführt wurde. Die jüngste Entwicklung der schwedischen Familienpolitik zeichnet sich demnach durch eine gewisse Ambivalenz aus (Tunberger/Sigle-Rushton 2011).

Tabelle 10: Reichweite und Leistungshöhe der Policies nach Familienmodellen – Schweden

Schweden	Reichweite	Leistungshöhe
Male-breadwinner-model		
Betreuungsgeld	+	++
Verlängerte Elternzeit	+	
Gutschein für Kinderbetreuung	?	?
Anrechnung Partnereinkommen Sozialhilfe	+	
barnår	+++	
Anrechnung einkommensabhängiger Rente auf die Garantierente	++	
Dual-earner-/dual-carer-model		
Betreuungsgeld	+	++
Reguläre Elternzeit	+++	+++
Angebot Kinderbetreuungsplätze	+++	
Unterhaltsrecht	+	
Gleichstellungsgesetzgebung	+++	
Individualbesteuerung	+++	
Steuerfreibetrag kommunale Lohnsteuer	+++	+
Steuererleichterung Dienstleistungen im Haushalt	+	+++
Gleichheitsbonus	+++	++
Aktivierende Arbeitsmarktpolitik	+	
barnår	+++	

Anmerkung: +++ hoch, ++ mittel, + niedrig, ? noch nicht bekannt
Quelle: Eigene Darstellung

Insgesamt lässt sich also feststellen, dass sich nicht nur durch die Einführung des Betreuungsgeldes das Potential an Koordinationsproblemen für Eltern erhöht hat, sondern auch durch die anderen Reformen Ende der Zweitausender. Wie im Fall von Norwegen lässt sich von einer Ambivalenz sprechen, wenn man die Anreize einzelner Policies in den Blick nimmt. Dies gilt für das Betreuungsgeld und die Rentenpunkte für Kindererziehungszeiten, das *barnår*, aber auch für die schwedische Elternzeit. Drei der sechs Policies, die das *male-breadwinner-model* unterstützen, liefern zugleich Anreize für ein egalitäres Familienmodell.

Unter den Policies, deren Anreize sich einer bestimmten Einkommensgruppe von Eltern zurechnen lassen, fördert eine Reihe an Leistungen das *dual-earner-/dual-carer-model* für Geringverdiener. Der Gleichheitsbonus unterstützt als Steuererleichterung Paare, welche die Elternzeit egalitär aufteilen, im Sinne des *dual-carer-model*. Davon profitieren vor allem Eltern mit niedrigen und mittleren Einkommen (Ferrarini/Duvander 2009: 7). Der 2007 eingeführte Einkommenssteuerfreibetrag bietet ebenfalls positive Erwerbsanreize für Menschen mit niedrigen Einkommen und unterstützt damit das *dual-earner* Element. In der Rentenversicherung bietet das *barnår* positive Erwerbsanreize für Frauen mit unterdurchschnittlichen Einkommen.

Dem gegenüber stehen einige Policies, die für Geringverdiener das *male-breadwinner-model* attraktiv machen. Dies ist an erster Stelle das Betreuungsgeld, da es die relativen Kosten für einen öffentlichen Betreuungsplatz erhöht. Dies wirkt sich umso stärker aus, je niedriger das Haushaltseinkommen ist. Die Anreize des Gutscheins für Kinderbetreuung weisen in die gleiche Richtung, da die persönliche Betreuung des Kindes besonders für Frauen attraktiv gemacht wird, die schlechte Berufsperspektiven und ein niedriges Bildungsniveau sowie einen Migrationshintergrund aufweisen (Ferrarini/Duvander 2010: 17). Die Anrechnung des Partnereinkommens in der Sozialhilfe, die unter Umständen eine traditionelle Aufteilung der Geschlechterrollen befördert, betrifft ebenso nur Familien in einer sozial prekären Lage. An letzter Stelle muss hier der Umstand genannt werden, dass die Garantierente für Personen mit niedrigen Einkommen negative Erwerbsanreize bereitstellt, da eine Erhöhung der Rentenansprüche durch Mehrarbeit bei einer gewissen Einkommensspanne nicht möglich ist.

Neben diesen Anreizen für Geringverdiener gibt es in der schwedischen Familienpolitik auch Policies mit spezifischen Anreizen für Besserverdienende. Dazu gehört zum einen die Steuererleichterung für Dienstleistungen im Haushalt, die Anreize für private Kinderbetreuung durch eine Tagesmutter setzt. Damit kommt sie vor allem Haushalten mit höheren Einkommen zugute, die solche Kinderbetreuung häufiger in Anspruch nehmen. Die Leistung fördert dadurch das *dual-earner-model*. Zum anderen kann das Betreuungsgeld als Zuschuss für private Kinderbetreuung genutzt werden.

Tabelle 11: Förderung niedriger und höherer Einkommen in Schweden

Niedrige Einkommen	Höhere Einkommen
Male-breadwinner-model	
Betreuungsgeld Gutschein für Kinderbetreuung Anrechnung des Partnereinkommens in der Sozialhilfe Anreize Garantierente	
Dual-earner-/dual-carer-model	
Gleichheitsbonus Einkommenssteuerfreibetrag Rentenpunkte für Kindererziehung	Betreuungsgeld Steuererleichterung für Dienstleistungen im Haushalt

Quelle: Eigene Darstellung

Wie in Norwegen, so zeigt sich auch in Schweden, dass Anreize, die eine bestimmte Einkommensgruppe unterstützen, in der großen Mehrheit für Familien mit niedrigen Einkommen bestehen. Ein bestimmtes Familienmodell wird dabei nicht gefördert, da sowohl Anreize für das *male-breadwinner-model* als auch für das *dual-earner-/dual-carer-model* existieren.

4.2.2.3 Deutschland

Male-Breadwinner Policies

Zu diesen Policies gehören an erster Stelle diejenigen, die eine persönliche Betreuung des Kindes bis zu einem Alter von drei Jahren und eine anschließende externe Betreuung fördern. Neben dem Betreuungsgeld trägt das deutsche Unterhaltsrecht zur Förderung relativ langer persönlicher Betreuung bei. Nach einer Scheidung kann Unterhalt wegen der Betreuung eines Kindes für mindestens drei Jahre nach der Geburt verlangt werden. Dieser Zeitraum kann sich unter bestimmten Voraussetzungen verlängern, wobei dann Möglichkeiten zur Kinderbetreuung zu berücksichtigen sind (§ 1570 BGB). Im deutschen Unterhaltsrecht wird davon ausgegangen, dass ein Kind unter drei Jahren persönlich betreut wird und von dem Elternteil, bei dem das Kind lebt, keine Erwerbstätigkeit erwartet werden kann. Entsprechend gibt es keine Anreize für externe Kinderbetreuung. Erst bei älteren Kindern ist dies der Fall. Man kann davon ausgehen, dass die Zahl der von diesen Regelungen betroffenen Eltern relativ gering ist. 2010 lag die Scheidungsrate in Deutschland bei 2,3 Prozent, wobei in 48,9 Prozent der Ehen minderjährige Kinder lebten (Statistisches Bundesamt 2012b: 56f.).

Auch die Elternzeit kann Anreize für ein traditionelles Familienmodell geben, wenn sie als Möglichkeit genutzt wird, bis zum dritten Geburtstag des Kindes aus dem Beruf auszuscheiden. Da die Elternzeit selbst nicht mit einer monetären Leistung verbunden ist, ist ihre Inanspruchnahme ohne das Einkommen des Partners kaum möglich. Deswegen sind die Anreize der Elternzeit zur Ausweitung der persönlichen Betreuung des Kindes vor allem für Väter sehr gering. Wird die Elternzeit zur Ermöglichung von Teilzeitarbeit genutzt, bestehen Anreize für eine Halbtagsbetreuung von Kindern im Alter von ein und zwei Jahren. Nach einer Studie des Rheinisch-Westfälischen Instituts für Wirtschaftsforschung nutzten 2009 52 Prozent der Mütter, welche die Elternzeit in Anspruch nahmen, die Leistung für eine Dauer von 25 bis 36 Monaten (RWI 2009: 18). Die Reichweite kann man demnach als hoch bezeichnen.

In der Arbeitsmarktpolitik gibt es zwei Regelungen, die Kinderbetreuung im Sinne des *male-breadwinner-model* unterstützen. In der Arbeitslosenversicherung kann die Erziehung eines Kindes unter drei Jahren ein Versicherungsverhältnis begründen, wenn der Betroffene vor der Kindererziehung beschäftigt war (§ 26 Abs. 2a SGB III). Damit sichert der Gesetzgeber insbesondere Mütter ab, die bis zum dritten Geburtstag des Kindes nicht erwerbstätig waren. Vergleichbar sind die Anreize der Zumutbarkeitsregelungen im SGB II, das heißt für Arbeitslose, die keinen Anspruch auf die Leistungen der Arbeitslosenversicherung haben und Grundsicherung beziehen. Die Zumutbarkeitsregelungen besagen, dass ein betreuender Elternteil eines Kindes unter drei Jahren von der Erwerbspflicht ausgenommen ist. Danach gilt eine Beschäftigung als zumutbar, wenn ein Betreuungsplatz zur Verfügung steht (§ 10 Abs. 1 Nr. 3 SGB II). Da sich die Vermittlungspraxis immer noch stark an traditionellen Rollenbildern orientiert und Mütter mit Kindern unter drei Jahren weniger häufig aktiviert werden als Väter (Betzelt 2008: 4), bedeutet das mit der Zumutbarkeitsregelung verbundene *right to care* für den betreuenden Elternteil, das heißt zumeist die Mutter, ein eingeschränktes *right to work* (Betzelt 2008: 6). Dazu kommt, dass es kein Recht auf Hilfe bei der Suche nach Kinderbetreuung im SGB II-Kreis gibt und dies nur als Ermessensleistung vom Fallmanager gewährt wird (Betzelt 2008: 4). Die Reichweite dieser beiden Regelungen dürfte allerdings als niedrig anzusehen sein, da im Mai 2011 8,7 Prozent der Personen im erwerbsfähigen Alter Leistungen nach SGB II bezogen (Bundesagentur für Arbeit 2012b) und die Arbeitslosenquote 2011 bei 7,1 Prozent lag (Bundesagentur für Arbeit 2012a: 19).

Wie in Norwegen und Schweden werden in Deutschland Anwartschaften für Kindererziehung in der Rente gutgeschrieben. Dabei erhält ein Elternteil, zumeist die Mutter, für die Erziehung eines nach 1992 geborenen Kindes drei Entgeltpunkte (§ 56 Abs. 1 SGB VI). Ein Entgeltpunkt[32] entspricht einer Anwartschaft in Höhe des durchschnittlichen Einkommens aller Versicherten in einem Kalenderjahr, die bis zur Beitragsbemessungsgrenze gewährt wird. Die Entgeltpunkte aus der Kindererziehung und der Beschäftigung addieren sich jedoch höchstens bis zur Beitragsbemessungsgrenze zur gesetzlichen Sozialversicherung, die 2012 bei 5.600 Euro monatlich in West- und 4.800 Euro in Ostdeutschland lag. Die Reichweite der Kindererziehungszeiten ist hoch, weil jeweils ein Elternteil von ihnen profitiert. Daneben gibt es bei entsprechender Versicherungsdauer zusätzliche Anwartschaftszeiten, wenn ein Elternteil, der die Betreuung eines Kindes übernommen hat, in dieser Zeit weniger als das Durchschnittseinkommen aller Versicherten verdient hat. Dabei wird die Erziehungsleistung bis zum zehnten Lebensjahr des Kindes berücksichtigt. Von allen Frauen mit Kindern unter zehn Jahren waren 2011 60,1 Prozent erwerbstätig (Statistisches Bundesamt 2013c). Da das Einkommen von Frauen unter dem von Männern liegt, kann man davon ausgehen, dass viele Mütter von dieser Regelung profitieren werden. Deswegen liegt die Reichweite wahrscheinlich im mittleren Bereich. Zudem erhält ein Elternteil eine Gutschrift von 0,33 Entgeltpunkten pro Jahr, wenn er zwei oder

---

32 Dieser liegt seit dem 1. Juli 2012 bei 28,14 Euro im Monat in Westdeutschland und bei 25,74 Euro in Ostdeutschland (Deutsche Rentenversicherung 2013).

mehr Kinder unter zehn Jahren gleichzeitig erzogen hat und nicht erwerbstätig war (Bäcker u.a. 2010: 418f.). Auch in diesem Fall kann man von einer mittleren Reichweite ausgehen, auch wenn diese niedriger ist als bei der Höherbewertung geringfügiger Einkommen. Für Bezieher der Witwen-/Witwerrente werden darüber hinaus für die Erziehung eines Kindes bis zu dessen dritten Geburtstag jeweils zwei Entgeltpunkte angerechnet (§ 78a SGB VI). All diese Regelungen zeigen, dass Kindererziehung im deutschen Rentensystem mit dem Verzicht oder der Einschränkung von Erwerbstätigkeit gleichgesetzt wird. Es sollen Mütter abgesichert werden, welche die Rolle der Hausfrau oder Zuverdienerin erfüllt haben. Aufgrund der relativ hohen Beitragsbemessungsgrenze profitieren von den Kindererziehungszeiten viele Eltern, während die anderen Regelungen vor allem auf Mütter mit niedrigen Einkommen abzielen. In welchem Maße die Anerkennung von Kindererziehung rentensteigernd wirkt, lässt sich schwer beziffern (Köppe 2007: 180; Stegmann 2007: 91).

Eng damit verbunden sind die Policies, die das *male-breadwinner-model* durch Anreize für (Nicht-)Erwerbstätigkeit unterstützen. Darunter fällt im Bereich der Familienpolitik der Sockelbetrag des Elterngeldes, der auch nicht erwerbstätigen Eltern gewährt wird. Der Sockelbetrag bietet als Basisleistung des Elterngeldes keine verhaltensändernden Anreize, was bei nicht erwerbstätigen Eltern zu Mitnahmeeffekten führen kann. Allerdings lässt die Betrachtung weiterer Regelungen des Sockelbetrages keine eindeutige Bewertung zu. Es sind zwar Bezieher nach SGB II, SGB XII und § 6a BKGG vom Bezug des Elterngeldes praktisch ausgeschlossen (§ 10 Abs. 5 Satz 2 BEEG). Für Personen, die vor der Geburt des Kindes erwerbstätig waren, ist der Sockelbetrag aber anrechnungsfrei. Damit werden Bezieher der genannten Sozialleistungen für eine vorherige Erwerbstätigkeit honoriert (Kuschnereit 2011). Der Sockelbetrag fördert also nicht nur Hausfrauen, sondern auch vormalige *working families*. Im dritten Quartal 2012 gehörten 22,3 Prozent der beendeten Leistungsbezüge zu Beziehern des Sockelbetrages (Statistisches Bundesamt 2012a: 6). Damit liegt eine mittlere Reichweite vor. Es muss allerdings davon ausgegangen werden, dass die Zahl der Bezieher mit SGB II-, SGB XII- und § 6a BKGG-Leistungen relativ niedrig ist. Mit 10,66 Prozent des durchschnittlichen Monatseinkommens leistet der Sockelbetrag einen mittleren Beitrag zum Haushaltseinkommen.

Im Steuerrecht gibt es eine Reihe von Regelungen, die Erwerbstätigkeit im Sinne des *male-breadwinner-model* unterstützen. Dazu zählen für zusammenveranlagte Ehepaare die Lohnsteuerklassen-Kombination III/V sowie das Faktorverfahren. Die Steuerklasse III steht verheirateten Alleinverdienern oder in Kombination mit der Klasse V verheirateten Paaren offen, bei denen die Differenz zwischen den Einkommen relativ groß ist (Kirschbaum/Beckers 2011: 43ff.). Der Ehepartner mit dem höheren Einkommen beziehungsweise der Alleinverdiener wählt bei dieser Kombination Steuerklasse III, welche durch die Gewährung der Freibeträge für beide Ehegatten (insgesamt 16.009 Euro im Jahr) eine relativ niedrige Belastung bietet. Für den Partner mit dem niedrigeren Einkommen bedeutet die Steuerklasse V eine vergleichsweise hohe Steuerbelastung, da der Grundfreibetrag entfällt und der Grenzsteuersatz im Vergleich sehr hoch ausfällt (Färber 2007: 183). Paare, die in die Steuerklassen III und V eingeordnet würden, können sich aber auch für die Kombination der Steuerklassen IV und IV mit Faktor entscheiden. Davon profitiert der Ehegatte mit dem niedrigeren Einkommen, der in Steuerklasse IV mit Faktor veranlagt wird. Diese Steuerklasse bietet nämlich eine geringere Steuerbelastung als Steuerklasse V, zudem werden die Steuerfreibeträge wie der Grundfreibetrag von 8.004 Euro jedem Ehegatten gewährt (Kirschbaum/Beckers 2011: 48ff.). Die Steuerklasse V ist für die Betroffenen problematisch, weil sie im Vergleich zu den anderen Steuerklassen zu einem unverhältnismäßig geringen Nettoeinkommen führt. Die Folge können negative Anreize zur Ausweitung der Beschäftigung sein. Da diese bei Eltern junger Kinder häufig mit höheren Kosten für Kinderbetreuung verbunden ist, sind die Anreize, mehr zu arbeiten, aufgrund des geringen Zuwachses beim Nettoeinkommen als beschränkt anzusehen (Färber 2007: 191). Darüber hinaus werden Leistungen wie das Elterngeld, das ALG I und das Krankengeld auf Basis des Nettoeinkommens berechnet. Die Steuerklasse V führt also hier zu niedrigeren Leistungen (Spangenberg 2011: 37). Dagegen werden durch die Steuerklasse IV mit Faktor aufgrund der geringeren steuerlichen Belastung negative Erwerbsanreize vermieden und eine Beschäftigung im Niedriglohn-Bereich attraktiver gemacht (Kirschbaum/Beckers 2011: 50). Trotzdem fördert diese Steuerklassen-Kombination Paare mit relativ hohen Einkommensunterschieden und damit das Haupt-/Zuverdiener-Modell.

Der Splittingtarif, der bei zusammenveranlagten Ehepaaren zum Tragen kommt, ist hier ebenfalls von großer Bedeutung. Vom Ehegattensplitting profitieren vor allem Paare in den Steuerklassen III/V sowie aufgrund der Abflachung der Steuerprogression Besserverdienende (Vollmer 2006: 74f.). Ob das Ehegattensplitting tatsächlich ein geeignetes Instrument zur Förderung von Familien ist, kann bezweifelt werden, da nur 65 bis 70 Prozent der Ehepaare, die von dieser Regelung profitieren, Eltern mit kindergeldberechtigten Kindern sind (Vollmer 2006: 85). Unverheiratete Eltern oder solche mit gleichen Einkommen werden entsprechend benachteiligt. Das Ehegattensplitting und die Steuerklassen machen dabei einen erheblichen finanziellen Unterschied für die Besteuerten aus: So betrug die Lohnsteuer 2011[33] bei einem durchschnittlichen Einkommen von 33.766 Euro im Jahr 2.410 Euro in Steuerklasse III und 8.703 Euro in Steuerklasse V. Bei Ledigen (Steuerklasse I) und Ehegatten mit gleichen Einkommen (Steuerklasse IV) lag die Steuerschuld bei 5.106 Euro (BMF 2012). Die Differenz zwischen der Besteuerung in Steuerklasse I beziehungsweise IV und der in Klasse III beträgt damit 7,14 Prozent des durchschnittlichen Jahreseinkommens, die zu der Klasse V 10,65 Prozent. Insgesamt zeigt dieser grobe Überblick, dass die Leistungshöhe im mittleren Bereich anzusiedeln ist. Die Reichweite der steuerrechtlichen Regelungen ist dabei erheblich, da sie alle erwerbstätigen Eltern betreffen.

Da die Höhe des Kinderfreibetrages sowie des Solidaritätszuschlages und der Kirchensteuer an den Splittingtarif gebunden sind, tragen sie indirekt zu Anreizen für das *male-breadwinner-model* bei. Der Kinderfreibetrag soll im Rahmen des Familienleistungsausgleichs Familien mit minderjährigen oder sich in Ausbildung befindenden Kindern unterstützen (§ 32 Abs. 4 EStG). Zusammenveranlagte Paare können einen doppelten Kinderfreibetrag erhalten, der insgesamt 7.008 Euro anstatt 3.504 Euro beträgt (2011). Der Kinderfreibetrag kommt auch bei der Berechnung der Kirchensteuer und des Solidaritätszuschlages, die ebenfalls Teil der Einkommenssteuer sind, zur Anwendung. Die steuerliche Entlastung für zusammenveranlagte Ehepaare ist dabei doppelt so hoch wie für Eltern ohne Zusammenveranlagung (Kirschbaum/Beckers 2011: 57). Der steuerliche Vorteil für zusammenveranlagte Paare beträgt beim Kinderfreibetrag 10,38 Prozent des jährlichen Durchschnittseinkommens und weist damit eine mittlere Leistungshöhe auf. Allerdings bezieht nur eine Minderheit der Eltern den Kinderfreibetrag, da dieser im Rahmen der Günstigerprüfung erst ab einem Haushaltseinkommen von 63.391 Euro im Jahr (2009) zum

---

33 Die Angaben folgen der Berechnungsweise bis November 2011 (BMF 2012).

Tragen kommt und die meisten Eltern demzufolge das Kindergeld erhalten (Hundsdoerfer/Hechtner 2009).

In der Arbeitsmarktpolitik setzt die Berücksichtigung des Partnereinkommens im SGB II durch die Bedarfsgemeinschaften Anreize für eine traditionelle Aufteilung der Erwerbs- und Hausarbeit zwischen Männern und Frauen. Dies kann zur Folge haben, dass eine Person kein ALG II bezieht, wenn das Einkommen des Partners zu hoch ausfällt (Betzelt/ Bothfeld 2011: 92). Vor diesem Hintergrund kann die Abhängigkeit in den Bedarfsgemeinschaften zur Reproduktion eines traditionellen Rollenmodells führen, in dem der Vater für die Erwerbsarbeit zuständig ist und der Mutter die Sphäre des Haushalts und der Kinderbetreuung zugewiesen wird. Im Mai 2011 bezogen in Deutschland 8,7 Prozent der Erwerbsfähigen Leistungen nach SGB II (Bundesagentur für Arbeit 2012b). Damit ist der Anteil der Eltern Ein- und Zweijähriger, die von dieser Regelung betroffen sind, niedrig.

In der Rentenpolitik unterstützt eine Reihe von Policies eine traditionelle Arbeitsteilung zwischen Männern und Frauen. Zunächst gibt es in Deutschland eine kleine und große Witwen-/Witwerrente, die in den ersten drei Monaten 100 Prozent der zugrunde liegenden einkommensabhängigen Rente umfasst und danach 25 Prozent bei der kleinen und 55 Prozent bei der großen Witwen-/Witwerrente (§ 67 SGB VI). Die kleine Witwen-/Witwerrente kann zwei Jahre lang bezogen werden, die große hingegen bis zum Tod des Hinterbliebenen (§ 46 SGB VI). Der großen Witwen-/Witwerrente liegt der Gedanke zugrunde, dass nach Eintritt ins Rentenalter die einkommensabhängige Rente des einen Partners beide Ehegatten versorgen soll und der Hinterbliebene erst nach dem Tod des Gatten einen eigenen, wenn auch abgeleiteten Anspruch auf eine Rente erhält. 2011 waren 22,49 Prozent der Renten in der allgemeinen Rentenversicherung Witwen-/Witwerrenten (Statistisches Bundesamt 2012b: 227). Die Leistung ist damit für einen breiten Teil der Bevölkerung, insbesondere der Frauen, relevant, zumal die Ansprüche aus der Witwenrente bei den westdeutschen Frauen über denen der Versichertenrente liegen (ebenda). Aufgrund der zunehmenden Erwerbstätigkeit von Frauen und der abnehmenden Bedeutung des Normalarbeitsverhältnisses wird die Witwenrente aber in Zukunft eine deutlich geringere Rolle für die Renten von Frauen spielen als heute.

Auch in der Riester-Rente lassen sich Elemente zur Förderung des *male-breadwinner-model* finden. Die Riester-Rente ist eine private, kapitalgedeckte

Altersvorsorge, für die in der gesetzlichen Rentenversicherung (GRV) Versicherte staatliche Förderung erhalten. Trotzdem können so genannte mittelbar Förderberechtigte, die selbst keine Rentenbeiträge zahlen, aber deren Ehegatte sozialversicherungspflichtig beschäftigt ist, Riester-Förderung erhalten (§ 86 Abs. 2 EStG). Es gibt leider keine genauen Angaben über die Zahl der mittelbar Förderberechtigten, aber man kann davon ausgehen, dass etwa 10 Prozent der Anspruchsberechtigten zu dieser Gruppe gehören. Insgesamt hatten im Frühjahr 2011 35 bis 40 Prozent der Anspruchsberechtigten einen Riester-Vertrag abgeschlossen (Geyer 2011: 16f.). Demnach ist wohl nur eine relativ kleine Gruppe von Eltern Ein- bis Zweijähriger von diesen Regelungen betroffen. Aussagen über die Höhe der eingezahlten Beträge lassen sich hier nicht machen.

Die Familienversicherung in der gesetzlichen Krankenversichrung (GKV) unterstützt ebenfalls eine traditionelle Aufteilung der Erwerbsarbeit. Die Ehegatten von sozialversicherungspflichtig Beschäftigten können in der GKV beitragsfrei mitversichert werden, wenn der Partner monatlich nicht mehr als 385 Euro in Westdeutschland oder 325 Euro in Ostdeutschland verdient (2013). Eine geringfügige Beschäftigung bis zu 450 Euro im Monat ist ebenfalls möglich (§ 10 Abs. 1 Nr. 5 SGB V; vgl. Dräther/Rothgang 2004: 10f.). Die Familienversicherung bietet damit Familien mit einem (Haupt-)Ernährer erhebliche finanzielle Vorteile, die gegenüber Zweiverdiener-Paaren umso größer ausfallen, je höher das Einkommen des Alleinverdieners über der Versicherungspflichtgrenze von 4.350 Euro im Monat (2013) liegt (vgl. Dräther/Rothgang 2004: 25). Problematisch sind die Regelungen für einen Partner, der geringfügig beschäftigt ist und seine Erwerbstätigkeit ausweiten möchte. Blickt man auf die bis Ende 2012 geltenden Regelungen, nach denen ein Minijob bei 400 Euro lag, so wurde aufgrund der ab einem Einkommen von 401 Euro anfallenden Versicherungsbeiträge und Steuern ein Nettoeinkommen von 400 Euro bei Vorliegen der Steuerklasse V erst dann wieder erreicht, wenn das Bruttoeinkommen mehr als 540 Euro im Monat betrug (Bäcker u.a. 2011: 34). Die Familienversicherung kann somit für die Betroffenen negative Erwerbsanreize mit sich bringen und fördert das Haupt-/Zuverdiener-Modell. Nach Angaben des Bundesministeriums für Gesundheit waren im Januar 2012 7,59 Prozent aller in der AKV Versicherten mitversicherte Ehegatten (eigene Berechnung nach BMG 2012: 3). Die Familienversicherung ist damit wohl für einen kleinen Teil der Eltern Ein- bis Zweijähriger von Relevanz. Die finanziellen Vorteile für diese Paare sind dabei im niedrigen Bereich anzusiedeln, da der Beitragssatz für Arbeitnehmer 8,2 Prozent beträgt.

2012 lag der Gender-Pay-Gap in Deutschland mit 22,4 Prozent deutlich über dem EU 27-Durchschnitt von 16,4 Prozent (Eurostat 2014a). Das insgesamt große Lohngefälle zwischen Männern und Frauen befördert damit die Anreize von Policies, welche die Einschränkung oder Aufgabe mütterlicher Erwerbstätigkeit zugunsten von persönlicher Kinderbetreuung unterstützen.

Dual-Earner-/Dual-Carer Policies

Diese Policies fördern die persönliche Betreuung des Kindes bis zur Vollendung des ersten Lebensjahres und eine anschließende externe Betreuung. Dazu gehört im Bereich der Familienpolitik zunächst die ›Standardvariante‹ des Elterngeldes. Durch die relativ kurze Bezugsdauer von maximal 14 Monaten und die Lohnersatzrate von 65 Prozent[34] setzt es Anreize für einen Wiedereistieg der Mutter in den Beruf nach spätestens einem Jahr. Die persönliche Betreuung durch den Vater wird durch die zwei Väter-Monate und die Lohnersatzrate befördert (Dombrowski 2007: 36). In der deutschen Sozialpolitik ist dies die erste Leistung, die auf eine egalitäre Aufteilung der Betreuungsarbeit abzielt. Die Anreize des Elterngeldes spielen aber bei Paaren eine geringere Rolle, bei denen der Vater deutlich mehr verdient als die Mutter. Das ist insbesondere dann der Fall, wenn der Vater ein Einkommen hat, das die Beitragsbemessungsgrenze von 2.770 Euro im Monat klar übersteigt (§ 2 Abs. 3 BEEG). Da das Elterngeld 2011 von 95 Prozent der Mütter und 27,3 Prozent der Väter neugeborener Kinder bezogen wurde, kann die Reichweite insgesamt als hoch bezeichnet werden (Statistisches Bundesamt 2013b). Mit einer Lohnersatzrate von 65 Prozent trägt es zudem wesentlich zur Sicherung des Lebensstandards bei. Eine Kritik am Elterngeld besteht darin, dass es durch die Lohnersatzrate vor allem Müttern mit vergleichsweise hohen Einkommen zugutekommt. Mütter, die dagegen prekär beschäftigt sind, erhalten durch die kürzere Bezugsdauer im Vergleich zum Erziehungsgeld insgesamt weniger Geld als vor der Einführung des Elterngeldes (Henninger u.a. 2008a: 297).

---

34 Für Einkommen unter 1.000 Euro/Monat liegt die Lohnersatzrate bei 100 Prozent. Bei Einkommen bis 1.200 Euro beträgt die Lohnersatzrate 67 Prozent, oberhalb von 1.240 Euro 65 Prozent (§ 2 Abs. 2 BEEG).

Eine bedeutende Rolle spielt zudem die Kinderbetreuung, deren Ausbau in West- und Ostdeutschland allerdings sehr unterschiedlich ausfällt. In Westdeutschland ist es vielen Eltern nicht möglich, ihr unter drei Jahre altes Kind in öffentliche Betreuung zu geben. Im Jahr 2011 waren insgesamt 25,2 Prozent der Kinder unter drei Jahren in Kinderbetreuung, wobei die Betreuungsquote in Westdeutschland bei 19,8 Prozent und in Ostdeutschland bei 49,0 Prozent lag. Differenziert man zwischen den Einzelaltersjahren, so zeigt sich folgendes Bild: Im Osten waren 60,6 Prozent der Einjährigen in Betreuung, im Westen 17,9 Prozent. Von den Zweijährigen wurden in Ostdeutschland 81,5 Prozent der Kinder öffentlich betreut, in den alten Ländern dagegen 38,9 Prozent (Statistische Ämter des Bundes und der Länder 2011: 11). In Ostdeutschland waren 36,3 Prozent der unter Dreijährigen in einer Ganztagsbetreuung, das heißt für mehr als sieben Stunden am Tag, in Westdeutschland nur 7,7 Prozent (Statistische Ämter des Bundes und der Länder 2011: 13). Blickt man auf den offiziell ermittelten Bedarf an Betreuungsplätzen für unter Dreijährige, so lag dieser 2010 bei 37 Prozent im Westen und bei 51 Prozent im Osten (Bock-Famulla/Lange 2011: 276). Damit lässt sich in Westdeutschland ein beträchtlicher Rückstand im Ausbau der Kinderbetreuung erkennen, während der Bedarf in Ostdeutschland annähernd gedeckt ist. Einheitliche Aussagen über Elternbeiträge lassen sich nicht machen, da sich diese zwischen den Ländern und Kommunen zum Teil erheblich unterscheiden. Schätzungen zufolge zahlten Eltern im Jahr 2007 einen Anteil zwischen 11,2 Prozent (Berlin) und 29,1 Prozent (Schleswig-Holstein) an den Gesamtkosten für einen Betreuungsplatz (Ländermonitor frühkindliche Bildungssysteme 2012). Trotz der steuerlichen Absetzbarkeit von Kinderbetreuungskosten ist davon auszugehen, dass die finanzielle Belastung der Eltern in Deutschland insgesamt höher ausfällt als in Norwegen und Schweden. Zur Reichweite der Kinderbetreuung lässt sich sagen, dass diese im Osten als hoch, im Westen als mittel einzustufen ist.

Im deutschen Steuerrecht können zwei Drittel der Kinderbetreuungskosten als Sonderabgaben von der Steuer abgezogen werden, maximal jedoch 4.000 Euro pro Kind im Jahr (§ 10 Abs. 1 Nr. 5 EStG). Durch die Steuererleichterung sinken die Opportunitätskosten für eine Erwerbstätigkeit der Mutter. Daneben gibt es in Deutschland eine Steuerermäßigung bei Aufwendungen für haushaltsnahe Beschäftigungsverhältnisse und haushaltsnahe Dienstleistungen, die zur Absetzbarkeit einer privaten Kinderbetreuung genutzt werden kann. Dabei können 20 Prozent der Kosten, maximal aber 4.000 Euro im Jahr geltend gemacht werden (§ 35a Abs. 2 EStG). Die Leistung verbessert damit die Rahmenbedingungen für mütterliche Erwerbstätigkeit. Bei der Steuerermäßigung muss von schichtspezifischen Anreizen ausgegangen werden, da diese Form der Kinderbetreuung zumeist von Eltern mit einem hohen Einkommen genutzt wird (Borck/Wrohlich 2011: 448). Mit einer maximalen Höhe von jeweils 11,85 Prozent des durchschnittlichen Einkommens liegt die finanzielle Bedeutung der beiden Steuererleichterungen im mittleren Bereich. Man kann davon ausgehen, dass die allermeisten Eltern mit Kindern in externer Betreuung die Absetzbarkeit der Kinderbetreuungskosten nutzen, weshalb die Leistung eine mittlere Reichweite besitzt. Einer Untersuchung auf Basis des SOEP zufolge gaben 2006 10 Prozent der Paare mit Kindern unter 16 an, gelegentlich und 12 Prozent regelmäßig eine Person privat im Haushalt zu beschäftigen (Enste u.a. 2009: 26). Da diese Zahlen auch Haushaltshilfen beinhalten, kann davon ausgegangen werden, dass der Anteil der Eltern Ein- und Zweijähriger, die eine private Betreuungshilfe beschäftigen und die Steuerermäßigung für haushaltsnahe Dienstleistungen nutzen, gering ist.

Darüber hinaus gibt es eine Reihe von Policies, welche die Erwerbstätigkeit beider Elternteile fördern. Hier kann ganz allgemein die Aktivierung von Arbeitslosen in der Arbeitsmarktpolitik genannt werden. Die wichtigste Aufgabe der aktivierenden Arbeitsmarktpolitik ist es, durch Weiterbildung und Unterstützung auf der einen Seite und Sanktionierung auf der anderen Seite die Beschäftigungsfähigkeit des Arbeitslosen zu verbessern und so eine Reintegration in den Arbeitsmarkt zu ermöglichen (Bartelheimer 2008: 14ff.). Aufgrund der Zumutbarkeitsregelungen im SGB II-Bereich ist allerdings vor allem bei ALG I-Beziehern mit positiven Erwerbsanreizen für Mütter unter Dreijähriger zu rechnen. Dort gelten nämlich für Mütter wie für Väter die gleichen Regelungen. Bei Arbeitslosen mit Familie ist dabei die geografische Zumutbarkeit eingeschränkt, was die Aktivierung für die Betroffenen weniger rigide gestaltet (Schütz/Oschmiansky 2006: 17). Die aktivierende Arbeitsmarktpolitik im SGB III-Bereich fördert somit das *dual-earner-model*. Bei einer Arbeitslosenquote von 7,1 Prozent im Jahr 2011 (Bundesagentur für Arbeit 2012a: 19) kann davon ausgegangen werden, dass nur wenige Eltern junger Kinder an solchen Aktivierungsmaßnahmen teilnehmen.

Wie in den skandinavischen Ländern, so ist auch in Deutschland die Gleichstellung von Männern und Frauen gesetzlich verankert. Das Gleichberechtigungsgebot ist in Art. 3 Abs. 2 GG niedergelegt und verbietet neben rechtlicher auch mittelbare Diskriminierung. Dabei sind Fördermaßnahmen für Frauen trotz des Diskriminierungsverbots gestattet. Im Gegensatz zu früheren Jahren verzichtet die Rechtsprechung des Bundesverfassungsgerichts heute auf die Zuschreibung bestimmter Rollenbilder. Die Aufteilung von Erwerbs- und Betreuungsarbeit zwischen Ehegatten wird als »weder biologisch noch sozial vorgegeben« angesehen (BMFSFJ 2012: 64). Obwohl das deutsche Verfassungsrecht auf die Gleichstellung der Geschlechter abzielt, kritisiert der Erste Gleichstellungsbericht, dass es keine Regelungen im Arbeitsrecht und auf den Arbeitsmarkt bezogenen Sozialrecht gibt, die auf die unterschiedliche Ausgangslage von Frauen und Männern Bezug nehmen und impliziten Rollenerwartungen in der Arbeitswelt entgegenwirken (BMFSFJ 2012: 68f.). Insgesamt fördert das deutsche Recht durch das Gleichberechtigungsgebot das *dual-earner-/dual-carer-model* und ist dabei für alle erwerbstätigen und betreuenden Eltern relevant. Wenn man allerdings die Vielzahl der Regelungen im deutschen Arbeits- und Sozialrecht betrachtet, die ein traditionelles Familienmodell unterstützen, so wird deutlich, dass das Gleichberechtigungsgebot hier keine Wirkung zeigt. Dies mag darin begründet sein, dass das Gleichberechtigungsgebot als Gebot der Chancengleichheit gilt (BMFSFJ 2012: 63), während in der schwedischen Tradition Gleichstellung vor allem als Frage der Ergebnisgleichheit gesehen wurde (Svensson/Gunnarsson 2012: 11).

Im deutschen Rentensystem wird das *dual-earner-model* durch die Entgeltpunkte für Kindererziehungszeiten gefördert (in Verbindung mit der relativ hohen Beitragsbemessungsgrenze der GRV), indem eine Erwerbstätigkeit in den ersten drei Lebensjahren des Kindes besonders attraktiv gemacht wird (Köppe 2007: 179). Auch hier ist bei Reichweite und Leistungshöhe auf den vorherigen Abschnitt zu verweisen.

Die folgende Tabelle stellt Reichweite und Leistungshöhe der Policies, die das *male-breadwinner-model* und das *dual-earner/dual-carer-model* fördern, einander gegenüber.

Tabelle 12: Reichweite und Leistungshöhe der Policies nach Familienmodellen – Deutschland

Deutschland	Reichweite	Leistungshöhe
Male-breadwinner-model		
Betreuungsgeld	?	+
Sockelbetrag des Elterngeldes	++	++
Elternzeit	+++	
Unterhaltsrecht	+	
Lohnsteuersystem	+++	++
Kinderfreibetrag	+	++
Kindererziehung als Anwartschaft im ALG I	+	
Bedarfsgemeinschaften im SGB II	+	
Zumutbarkeitsregelungen im SGB II	+	
Witwen-/Witwerrente	++	+++
Kindererziehungszeiten	+++	
weitere Rentenpunkte für Kinderbetreuung	++	
Förderung von Ehegatten in der Riester-Rente	+	
Familienversicherung in der GKV und Mini-Jobs	+	+
Dual-earner-/ dual-carer-model		
Betreuungsgeld	?	+
Angebot Kinderbetreuungsplätze (Ost/West)	+++/++	
reguläres Elterngeld (Lohnersatzrate, Väter-Monate)	+++	+++
Absetzbarkeit Kinderbetreuungskosten	++	++
Absetzbarkeit haushaltsnahe Dienstleistungen	+	++
Aktivierung ALG I-Bezieher	+	
Gleichstellungsgesetzgebung	+++	
Kindererziehungszeiten	+++	

Anmerkungen: +++ hoch, ++ mittel, + niedrig, ? noch nicht bekannt

Quelle: Eigene Darstellung

Die vorangegangene Gegenüberstellung hat gezeigt, dass die Zahl der Policies, die das *male-breadwinner-model* fördern, zwar überwiegt, aber auch eine Reihe von Policies das *dual-earner-/dual-carer-model* unterstützt. Somit besteht für Eltern ein beträchtliches Potential an Koordinationsproblemen durch das Nebeneinander widersprüchlicher Paradigmen, zumal es auf beiden Seiten Policies gibt, die eine hohe Reichweite und Leistungshöhe haben. Wie im Fall von Norwegen und Schweden, so sind auch in Deutschland das Betreuungsgeld und die Rentenpunkte für Kindererziehungszeiten in ihren Anreizen ambivalent.

Abschließend soll hier diskutiert werden, in welchem Ausmaß Eltern aus verschiedenen Einkommensgruppen Anreize für die beiden Familienmodelle erhalten. Das Potential an Koordinationsproblemen kann sich demnach zwischen ihnen unterscheiden. Eine ganze Reihe der Policies, die das *male-breadwinner-model* unterstützen, bietet vor allem Anreize für Eltern mit geringen Einkommen. Dazu zählt aus den oben genannten Gründen an erster Stelle das Betreuungsgeld. Auch die Familienversicherung in der GKV stellt solche Anreize bereit, da für Mütter mit geringem Einkommen ein deutlicher Einkommenszuwachs erfolgen muss, damit sich eine Ausweitung der Beschäftigung lohnt. In der Arbeitsmarktpolitik fördern die Zumutbarkeitsregelungen im SGB II sowie die Bedarfsgemeinschaften eine traditionelle Rollenaufteilung zwischen Männern und Frauen. Zuletzt stellt in der Rentenversicherung die Höherbewertung geringfügiger Einkommen Anreize im Sinne des *male-breadwinner-model* für Geringverdiener dar. Bei den weiteren Policies, die dieses Familienmodell fördern, ist es schwer, die Anreize einer bestimmten Einkommensgruppe zuzuordnen. Es lässt sich allenfalls sagen, dass Besserverdienende besonders vom Ehegattensplitting profitieren sowie von den Regelungen zur Beitragszahlung in der GKV, sobald das Einkommen über der Versicherungspflichtgrenze liegt.

Daneben ist es möglich, die Anreize einiger *dual-earner-/dual-carer*-Policies bestimmten Einkommensgruppen zuzurechnen. Die Erwerbstätigkeit von Geringverdienern wird durch die doppelte Anrechnung der Entgeltpunkte für Kindererziehungszeiten gefördert, von der allerdings auch Frauen mit mittleren Einkommen profitieren. Darüber hinaus kommt Geringverdienern die erhöhte Lohnersatzrate beim Elterngeld für Einkommen unter 1.000 Euro zugute. Nichtsdestotrotz ist das Elterngeld von einer Reihe deutscher Forscher kritisiert worden, da im Vergleich zum vorher bestehenden Erziehungsgeld Mütter mit höheren Einkommen besser und solche mit niedrigen Einkommen insgesamt schlechter gestellt würden. Vor allem Mütter mit hoher Bildung würden von den positiven Erwerbsanreizen des Elterngeldes profitieren (Henninger u.a. 2008b: 112).

Die Steuererleichterungen für haushaltsnahe Dienstleistungen sind eher für Paare mit höheren Einkommen attraktiv, da sie private Formen der Kinderbetreuung öfter nutzen. Das gilt auch für das Betreuungsgeld, wenn es zur Finanzierung einer solchen Betreuungsmöglichkeit verwendet wird. Wie bereits angesprochen ist die finanzielle Bedeutung des Betreuungsgeldes für Eltern mit höheren Einkommen als sehr gering einzuschätzen, da die Leistung relativ niedrig ausfällt.

Tabelle 13: Förderung niedriger und höherer Einkommen in Deutschland

Niedrige Einkommen	Höhere Einkommen
Male-breadwinner-model	
Betreuungsgeld	Familienversicherung in der GKV (Einkommen über der Versicherungspflichtgrenze)
Familienversicherung in der GKV (Mini-Jobs)	Ehegattensplitting
Zumutbarkeitsregelungen im SGB II	
Bedarfsgemeinschaften im SGB II	
Höherbewertung geringfügiger Einkommen	
Dual-earner-/dual-carer-model	
Rentenpunkte für Kindererziehung	Betreuungsgeld
Elterngeld (erhöhte Lohnersatzrate)	Steuererleichterung für haushaltsnahe Dienstleistungen

Quelle: Eigene Darstellung

Es lässt sich also sagen, dass für Eltern mit niedrigen Einkommen vor allem Policies attraktiv sind, die das *male-breadwinner-model* fördern. Allerdings gibt es auch unter den Policies, die das *dual-earner-model* unterstützen solche, die besonders für Geringverdiener interessant sind. Eine eindeutige Tendenz lässt sich damit nicht ausmachen, doch mag die Häufung an Policies, die diese Einkommensgruppe fördern, der Tatsache geschuldet sein, dass der Staat diese Familien besonders unterstützen möchte. Insgesamt sind die meisten der untersuchten Policies im deutschen Wohlfahrtsstaat für hohe wie niedrige Einkommen relevant. Allerdings wird bei einer Vielzahl der Regelungen, die das *male-breadwinner-model* fördern, die Bevorzugung einer Gruppe deutlich, die quer zu den Einkommensgruppen verläuft: die der verheirateten Paare.

4.2.3 Vergleich der Koordination zwischen dem Betreuungsgeld und dem Policy-Regime

Vergleicht man die Koordination zwischen dem Betreuungsgeld und dem Policy-Regime in den drei untersuchten Ländern, so muss zunächst auf die Koordination der institutionellen Arrangements eingegangen werden.

Im Fall von Norwegen macht das Zusammenspiel zwischen dem Betreuungsgeld und der Tatsache, dass Kinder nur zu einem Termin im Jahr in die öffentliche Betreuung aufgenommen werden, eine relativ hohe Inanspruchnahme wahrscheinlich. Man kann davon ausgehen, dass viele Eltern das Betreuungsgeld zur Überbrückung nutzen, bis ihr Kind in eine *barnehage* kommt. In Schweden ist es dagegen das ganze Jahr über möglich, dass Kinder in eine Krippe aufgenommen werden. Darüber hinaus macht die deutlich größere Verbreitung der Teilzeit-Option in Norwegen den Bezug des Betreuungsgeldes flexibler als in Schweden. Beim Vergleich der beiden Länder ist zuletzt von Bedeutung, dass sich die schwedischen Statistiken über das Betreuungsgeld nicht auf die Kinder beziehen, deren Eltern anspruchsberechtigt sind. Dies lässt die Zahlen im Vergleich mit Norwegen zu niedrig erscheinen. Leider kann man nicht sagen, in welchem Ausmaß das der Fall ist. Insgesamt tragen die institutionelle Ausgestaltung des Betreuungsgeldes in den beiden Ländern und ihr Zusammenspiel mit den Regelungen zur Kinderbetreuung relativ gut dazu bei, den Unterschied in der Inanspruchnahme zu erklären. Für (West-)Deutschland kann davon ausgegangen werden, dass das niedrige Angebot an Betreuungsplätzen und die damit verbundene lange Wartezeit eine hohe Inanspruchnahme wahrscheinlich machen. Dagegen erscheint das Betreuungsgeld durch die niedrige Leistungshöhe und das Fehlen einer Teilzeit-Option eher unattraktiv. Allerdings kann man annehmen, dass diese beiden Aspekte in Anbetracht der Betreuungssituation eine untergeordnete Rolle spielen.

An dieser Stelle soll auf die in Kapitel 1.1 vorgestellte Hypothese eingegangen werden, die besagt, dass die Inanspruchnahme des Betreuungsgeldes dann höher ist, wenn die institutionelle Struktur eines Landes dem *male-breadwinner-model* entspricht beziehungsweise dann niedriger ist, wenn diese mit dem *dual-earner-/dual-carer-model* übereinstimmt.

Folgt man dieser Hypothese, so ist davon auszugehen, dass die Inanspruchnahme des Betreuungsgeldes in Deutschland hoch ausfallen wird, weil es in Deutschland große Übereinstimmungen zwischen den Zielsetzungen des Betreuungsgeldes und denen vieler anderer Policies gibt. Der Großteil der Leistungen unterstützt das *male-breadwinner-model*, wobei eine ganze Reihe von Policies wie das Betreuungsgeld die persönliche Betreuung des Kindes bis zu dessen dritten Geburtstag fördert. Zwar ist Deutschland nicht mehr das Idealbild eines das *male-breadwinner-model* unterstützenden Wohlfahrtsstaates (Duvander u.a. 2008), doch überwiegen immer noch solche Leistungen, die Anreize für Alleinverdiener- beziehungsweise Haupt-/Zuverdiener-Familien bereitstellen. Insbesondere das deutsche Lohnsteuersystem fördert in großem Umfang und sehr einseitig das *male-breadwinner-model*. Insgesamt kann man eine hohe Inanspruchnahme des Betreuungsgeldes in Deutschland erwarten.

Schweden stellt hier das Gegenbild zu Deutschland dar, weil der schwedische Wohlfahrtsstaat mit wenigen Ausnahmen das *dual-earner-/dual-carer-model* unterstützt. Das Betreuungsgeld lässt sich regelrecht als Fremdkörper in der schwedischen Familienpolitik bezeichnen, da es nicht nur persönliche, sondern auch private Formen der Kinderbetreuung fördert. Dies gilt allerdings in gleichem Maße für die mit dem Betreuungsgeld verbundene Einführung eines Gutscheins für Kinderbetreuung und zum Teil auch für die Steuererleichterung für Dienstleistungen im Haushalt. Die klare Orientierung des schwedischen Wohlfahrtsstaates am *dual-earner-/dual-carer-model* ist damit aufgeweicht worden. Trotz dieser Entwicklung, die sich als Fragmentierung im Sinne von Bothfeld (2008) beschreiben lässt, fügt sich das Betreuungsgeld im Vergleich der drei Länder am schlechtesten in das institutionelle Regime Schwedens ein.

Norwegen kann als Fallbeispiel zwischen Deutschland und Schweden angesiedelt werden. Wie der schwedische fördert der norwegische Wohlfahrtsstaat in erster Linie ein egalitäres Familienmodell, was sich in den großen Parallelen in der Familienpolitik, dem System der Renten- und Krankenversicherung sowie dem größtenteils individualisierten Lohnsteuersystem zeigt. Trotzdem lassen sich in allen Politikfeldern Elemente zur Absicherung von abhängigen Ehegatten oder andere Regelungen finden, die Alleinverdiener- beziehungsweise Haupt-/Zuverdiener-Familien zugutekommen. Insofern kann das Betreuungsgeld als Ergänzung der norwegischen Familienpolitik verstanden werden. Allerdings zeigt der Vergleich der norwegischen Policies zur Zeit der Einführung des Betreuungsgeldes und heute, dass es eine Verschiebung in Richtung einer stärkeren Förderung des egalitären Familienmodells gegeben hat. Damit fügt sich das Betreuungsgeld, wenn es als Leistung zur persönlichen Betreuung des Kindes genutzt wird, heute schlechter in das norwegische Policy-Regime ein als zur Zeit seiner Einführung.

Vergleicht man das norwegische und das schwedische Policy-Regime heute, so bestehen zwar Unterschiede zwischen den Ländern, doch überwiegen die Gemeinsamkeiten deutlich. Dies wirft die Frage auf, weshalb trotz der großen Gemeinsamkeiten im Jahr 2011 eine so deutliche Differenz in der Inanspruchnahme des Betreuungsgeldes bestand. Dem theoretischen Rahmen der Arbeit folgend wirkt sich institutioneller Wandel nicht schlagartig, sondern schrittweise auf das Verhalten von Menschen aus (Bothfeld 2008: 13; Hummelsheim 2009: 38). Die hohe Inanspruchnahme des norwegischen Betreuungsgeldes Ende der neunziger Jahre lässt sich durch die Förderung einer traditionellen Aufteilung der Betreuungsarbeit, insbesondere durch die zu geringe Zahl an öffentlichen Betreuungsplätzen für unter Dreijährige erklären. Als das Betreuungsgeld in Schweden 2008 eingeführt wurde, war die Nachfrage nach öffentlichen Betreuungsplätzen dagegen fast gedeckt (Nordfeldt/Segnestam Larsson 2011: 25f.). Nach Meagher und Szebehely (2012) kann davon ausgegangen werden, dass schwedische Eltern gar nicht erst auf das Betreuungsgeld ansprachen, weil es mit der öffentlichen Betreuung bereits eine Alternative gab, die sie präferieren. Demzufolge kann der heute existierende Unterschied in der Inanspruchnahme des Betreuungsgeldes zwischen Norwegen und Schweden durch den graduellen Wandel im Verhalten norwegischer Eltern erklärt werden. Bezieht man dieses Erklärungsmuster auf Deutschland, so spricht vieles dafür, dass eine große Zahl an Eltern das Betreuungsgeld nutzen wird. Dies trifft insbesondere auf Westdeutschland zu, weil dort eine erheblich größere Nachfrage nach öffentlicher Betreuung besteht als in den ostdeutschen Bundesländern, die über eine gut ausgebaute Betreuungsinfrastruktur verfügen. Der Mangel an Betreuungsplätzen und die Förderung des *male-breadwinner-model* durch den deutschen Wohlfahrtsstaat legen vor allem im Westen eine hohe Inanspruchnahme des Betreuungsgeldes nahe.

Es bleibt die Frage zu klären, welchen Einfluss der Gender-Pay-Gap auf die Inanspruchnahme des Betreuungsgeldes hat. In Norwegen und Schweden fiel dieser 2012 mit 15,1 Prozent und 15,9 Prozent sehr ähnlich aus (Eurostat 2014a) und dient deswegen nicht als Erklärung für den Unterschied in der Inanspruchnahme zwischen den zwei Ländern, sieht man einmal von der Tatsache ab, dass es ohne ein Lohngefälle zwischen Frauen und Männern insgesamt sehr viel weniger Mütter gäbe, die die Leistung nutzen. Allerdings ist es möglich, dass das Lohngefälle zwischen Frauen und Männern die Inanspruchnahme in Deutschland befördern wird, zumal der Gender-Pay-Gap dort mit 22,4 Prozent deutlich höher lag als in den nordischen Ländern (ebenda). Ein wichtiger Grund hierfür ist sicherlich die größere Lohnspreizung im Vergleich zu Norwegen und Schweden. Während das S80/S20-Quintilverhältnis[35] in Deutschland 2012 einen Wert von 4,3 betrug, lag es in Schweden und Norwegen bei 3,7 beziehungsweise 3,2 (European Commission 2014). Eine geringere Lohnspreizung hat nämlich zur Folge, dass sich die geschlechtsspezifische Arbeitsmarktsegregation weniger auf die Lohnunterschiede zwischen Frauen und Männern auswirkt (vgl. Maier 2007: 25f.). An dieser Stelle muss auch berücksichtigt werden, dass der Gender-Pay-Gap möglicherweise nicht nur Einfluss auf die Inanspruchnahme des Betreuungsgeldes hat. Das Betreuungsgeld kann das Lohngefälle zwischen Frauen und Männern auch weiter befördern, indem es für (vor allem geringqualifizierte) Frauen Anreize bietet, die Erwerbstätigkeit zugunsten der persönlichen Kinderbetreuung einzuschränken.

Die Analyse der Reichweite und Leistungshöhe der Policies in den drei Ländern hat ergeben, dass es in Norwegen zwar eine Vielzahl an Leistungen gab und gibt, die das *male-breadwinner-model* fördern, deren Reichweite aber zumeist geringer ist als bei den *dual-earner-/dual-carer* Policies. Tabelle 8 veranschaulicht dabei sehr gut den Wandel in der Förderung der beiden Familienmodelle in Norwegen. Betrachtet man Schweden, so gibt es dort nicht nur wenige Leistungen, die das *male-breadwinner-model* fördern, auch deren Reichweite und Leistungshöhe ist relativ beschränkt, was die geringe gesellschaftliche Relevanz dieser Leistungen unterstreicht. Im Fall von Deutschland macht Tabelle 12 deutlich, dass es zwar ein klares Übergewicht von Policies gibt, die ein traditionelles Familienmodell unterstützen, deren Reichweite und Leistungshöhe zum Teil aber nicht besonders groß ausfällt. Dagegen befindet sich unter den *dual-earner-/dual-carer* Policies eine

---

35 Das S80/S20-Quintilverhältnis gibt an, um welchen Faktor das Einkommen der reichsten 20 Prozent der Bevölkerung eines Landes größer ist als das Einkommen der ärmsten 20 Prozent (European Commission 2014: 393). Die Verwendung anderer Ungleichheitsmaße wie des Gini-Koeffizienten führt zu ähnlichen Ergebnissen beim Vergleich der drei Länder.

Reihe von Leistungen, die in Reichweite und Leistungshöhe nicht unerheblich sind. Trotz der Dominanz des *male-breadwinner-model* in der deutschen Familienpolitik kommt der Förderung eines egalitären Familienmodells heute eine erkennbare Bedeutung zu.

Im vorangegangenen Unterkapitel wurde zudem die Frage gestellt, ob die Anreize der untersuchten Policies für verschiedene Einkommensgruppen von Eltern attraktiv sind. Dies ist von Bedeutung, um zu zeigen, welche Eltern von widersprüchlichen Anreizen betroffen sind, die sich aus dem Zusammenspiel zwischen dem Betreuungsgeld und den anderen Policies ergeben.

Allen drei Fällen ist hier gemein, dass das Betreuungsgeld insbesondere für Familien mit geringen Einkommen einen Anreiz darstellt, das Kind persönlich zu betreuen. Somit betreffen die widersprüchlichen Anreize zwischen dem Betreuungsgeld und den *dual-earner-/dual-carer* Policies in Schweden und Norwegen vor allem Eltern mit niedrigen Einkommen. Dies ist grundsätzlich auch in Deutschland der Fall, doch kann man dort davon ausgehen, dass das Potential an Koordinationsproblemen für alle Eltern relativ hoch ausfällt. Der Grund hierfür liegt darin, dass in Deutschland auch für höhere Einkommen Anreize für das *male-breadwinner-model* bestehen. Betrachtet man, welche schichtspezifischen Anreize insgesamt in den drei Ländern existieren, so gibt es zwar im Fall von Norwegen und Deutschland mehr Policies, die das *male-breadwinner-model* unterstützen. Insgesamt ist es allerdings schwer festzulegen, ob eine soziale Gruppe stärker im Sinne eines bestimmten Familienmodells gefördert wird als eine andere.

4.3   Fazit

Die Untersuchung dieses Kapitels hat deutlich gemacht, dass das Zusammenspiel zwischen dem Betreuungsgeld und den anderen Policies, die auf die Aufteilung von Erwerbs- und Betreuungsarbeit einwirken, ein gutes Erklärungsmodell für die Unterschiede in der Inanspruchnahme liefert.

Vergleicht man Norwegen und Schweden, so zeigen sich in einer Längs- und Querschnittperspektive Ursachen für die unterschiedliche Inanspruchnahme. Nimmt man die Querschnittperspektive ein, spielt die

Koordination zwischen dem Betreuungsgeld und den anderen Policies auf der Ebene des institutionellen Arrangements eine Rolle für die Inanspruchnahme. Der Zeitpunkt der Einführung der Kinder in eine Krippe, das Vorhandensein einer Teilzeit-Option und der Bezugsrahmen der Statistiken über die Inanspruchnahme müssen hier als zentrale Aspekte genannt werden. In der Längsschnittperspektive ist von Relevanz, wie sich die Förderung des traditionellen und egalitären Familienmodells seit der Einführung des Betreuungsgeldes geändert hat. Im Vergleich zum Ende der neunziger Jahre wird das *male-breadwinner-model* in Norwegen deutlich weniger unterstützt, sodass heute die Unterschiede zum schwedischen Policy-Regime relativ gering sind. Dies erklärt den starken Rückgang in der Nutzung des Betreuungsgeldes in Norwegen, allerdings nicht den immer noch bestehenden deutlichen Unterschied in der Inanspruchnahme von 25 Prozent zu 4,7 Prozent in Schweden im Jahr 2011. Eine plausible Erläuterung dafür bietet die theoretische Annahme, dass sich institutioneller Wandel in einem graduellen Prozess auf das Verhalten von Menschen auswirkt. So machte das norwegische Policy-Regime das Betreuungsgeld eingangs sehr attraktiv, während schwedische Eltern aufgrund des guten Angebots an öffentlichen Krippenplätzen nur sehr eingeschränkt begannen, das Betreuungsgeld zu beziehen. Diese ›Pfadabhängigkeit‹ im Verhalten norwegischer Eltern kann somit als ein erklärender Faktor für den Unterschied in der Inanspruchnahme angeführt werden.

Welche Annahmen lassen sich daraus für die Inanspruchnahme des Betreuungsgeldes in Deutschland ableiten? Da in Deutschland die Zahl der Policies, die Anreize für das *male-breadwinner-model* bieten, deutlich überwiegt, kann zunächst von einer hohen Inanspruchnahme ausgegangen werden. Allerdings ist das Leistungsniveau des Betreuungsgeldes in Deutschland niedriger als in den anderen beiden Ländern, weshalb die Anreize wahrscheinlich in geringerem Maße in die Mittelschicht hinwirken. Darüber hinaus muss zwischen der Situation in Ost- und Westdeutschland unterschieden werden: In Westdeutschland besteht heute noch eine große, nicht gedeckte Nachfrage nach Krippenplätzen, die an die Situation in Norwegen Ende der neunziger Jahre erinnert. Eine hohe Inanspruchnahme des Betreuungsgeldes scheint deswegen im Westen wahrscheinlicher zu sein als im Osten, wo die externe Betreuung von Ein- und Zweijährigen so weit verbreitet ist wie in den nordischen Ländern. Wenn sich der Ausbau an Policies, die das *dual-earner-/dual-carer-model* fördern, in Zukunft weiter fortsetzt, ist es möglich, dass die Inanspruchnahme des Betreuungsgeldes in (West-)Deutschland in ähnlichem Maße abnehmen wird wie in Norwegen. Dabei besteht allerdings die Gefahr, dass ein Kern an Beziehern des Betreuungsgeldes übrig bleibt, der wie in Norwegen durch niedrige Einkommen, niedriges Bildungsniveau und einen Migrationshintergrund gekennzeichnet sein wird. Gerade bei den Policies, welche die Erwerbstätigkeit dieser Personengruppe fördern sollen, wird es zu bleibenden Koordinationsproblemen mit dem Betreuungsgeld kommen.

Auch wenn die Koordination auf der Ebene des Policy-Regimes ein gutes Erklärungsmodell für die unterschiedliche Inanspruchnahme des Betreuungsgeldes liefert, so kann doch davon ausgegangen werden, dass sie für diese nicht allein verantwortlich ist. Das nächste Kapitel wird sich dementsprechend mit sozialen Praktiken und normativen Orientierungen von Eltern in den drei Ländern befassen.

5 Koordination der sozialen Umwelt

Nachdem untersucht wurde, wie sich das Zusammenspiel zwischen dem Betreuungsgeld und dem Policy-Regime in Norwegen, Schweden und Deutschland auf die Inanspruchnahme der Leistung auswirkt, wird sich dieses Kapitel mit der Koordination zwischen dem Betreuungsgeld und der sozialen Umwelt befassen. Zu diesem Zweck lässt sich die Zielsetzung des Kapitels in drei Bereiche gliedern: Zunächst soll untersucht werden, ob a) die Eltern in den drei Ländern Erwerbs- und Betreuungsarbeit im Sinne des mit dem Betreuungsgeld verbundenen Paradigmas aufteilen und ob sie dieses tendenziell ablehnen oder nicht. An zweiter Stelle wird analysiert, ob b) die Einstellung zur Aufteilung von Erwerbs- und Betreuungsarbeit sowie die tatsächliche Praxis in den drei Ländern unterschiedlich stark voneinander abweichen. Als drittes wird betrachtet, ob sich c) verschiedene soziale Gruppen, die zu den potentiellen Beziehern des Betreuungsgeldes zählen, im Sinne der in Kapitel 3 aufgestellten Hypothesen verhalten oder nicht.

Zur Klärung dieser Sachverhalte umfasst das Kapitel drei Abschnitte: Zunächst werden deskriptive Statistiken zur Einstellung und zum Verhalten von Eltern vorgestellt und verglichen. Damit lassen sich die Bereiche a) und b) untersuchen. Der zweite Abschnitt beinhaltet die Ergebnisse der Regressionsanalysen, mit deren Hilfe der Bereich c) bearbeitet wird. Zuletzt wird im Fazit geklärt, inwiefern die Unterschiede von Einstellung und Verhalten in den drei Ländern die (künftige) Inanspruchnahme erklären können.

5.1   Deskriptive Statistiken

5.1.1   Aufteilung von Erwerbs- und Betreuungsarbeit

Die folgende Tabelle stellt dar, wie hoch der Anteil der Mütter und Väter Ein- und Zweijähriger im EU-SILC Datensatz ist, die erwerbstätig sind oder aufgrund von Verpflichtungen im Haushalt und in der Kinderbetreuung nicht arbeiten. Die Angaben beziehen sich auf die Selbstauskunft der Befragten, wobei keine standardisierten Kategorien zugrunde liegen.

Tabelle 14: Anteil der Mütter und Väter in Erwerbstätigkeit und Hausarbeit

EU-SILC 2008	Deutschland	Norwegen	Schweden
Mütter			
Vollzeit	8,5	59,1	43,1
Teilzeit	30,1	19,7	40,1
Erwerbstätig insgesamt	*38,6*	*78,8*	*83,1*
Haushalt oder Betreuung	52,6	0,0	4,6
anderes	8,8	21,2	12,3
N	574	350	436
Väter			
Vollzeit	87,2	92,3	88,3
Teilzeit	3,7	1,5	6,1
Erwerbstätig insgesamt	*90,9*	*93,8*	*94,4*
Haushalt oder Betreuung	2,7	0,0	0,7
anderes	6,4	6,2	4,9
N	515	337	429

Quelle: Eigene Zusammenstellung auf Basis von Berechnungen nach EU-SILC 2008

An erster Stelle fällt auf, dass deutsche Mütter deutlich seltener erwerbstätig sind als norwegische oder schwedische. Während 59,1 Prozent der norwegischen Mütter in Vollzeit beschäftigt sind, geht über die Hälfte der deutschen Mütter unbezahlter Familienarbeit nach. Darüber hinaus wird ein Unterschied zwischen norwegischen und schwedischen Müttern deutlich: Letztere arbeiten häufiger in Teilzeit. Insgesamt sind norwegische und schwedische Mütter aber in einem ähnlichen Maße erwerbstätig. Von den deutschen Müttern, die einer Erwerbstätigkeit nachgehen, sind die meisten in Teilzeit beschäftigt. Bei den norwegischen Müttern fällt auf, dass keine einzige Befragte angegeben hat, aufgrund von Verpflichtungen im Haushalt oder in Betreuung nicht erwerbstätig zu sein. Der Grund für dieses erstaunliche Ergebnis mag im Antwortverhalten der Befragten liegen, da der Anteil in der Kategorie ›anderes‹[36] bei Norwegerinnen mit 21,2 Prozent am größten ist. Vergleicht man die Zahlen mit offiziellen Statistiken, so bestehen zwischen dem EU-SILC Survey und den Verhältnissen in der Grundgesamtheit leichte Verzerrungen. Im Jahr 2007 waren nach Angabe der norwegischen und schwedischen Arbeitsmarkt-Surveys 81,1 Prozent der norwegischen Mütter, deren jüngstes Kind ein oder zwei Jahre alt ist, und 78,3 Prozent der schwedischen Mütter erwerbstätig (Duvander u.a. 2010: 46). Damit wird im EU-SILC Survey der Anteil norwegischer Mütter in Beschäftigung unter- und der Anteil schwedischer Mütter überschätzt. 2008 waren in Deutschland 28,6 Prozent (Ost: 33,3 Prozent, West: 27,5 Prozent) der Mütter unter Dreijähriger aktiv erwerbstätig (Statistisches Bundesamt 2013c). Somit ist auch der Anteil der erwerbstätigen deutschen Mütter im EU-SILC Survey als etwas zu hoch einzuschätzen. Dies kann zum Teil sicherlich darauf zurückgeführt werden, dass in der Untersuchungsgruppe für Deutschland auch Mütter Dreijähriger enthalten sind (siehe Kapitel 3.3.2).

Bei den Vätern sind die Unterschiede zwischen den Ländern wesentlich geringer. Die übergroße Mehrheit ist erwerbstätig und das in Vollzeit. Allein deutsche Väter sind mit 2,7 Prozent merklich häufiger in unbezahlter Familienarbeit als Norweger und Schweden.

Beim Vergleich zwischen Müttern und Vätern fällt auf, dass Väter durchgehend häufiger beschäftigt sind als Mütter. In Norwegen und Schweden ist die Differenz mit 15,0 Prozent und 11,3 Prozent allerdings deutlich niedriger als in Deutschland mit 52,3 Prozent. Zudem arbeitet ein wesentlich geringerer Anteil an Vätern in Teilzeit. Betrachtet man Voll- und Teilzeiterwerbstätigkeit, so ist die Ungleichverteilung der Arbeitszeit von Müttern und Vätern in Norwegen im Vergleich der drei Länder am niedrigsten.

Ein ähnliches Bild zeigt sich, wenn man die durchschnittliche wöchentliche Arbeitszeit von erwerbstätigen Müttern und Vätern untersucht (Tabelle 15). Diese enthält auch Angaben aus dem Survey *Supervisory Arrangements, Employment and Economy in Families 1998*, die einen Vergleich zwischen der Situation in Norwegen 1998 und 2008 ermöglichen.

---

36 Diese Kategorie wurde aus den weiteren Antwortkategorien der Variablen PL030 gebildet und umfasst unter anderem Arbeitslose oder Schüler/Studenten.

Tabelle 15: Durchschnittliche Arbeitszeit erwerbstätiger Mütter und Väter

EU-SILC 2008	Väter	Mütter
Deutschland		
Mittelwert	44,57	23,89
Standardabweichung	9,191	13,214
N	477	269
Norwegen		
Mittelwert	42,19	34,26
Standardabweichung	9,611	10,056
N	316	274
Schweden		
Mittelwert	36,74	27,58
Standardabweichung	6,717	10,492
N	403	363
Norwegen 1998	Partner	Mütter
Mittelwert	42,24	31,15
Standardabweichung	11,312	11,426
N	1.088	921

Quelle: Eigene Zusammenstellung auf Basis von Berechnungen nach EU-SILC 2008 und Supervisory Arrangements, Employment and Economy in Families 1998

In allen drei Ländern sind Väter deutlich länger erwerbstätig als Mütter, jedoch mit beträchtlichen Unterschieden: Während die Differenz in der durchschnittlichen Arbeitszeit in Deutschland mit 20,68 Stunden in der Woche am größten ist, beträgt diese in Norwegen und Schweden nur 7,93 beziehungsweise 9,16 Stunden. So zeigt sich auch hier, dass in Norwegen die Arbeitszeit zwischen Müttern und Vätern am wenigsten ungleich verteilt ist. Dabei arbeiten die norwegischen Mütter mit durchschnittlich 34,26 Stunden in der Woche am längsten, die deutschen mehr als 10 Stunden in der Woche weniger. Dies kann mit Gewissheit auf den variierenden Anteil der Voll- und Teilzeitbeschäftigung zurückgeführt werden. Bei der Arbeitszeit der Väter ist diese Erklärung allerdings nicht möglich. Die 7,83 Stunden Unterschied bei der Arbeitszeit der Väter in Deutschland und Schweden können zum einen durch die andere Definition einer Vollzeitbeschäftigung erklärt werden, zum anderen durch die Tatsache, dass deutsche Väter nach der Geburt eines Kindes häufig ihre Arbeitszeit ausweiten, während Mütter sie deutlich einschränken (Pollmann-Schult 2008: 507).

Norwegen liegt mit einer durchschnittlichen Arbeitszeit der Väter von 42,19 Stunden/Woche zwischen Deutschland und Schweden.

Aus den Zahlen des Surveys *Supervisory Arrangements, Employment and Economy in Families 1998* geht hervor, dass sich die Arbeitszeit der Eltern in Norwegen zwischen 1998 und 2008 wenig verändert zu haben scheint. Natürlich muss dabei berücksichtigt werden, dass es sich beim norwegischen EU-SILC Sample und dem 1998er Survey um zwei unterschiedliche Stichproben handelt. Allerdings ist der Unterschied in der durchschnittlichen Arbeitszeit der Mütter mit 34,26 Stunden/Woche in 2008 gegenüber 31,15 Stunden/Woche in 1998 nicht besonders groß. Auch ein Anteil von 78,7 Prozent an erwerbstätigen Müttern (921 von 1.170 Fällen) ist fast identisch mit den 78,8 Prozent aus dem EU-SILC Sample. Die Erwerbsquote von Müttern scheint die Verhältnisse in der Grundgesamtheit relativ gut abzubilden: Nach Angaben von Statistics Norway waren 1997 75 Prozent der Mütter unter Dreijähriger erwerbstätig, was auch Mütter von Kindern unter einem Jahr beinhaltet (Naz 2004: 370). Daneben liegt die Arbeitszeit des Partners der Mutter nur wenig über der des Vaters im EU-SILC Survey. Zwischen 1998 und 2008 scheinen sich die Arbeitszeit von Müttern und Vätern in Norwegen leicht angenähert zu haben.

Beide Tabellen zur Erwerbstätigkeit der Eltern im Jahr 2008 veranschaulichen, dass die Ungleichverteilung der Erwerbsarbeit zwischen Müttern und Vätern Ein- und Zweijähriger in Deutschland mit großem Abstand am höchsten ist, während sich zwischen Norwegen und Schweden kaum Unterschiede finden lassen. Diese bestehen vor allem in der höheren Vollzeitbeschäftigung beziehungsweise längeren Arbeitszeit norwegischer Mütter und der kürzeren schwedischer Väter.

Neben der Arbeitszeit der Eltern ist hier auch die Dauer der externen Kinderbetreuung von Interesse. Die folgenden Angaben aus dem EU-SILC Datensatz und dem Survey *Supervisory Arrangements, Employment and Economy in Families 1998* beziehen sich auf die durchschnittliche Dauer der Kinderbetreuung, die nicht durch die Eltern erbracht wird. Dazu wurden im EU-SILC Survey drei Formen von Kinderbetreuung zusammengefasst: Betreuung in einer Kindestagesstätte, durch eine private Betreuungshilfe und durch Verwandte, Freunde oder Nachbarn. Tabelle 16 zeigt die Ergebnisse für die drei Länder:

Tabelle 16: Durchschnittliche Betreuungsdauer und Anteil der Kinder mit nicht-elterlicher Betreuung

EU-SILC 2008	Deutschland	Norwegen	Schweden	Norwegen 1998
Mittelwert	22,94	29,92	28,93	27,52
Standard-abweichung	13,964	10,303	8,933	13,602
N	299	301	373	695
Anteil der Kinder mit nicht-elterlicher Betreuung in Prozent				
	46,94	70,00	74,16	55,9

Quelle: Eigene Zusammenstellung auf Basis von Berechnungen nach EU-SILC 2008 und Supervisory Arrangements, Employment and Economy in Families 1998

Betrachtet man die Zahlen für die Kinder, die mindestens eine Stunden/ Woche in nicht-elterlicher Betreuung sind, so liegen Schweden und Norwegen mit Werten knapp unter 30 beziehungsweise 29 Stunden/ Woche etwa gleich auf, während der Mittelwert für Deutschland mit etwa 23 Stunden/Woche etwas niedriger ausfällt. Deutlicher sind die Unterschiede beim Anteil der Kinder in nicht-elterlicher Betreuung von allen Kindern der Untersuchungsgruppe. Dieser ist in Deutschland mit 46,94 Prozent bedeutend niedriger als in den beiden skandinavischen Ländern. Leider lässt sich nicht sagen, ob dieser Anteil dem in der Grundgesamtheit entspricht. 2008 waren 17,6 Prozent der unter Dreijährigen in öffentlicher Betreuung (Statistische Ämter des Bundes und der Länder 2008: 9). Die Diskrepanz kann zum Teil auf die Tatsache zurückgeführt werden, dass sich die offiziellen Zahlen auf die Null- bis Zweijährigen in öffentlich geförderter Betreuung beziehen, das EU-SILC Sample aber durch die Auswahl der zu untersuchenden Kinder eine Reihe von Dreijährigen enthält (siehe Kapitel 3.3.2). Zudem enthalten die 46,94 Prozent auch Formen nicht öffentlicher Betreuung. Vergleicht man die Zahlen für Norwegen mit den offiziellen Statistiken, so lag der Anteil von Kindern allein in öffentlicher Betreuung im Jahr 2008 bei 75 Prozent (Eydal/Rostgaard 2011: 164). Der Anteil der norwegischen Kinder in nicht-elterlicher Betreuung wird im EU-SILC Sample genauso wie die Erwerbsbeteiligung von Müttern etwas unterschätzt. Im Fall von Schweden scheint der Anteil ungefähr dem in der

Grundgesamtheit zu entsprechen, da 2008 dort 70 Prozent der Ein- bis Zweijährigen in öffentlicher Betreuung waren (ebenda). Beim norwegischen Survey von 1998 waren 55,9 Prozent der Kinder in nicht-elterlicher Betreuung (695 von 1.244 Fällen). Vergleicht man diese Zahl mit der aus dem EU-SILC Survey, so war der Anteil an Kindern, die nur durch ihre Eltern betreut werden, 1998 deutlich höher als zehn Jahre später. Wie bereits festgestellt wurde, entspricht der Anteil an Kindern in nicht-elterlicher Betreuung im EU-SILC Survey nicht dem in der Grundgesamtheit. Dies muss aber nicht für die Zahlen aus dem 1998er Survey gelten. 1998 lag die Quote öffentlicher Betreuung bei den Ein- und Zweijährigen offiziell zwar bei 38,8 Prozent, allerdings lässt sich daraus nicht die tatsächliche Verbreitung externer Kinderbetreuung ableiten, da die offiziellen Statistiken nämlich nicht private Formen der Kinderbetreuung beinhalten (Gulbrandsen 2009: 21). Einer Umfrage aus dem Jahr 1997/98 zufolge ließen 8 Prozent der Eltern Zwei- und Dreijähriger ihre Kinder durch eine Tagesmutter betreuen (OECD 1999: 20). Dazu kommt noch Betreuung durch Verwandte wie zum Beispiel die Großeltern. Allerdings ist es fraglich, ob dadurch die Gesamtdifferenz von 17,1 Prozent zwischen den offiziellen Angaben zur öffentlichen Kinderbetreuung und den Zahlen aus dem Survey erklärt werden kann.

Zusammenfassend lässt sich über Norwegen sagen, dass es einen Wandel in der öffentlichen Kinderbetreuung gegeben hat, der durch die deskriptiven Statistiken der beiden Surveys aber nicht angemessen abgebildet werden kann. Vergleicht man die Werte für die wöchentliche Arbeitszeit und den Anteil der erwerbstätigen Mütter in den beiden Datensätzen, so hat es in Norwegen zwischen 1998 und 2008 kaum Veränderungen gegeben. Zwar fallen die Unterschiede geringer aus als beim Vergleich anderer Datenquellen, doch ist die Veränderung in der Erwerbsbeteiligung junger Mütter deutlich niedriger als der Wandel in der öffentlichen Kinderbetreuung.

Wenn man nun die Dauer der nicht-elterlichen Kinderbetreuung mit der Dauer der Erwerbstätigkeit von Müttern vergleicht, so zeigt sich eine klare Parallele. Die Dauer der nicht-elterlichen Betreuung entspricht annähernd der der mütterlichen Arbeitszeit, wobei die Abweichung mit 4,34 Stunden/Woche in Norwegen im Jahr 2008 am größten ist. Daneben entspricht der Anteil der nicht erwerbstätigen Mütter und Väter in Deutschland fast dem der Kinder ohne nicht-elterliche Betreuung.

Leider kann man aus den Angaben des EU-SILC Surveys nicht ableiten, wie Eltern die persönliche Betreuung aufteilen. Die auffällige Parallele zwischen der Arbeitszeit der Mutter und der Dauer der nicht-elterlichen Kinderbetreuung lässt allerdings den Schluss zu, dass persönliche Kinderbetreuung in erster Linie in den Aufgabenbereich der Mutter fällt. Dementsprechend lässt sich auch sagen, dass das absolute Potential für eine Ungleichverteilung der persönlichen Betreuungsarbeit dann niedriger ist, wenn die Erwerbstätigkeit bei Müttern einen größeren Umfang am Zeitbudget einnimmt.

Auf Basis der Ergebnisse kann man schlussfolgern, dass es in allen drei Ländern eine Ungleichverteilung von Erwerbs- und Betreuungsarbeit gibt, bei der die Väter einen größeren Anteil der Erwerbsarbeit übernehmen, während Mütter in stärkerem Maße mit persönlicher Kinderbetreuung beschäftigt sind. Diese Ungleichverteilung ist in Deutschland am größten, wobei der Abstand zu den anderen beiden Ländern deutlich ist. Elterliche Erwerbstätigkeit und externe Kinderbetreuung liegen in Norwegen und Schweden insgesamt auf einem ähnlichen Niveau.

5.1.2 Einstellung zur Aufteilung von Erwerbs- und Betreuungsarbeit

Die folgende Tabelle stellt die Mittelwerte der beiden Faktoren aus der EVS 2008 für Deutschland, Norwegen und Schweden sowie aus dem ISSP 1994 für Norwegen dar. Damit ist ein Vergleich der norwegischen Surveys aus den beiden Datensätzen möglich. Wie im vorherigen Abschnitt bei der Aufteilung von Erwerbs- und Betreuungsarbeit, so muss auch hier berücksichtigt werden, dass es sich um zwei unterschiedliche Samples handelt. Um den Vergleich der Ergebnisse zu vereinfachen, wurde die 5-stufige Likert-Skala aus dem ISSP 1994 in eine 4-stufige transformiert. Ein hoher Wert auf den Skalen steht dabei für eine Zustimmung zu einer egalitären beziehungsweise traditionellen Einstellung und ein niedriger Wert für eine Ablehnung (1=stimme überhaupt nicht zu, 2=stimme nicht zu, 3=stimme zu, 4=stimme voll und ganz zu).

Betrachtet man zunächst die gesamtstaatliche Ebene, so stimmen die norwegischen Befragten einer egalitären Einstellung am stärksten zu und lehnen eine traditionelle am meisten ab. Schweden liegt mit einer schwächeren Zustimmung zu dem ersten und einer etwas weniger deutlichen Ablehnung des zweiten Faktors hinter Norwegen. Deutschland weist im Länder-Vergleich die konservativste Einstellung auf.

Tabelle 17: Mittelwerte zur Einstellung nach Ländern

EVS 2008	Arbeit egalitär	Einstellung traditionell
Deutschland		
Mittelwert	3,09	2,35
Standardabweichung	0,660	0,734
N	1.391	1.407
Norwegen		
Mittelwert	3,41	1,69
Standardabweichung	0,645	0,635
N	806	806
Schweden		
Mittelwert	3,21	1,88
Standardabweichung	0,601	0,626
N	844	857
D-West		
Mittelwert	3,00	2,45
Standardabweichung	0,658	0,707
N	1.107	1.122
D-Ost		
Mittelwert	3,46	1,94
Standardabweichung	0,523	0,693
N	283	285
Norwegen 1994 (ISSP)		
Mittelwert	2,70	2,38
Standardabweichung	0,621	0,692
N	1.310	1.303

Quelle: Eigene Zusammenstellung auf Basis von Berechnungen nach der EVS 2008 und dem ISSP 1994

Ungeachtet dieser Unterschiede zwischen den drei Ländern lässt sich aber feststellen, dass einer egalitären Einstellung zur Aufteilung der Erwerbsarbeit mit Werten, die über 3,00 liegen, in allen Ländern zugestimmt wird, während eine traditionelle Haltung eher abgelehnt wird. Ein Wert von 2,50 bedeutet bei dieser Likert-Skala weder eine Zustimmung noch eine Ablehnung, sodass insgesamt die Zustimmung zu der egalitären Einstellung leicht höher ausfällt als die Ablehnung der traditionellen. Im Fall von Deutschland lässt sich mit einem Mittelwert von 2,35 allerdings nur in geringem Maße von einer Ablehnung einer traditionellen Haltung sprechen.

Differenziert man zwischen Ost- und Westdeutschland, werden sehr große Unterschiede zwischen den beiden Landesteilen deutlich. Die Ostdeutschen stimmen *Arbeit egalitär* sogar etwas stärker zu als die norwegischen Befragten, lehnen eine traditionelle Einstellung aber weniger deutlich ab als Norweger und Schweden. Westdeutschland weist zwar den niedrigsten Wert bei *Arbeit egalitär* auf, doch liegt mit einem Mittelwert von 3,00 trotzdem eine Zustimmung vor. Allerdings lässt sich bei *Einstellung traditionell* mit einem Mittelwert von 2,45 weder von einer Zustimmung noch von einer Ablehnung sprechen.

Wie im Jahr 2008 haben die Norweger bereits 1994 einer egalitären Einstellung zur Aufteilung der Erwerbsarbeit zugestimmt, während sie eine traditionelle Haltung tendenziell ablehnten. Allerdings fällt die Zustimmung zum Faktor *Arbeit egalitär* mit einer Differenz von 0,71 zu den Ergebnissen aus der EVS deutlich niedriger aus. Auch die Ablehnung gegenüber dem Faktor *Einstellung traditionell* ist niedriger, wobei die Differenz zu dem Survey von 2008 mit 0,69 fast so groß ist wie beim anderen Faktor. Es lässt sich also festhalten, dass es in Norwegen einen Wandel in der Einstellung zur Aufteilung von Erwerbs- und Betreuungsarbeit gegeben hat, der in Richtung einer stärkeren Zustimmung zu einer egalitären Haltung und einer größeren Ablehnung einer traditionellen Einstellung weist.

5.1.3 Diskussion

Vergleicht man nun die deskriptiven Statistiken zur Aufteilung von Erwerbs- und Betreuungsarbeit und zur Einstellung, so zeigt sich, dass Norweger am wenigsten traditionell sowie nach den Ostdeutschen am egalitärsten eingestellt sind und zugleich die geringsten Differenzen in der Arbeitszeit von Müttern und Vätern aufweisen. In beiden Aspekten unterscheidet sich Schweden nur wenig. Die Ergebnisse aus der EVS 2008 widersprechen somit den Resultaten anderer Studien wie Bernhardt u.a.

(2008), Jakobsson und Kotsadam (2010) sowie Knudsen und Wærness (2001) aus denen hervorgeht, dass Schweden gegenüber Geschlechtergleichheit, Müttererwerbstätigkeit und einer gleichen Aufteilung der Hausarbeit positiver eingestellt sind als Norweger. Nach Jakobsson und Kotsadam (2010: 154) sind die Unterschiede zwischen den beiden Ländern allerdings nicht ganz eindeutig, da Schweden zwar Geschlechtergleichheit stärker unterstützen, es bei der Einstellung gegenüber einer gleichen Aufteilung der Hausarbeit aber keine Unterschiede zwischen den Ländern gibt und Norweger eine staatliche Intervention zur Verbesserung der Geschlechtergleichheit eher befürworten. Eine Erklärung für die egalitärere Haltung der Norweger in der EVS 2008 mag in der Konstruktion der hier vorliegenden Einstellungsvariablen liegen, die sich nicht allgemein auf Geschlechtergleichheit beziehen, sondern auf das Verhältnis von Männern und Frauen in den Bereichen von Haushalt/Betreuung und Erwerbsarbeit.

Kann man aus den deskriptiven Statistiken nun ableiten, ob Einstellung und Verhalten in einem Land mehr übereinstimmen als in einem anderen? Diese Frage ist von Bedeutung, weil ein Auseinanderfallen von Einstellung und Verhalten auf ein Ungleichgewicht zwischen Geschlechterkultur und Geschlechterordnung hinweist (vgl. Pfau-Effinger 2005: 14). In der Praxis bedeutet dies, dass es Eltern in einem Land schwerer fällt, die Aufteilung von Erwerbs- und Betreuungsarbeit ihren Vorstellungen nach zu gestalten. Da es für das Verhältnis von Einstellung und Verhalten keinen absoluten Bezugspunkt gibt, lässt sich eine Aussage über ein Mehr oder Weniger an Übereinstimmung nur im relativen Vergleich der drei Länder machen.

Stellt man Norwegen und Schweden einander gegenüber, ist es schwierig zu beurteilen, ob Einstellung und Verhalten in einem der Länder besser zusammenpassen als in dem anderen. Norweger scheinen zwar etwas egalitärer eingestellt zu sein als Schweden, dafür sind norwegische Mütter auch länger erwerbstätig als schwedische. Ob die Eltern in den beiden Ländern die vorhandenen Stunden persönlicher Betreuung mehr oder weniger ungleich aufteilen, lässt sich auf Basis der EU-SILC Daten leider nicht sagen. Für Deutschland kann man lediglich feststellen, dass das absolute Potential zur ungleichen Aufteilung der persönlichen Betreuung am größten ist, weil Mütter deutlich seltener erwerbstätig sind als Väter und dabei auch weniger Stunden in der Woche arbeiten. Damit bleibt ihnen gegenüber den Vätern absolut mehr Zeit zur persönlichen Betreuung als in den anderen beiden Ländern. Dies gilt sowohl für Ost- als auch für Westdeutschland.

Obwohl die Betreuungsquote in Ostdeutschland der in den nordischen Ländern ähnelt (siehe S. 138), waren 2011 nur 37,5 Prozent der ostdeutschen Mütter mit Kindern unter drei Jahren aktiv erwerbstätig. Trotz der deutlich niedrigeren Betreuungsquote lag die Müttererwerbstätigkeit im Westen bei 30,1 Prozent (Statistisches Bundesamt 2013c). Zum Vergleich betrug die Erwerbstätigkeit von Müttern Ein- bis Zweijähriger in Schweden 2007 78,3 Prozent (Duvander u.a. 2010: 46). Während somit die Betreuungsquote von Ein- und Zweijährigen sowie die Einstellung in Ostdeutschland den Verhältnissen in den nordischen Ländern gleichen, liegt die Müttererwerbstätigkeit auf einem ähnlich niedrigen Niveau wie in Westdeutschland. In dieser Hinsicht kann man von einer Diskrepanz zwischen der Einstellung und dem Verhalten ostdeutscher Eltern sprechen.

Was aber ist die Ursache für die im Vergleich zu den nordischen Staaten niedrige Müttererwerbstätigkeit in Ostdeutschland? Zwei Einflussfaktoren kommen hier in Frage: das deutsche Policy-Regime und die Arbeitsmarktsituation. Die Arbeitslosenquote von Frauen betrug 2011 in Ostdeutschland 10,9 Prozent (Statistisches Bundesamt 2013a), gegenüber 7,7 Prozent in Schweden (Statistics Sweden 2013) und 3,0 Prozent in Norwegen (Januar 2011) (Statistics Norway 2013). Zwar ist die Arbeitslosigkeit in Ostdeutschland damit höher als in Schweden und insbesondere Norwegen, doch kann in Anbetracht dieser Zahlen davon ausgegangen werden, dass die Arbeitsmarktsituation nur eine untergeordnete Rolle spielt. Vielmehr ist es wahrscheinlich, dass der Einfluss des deutschen Policy-Regimes für die vergleichsweise niedrige Müttererwerbsquote in Ostdeutschland verantwortlich ist.

Im Fall von Westdeutschland fällt auf, dass die Differenz zwischen den Mittelwerten von *Arbeit egalitär* und *Einstellung traditionell* mit 0,55 am niedrigsten ausfällt, wobei der Abstand zu den beiden skandinavischen Ländern und zu Ostdeutschland deutlich ist (zwischen 1,72 in Norwegen und 1,33 in Schweden). Westdeutsche stimmen zwar einer egalitären Haltung zu, scheinen einer traditionellen im Mittel aber unentschieden gegenüberzustehen. Man kann also von einer gewissen Widersprüchlichkeit in der Einstellung westdeutscher Eltern sprechen. Nichtsdestotrotz besteht zwischen der Zustimmung zu *Arbeit egalitär* und der relativ niedrigen Betreuungsquote und Müttererwerbstätigkeit eine Diskrepanz.

Die Ergebnisse legen damit nahe, dass Einstellung und Verhalten in Norwegen und Schweden in größerer Übereinstimmung miteinander stehen als in Deutschland. Auch wenn man davon ausgehen kann, dass für junge Familien in Norwegen und Schweden eine Divergenz zwischen den Idealen und der Lebensrealität besteht (Bernhardt u.a. 2008: 277), so ist anzunehmen, dass diese im Durchschnitt weniger stark ausgeprägt ist als in Deutschland.

Welche Schlussfolgerungen kann man nun aus dem Vergleich der Situation in Norwegen 1994/98 und 2008 ziehen? Es lässt sich festhalten, dass es bei der Einstellung und der Dauer der öffentlichen Kinderbetreuung einen Wandel gegeben hat, aber nur unwesentlich bei der Erwerbstätigkeit von Müttern. So sind die Norweger heute egalitärer eingestellt und haben deutlich mehr Kinder in öffentlicher Betreuung, es sind aber kaum mehr Mütter beschäftigt als Ende der neunziger Jahre. In einem Fall könnte man demnach den Wandel der normativen Orientierungen als Erklärung zur Veränderung des Verhaltens heranziehen (Kinderbetreuung), im anderen Fall nicht (Müttererwerbstätigkeit). Dies erscheint zunächst wenig konsistent. Dem Forschungsstand zufolge ist der höhere Anteil an Kindern in öffentlicher Betreuung auf den Ausbau der Betreuungsplätze nach 2003 zurückzuführen und damit auf Veränderungen im Policy-Regime. Eine Begleiterscheinung dieser Entwicklung war dabei die abnehmende Inanspruchnahme des Betreuungsgeldes (Ellingsæter/Gulbrandsen 2007: 661). Die Ergebnisse der deskriptiven Statistiken legen nahe, dass aber auch der Wandel in der Einstellung für die zurückgehende Inanspruchnahme des Betreuungsgeldes eine Rolle gespielt haben kann. Jedenfalls lässt sich feststellen, dass das traditionelle Familienmodell, das durch das Betreuungsgeld propagiert wird, in Norwegen heute weniger soziale Akzeptanz findet als Mitte der neunziger Jahre.

Abschließend muss gefragt werden, ob es möglich ist, mit Hilfe der Ergebnisse dieses Abschnitts den Unterschied in der Inanspruchnahme des Betreuungsgeldes in Norwegen und Schweden zu erklären. Das ist leider nicht der Fall. Vielmehr erscheint es widersinnig, dass die Norweger egalitärer eingestellt zu sein scheinen und die norwegischen Mütter länger arbeiten als die schwedischen, aber deutlich häufiger das Betreuungsgeld beziehen. Wenn die Untersuchung der sozialen Umwelt tatsächlich dazu beitragen kann, den Unterschied in der Inanspruchnahme zu erklären, so ist dazu die Berücksichtigung sozialer Faktoren notwendig, die in den Regressionsanalysen des nächsten Unterkapitels erfolgen wird.

Die Ergebnisse bieten einige Anhaltspunkte dafür, wie sich die Inanspruchnahme des Betreuungsgeldes in Deutschland entwickeln wird. In

Westdeutschland befinden sich sowohl die öffentliche Betreuung von Kindern im Krippenalter als auch die Müttererwerbstätigkeit auf einem niedrigen Niveau. Da die westdeutschen Eltern im Vergleich am traditionellsten eingestellt sind, scheint eine relativ hohe Inanspruchnahme wahrscheinlich zu sein. Doch wie wird sich die Inanspruchnahme in Ostdeutschland entwickeln? Hierbei ist von Interesse, dass es in Ostdeutschland eine Reihe an Müttern gibt, die öffentliche Kinderbetreuung nutzen, obwohl sie nicht erwerbstätig sind. Es stellt sich die Frage, ob diese Mütter das Betreuungsgeld anstatt eines Krippenplatzes nutzen werden, weil sich mit der Einführung der Leistung die relativen Kosten eines Betreuungsplatzes erhöhen. Berücksichtigt man allerdings, dass ostdeutsche Eltern deutlich egalitärer eingestellt sind als westdeutsche und die Betreuungsinfrastruktur wesentlich weiter ausgebaut ist, scheint eher wenig für diese Annahme zu sprechen. Zum jetzigen Zeitpunkt lässt sich dies aber noch nicht endgültig abschätzen.

Für Deutschland kann man insgesamt davon ausgehen, dass das Betreuungsgeld wegen der niedrigen Müttererwerbstätigkeit im Vergleich zu Norwegen Ende der Neunziger in noch stärkerem Maße für persönliche Betreuung in Anspruch genommen wird. Die oben genannten Zahlen lassen zudem den Schluss zu, dass es zu erheblichen Mitnahmeeffekten kommen wird, weil ein großer Teil der Anspruchsberechtigten die Leistung beziehen kann, ohne sein Verhalten zu ändern. Vergleicht man das Verhältnis von Einstellung und Verhalten über die drei Länder hinweg, so stellt das Betreuungsgeld kein Instrument dar, mit dem das Auseinanderfallen von Einstellung und Verhalten in Deutschland verbessert werden kann.

5.2   Multivariate Analyse

Die im Folgenden vorgestellten Ergebnisse aus den Regressionsanalysen des EU-SILC Surveys und der EVS sollen dazu beitragen, den Unterschied der aktuell bestehenden Inanspruchnahme des Betreuungsgeldes zwischen Norwegen und Schweden zu erklären sowie die Entwicklung der Inanspruchnahme in Deutschland abzuschätzen. Um diese Ergebnisse besser veranschaulichen zu können, werden sie in Form von Diagrammen präsentiert. Die Diagramme geben den Mittelwert der geschätzten Werte der abhängigen Variablen des jeweiligen Modells für die unterschiedlichen Ausprägungen der unabhängigen Variablen an, für die im jeweiligen Modell die Interaktionseffekte berechnet wurden. Es muss dabei bedacht werden, dass die geschätzten Werte der abhängigen Variablen auf den Modellen basieren, die in Kapitel 3.3.5 vorgestellt wurden, also mehr Variablen in die Schätzung des Y-Wertes eingeflossen sind als die Haupt- und Interaktionseffekte, die in den Diagrammen abzulesen sind. Die vollständigen Tabellen aller berechneten Modelle befinden sich im Anhang der Arbeit. In den Fällen, in denen die dargestellte unabhängige Variable metrisches Skalenniveau hat, wurden Diagramme mit einer Trendlinie als Darstellungsform gewählt. Hat die unabhängige Variable kategoriales Skalenniveau, handelt es sich um Punktdiagramme. Um eine bessere Übersichtlichkeit zu gewährleisten, werden nur die Interaktionseffekte dargestellt, deren empirische T-Werte eine Irrtumswahrscheinlichkeit von unter 10 Prozent ausweisen und somit als signifikant gelten können.[37]

5.2.1 Aufteilung von Erwerbs- und Betreuungsarbeit

Bevor im Folgenden die Ergebnisse für die Interaktionseffekte vorgestellt werden, soll der Einfluss der Länder-Dummys sowie der anderen unabhängigen Variablen aus den Modellen ohne Interaktionen präsentiert werden. Die Koeffizienten der Länder-Dummys für Schweden und Deutschland (Referenz Norwegen) geben die in Kapitel 5.1 bereits dargestellten Ergebnisse wieder (Tabelle A 9 und A 10). Lediglich bei der Betreuungsdauer zeigt sich im Modell für die Väter, dass unter Kontrolle der unabhängigen Variablen die Betreuungsdauer für Schweden höher ausfällt als für Norwegen. Im Modell für die Mütter hat der Dummy für Schweden keinen signifikanten Einfluss, was auf den geringen Unterschied in der durchschnittlichen Betreuungsdauer zwischen Norwegen und Schweden zurückzuführen ist. Bei Müttern haben für alle drei Länder zusammengenommen eine hohe Bildung und ein steigendes Haushaltseinkommen einen positiven Einfluss auf die Dauer nicht-elterlicher Betreuung, ein Migrationshintergrund und die Zahl der Kinder dagegen einen negativen. In den Modellen für die Väter zeigen sich die gleichen Effekte von Migrationshintergrund und Kinderzahl auf die Betreuungsdauer. Daneben hat

---

37 Bei df 500 und einer Irrtumswahrscheinlichkeit von 10 Prozent liegt der kritische T-Wert bei 1,2833 (Duller 2013: 254).

die Arbeitszeit der Partnerin einen positiven Einfluss. Betrachtet man das Modell für die Arbeitszeit der Mutter, so haben die unabhängigen Variablen die erwartete Wirkung: Eine hohe Bildung und ein höheres Haushaltseinkommen wirken sich positiv auf die Arbeitszeit der Mutter aus, niedrige Bildung, eine längere Arbeitszeit des Partners, ein Migrationshintergrund sowie eine höhere Zahl der Kinder negativ. Zuletzt hat ein steigendes Haushaltseinkommen auf die Arbeitszeit des Vaters einen positiven Effekt, niedrige Bildung, ein Migrationshintergrund sowie eine höhere Zahl an Kindern einen negativen.

Dieses Muster zeigt sich für die Kontrollvariablen mit wenigen Abweichungen in allen Modellen mit Interaktionseffekten. Die unabhängigen Variablen entsprechen damit für alle Länder zusammengenommen in ihrer Wirkungsrichtung den in Kapitel 3.3.4.2 vorgestellten Hypothesen.

Abbildung 5: Mittelwerte der geschätzten nicht-elterlichen Betreuungsdauer nach der Bildung der Eltern

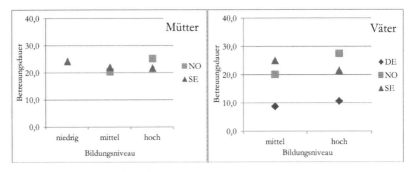

Quelle: Eigene Darstellung auf Basis von Berechnungen nach EU-SILC 2008

Untersucht man den Einfluss des Bildungsniveaus auf die nicht-elterliche Betreuungsdauer, so bringt dies gleich eine Überraschung mit sich: Bei schwedischen Eltern hat eine hohe Bildung einen negativen Einfluss auf die Betreuungsdauer. Analog dazu führt eine niedrige Bildung bei schwedischen Müttern zu einer längeren Betreuungsdauer. Für norwegische Eltern sowie für deutsche Väter ist der Effekt hoher Bildung dagegen positiv und entspricht somit den Erwartungen. Die Ergebnisse für norwegische und schwedische Eltern lassen sich teilweise durch andere Forschungsergebnisse bestätigen. Bei Meagher und Szebehely (2012: 102f.) zeigt sich, dass norwegische Eltern mit höherer Bildung mehr öffentliche Kinderbetreuung nutzen als Eltern mit niedriger Bildung. In Schweden ist dieses Verhältnis umgekehrt, wobei der Effekt im Gegensatz zu den hier präsentierten Ergebnissen nicht statistisch signifikant ist. Ähnlich wie Meagher und Szebehely stellt Krapf (2014) dar, dass die Bildung der Mutter in Schweden keinen Einfluss darauf hat, ob ihr Kind öffentliche Kinderbetreuung nutzt oder nicht.

Abbildung 6: Mittelwerte der geschätzten wöchentlichen Arbeitszeit nach der Bildung der Eltern

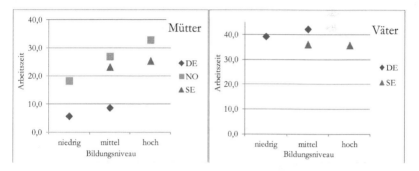

Quelle: Eigene Darstellung auf Basis von Berechnungen nach EU-SILC 2008

Abbildung 6 veranschaulicht, dass mit einer höheren Bildung die Arbeitszeit der Mutter in allen Ländern steigt. Für Norwegen ist der Einfluss am stärksten ausgeprägt. Bei Deutschland und Schweden sind jeweils nur die Effekte für niedrige beziehungsweise hohe Bildung signifikant. Deutsche Väter mit niedriger Bildung arbeiten weniger, während bei schwedischen Vätern eine hohe Bildung einen negativen Einfluss auf die Arbeitszeit ausübt. Damit wiederholt sich für schwedische Väter mit hoher Bildung das Muster, das auch bei der Betreuungsdauer zu beobachten ist.

Wie lässt sich der überraschende Einfluss des Bildungsniveaus im Fall von Schweden erklären? Der Effekt auf die Betreuungsdauer ist möglicherweise darauf zurückzuführen, dass es sich Eltern mit höherer Bildung einfach leisten können, ihr Kind in stärkerem Maße persönlich zu betreuen. Darauf deutet auch der niedrigere geschätzte Wert für die Arbeitszeit von Vätern mit hoher gegenüber mittlerer Bildung hin. In Kapitel 5.2.2 soll deswegen überprüft werden, ob der beobachtete Zusammenhang von Bildung und Verhalten auch bei der Einstellung vorliegt.

Abbildung 7: Mittelwerte der geschätzten nicht-elterlichen Betreuungsdauer nach der Arbeitszeit des Partners

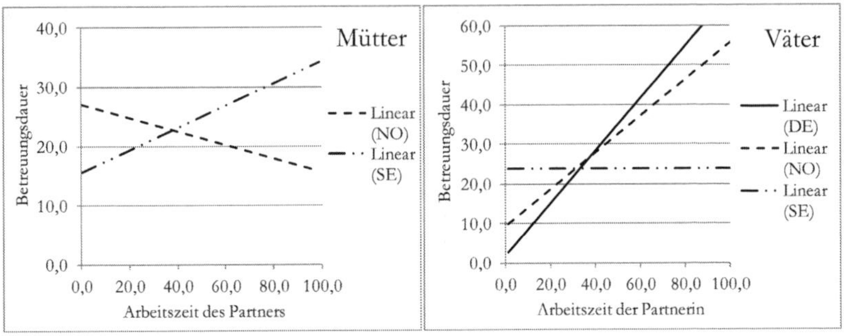

Quelle: Eigene Darstellung auf Basis von Berechnungen nach EU-SILC 2008

In Norwegen führt eine längere Arbeitszeit des Partners der Mutter zu einer kürzeren Betreuungsdauer, in Schweden dagegen zu einer längeren. Damit widerspricht das Ergebnis für Schweden ein weiteres Mal den Hypothesen und legt den Schluss nahe, dass das bekannte Muster zwischen der Arbeitszeit der Eltern und der Kinderbetreuung in Schweden bei den Eltern kleiner Kinder bereits aufgebrochen wurde (vgl. Gathmann/Sass 2012: 1). Eine längere Arbeitszeit der Partnerin des Vaters hat in Norwegen und Deutschland einen positiven Einfluss auf die Betreuungsdauer. In Schweden ist die Betreuungsdauer umso kürzer, je länger die Partnerin des Vaters arbeitet. Das steht wiederum den Annahmen entgegen, allerdings ist der Effekt kaum von 0 verschieden.

Eine mögliche Ursache für den Einfluss der Arbeitszeit des Partners in Schweden kann darin bestehen, dass sich mütterliche Arbeitszeit und die Dauer nicht-elterlicher Betreuung beide auf einem Niveau eingespielt haben, das wenig Variation zulässt. Schwankungen in der Dauer der Kinderbetreuung sind deswegen in stärkerem Maße an die zeitlichen Kapazitäten des Vaters für persönliche Betreuung gekoppelt. Ein Hinweis auf diesen Zusammenhang besteht im höheren Koeffizienten im Modell für die Mütter (unabhängige Variable: Arbeitszeit des Vaters) als im Modell für die Väter (unabhängige Variable: Arbeitszeit der Mutter). In Anbetracht anderer Forschungsergebnisse (Lammi-Taskula 2006: 94; Sundström/Duvander 2002) wäre es aber nicht sinnvoll abzuleiten, dass sich in Schweden Väter in stärkerem Maße um die persönliche Betreuung von Kindern kümmern als Mütter.

Abbildung 8: Mittelwerte der geschätzten wöchentlichen Arbeitszeit nach der Arbeitszeit des Partners

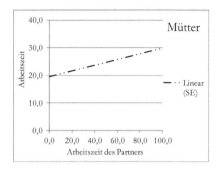

Quelle: Eigene Darstellung auf Basis von Berechnungen nach EU-SILC 2008

Untersucht man die Arbeitszeit der Befragten in Abhängigkeit von der Arbeitszeit des Partners, so findet sich allein bei schwedischen Müttern ein signifikanter Effekt. Dort hat eine längere Arbeitszeit des Partners der Mutter einen positiven Einfluss auf ihre eigene Arbeitszeit. Auch dies entspricht nicht den Hypothesen aus Kapitel 3.3.4.2.

Abbildung 9: Mittelwerte der geschätzten wöchentlichen Arbeitszeit nach dem Geburtsland

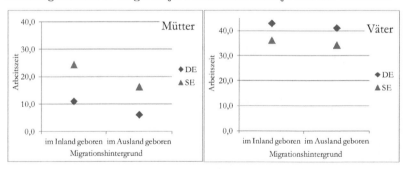

Quelle: Eigene Darstellung auf Basis von Berechnungen nach EU-SILC 2008

Andere Studien haben bereits gezeigt, dass der Migrationshintergrund unter Kontrolle weiterer soziodemografischer Variablen keinen Einfluss auf die Betreuungsdauer ausübt (Geier/Riedel 2008; Krapf 2014). Dieses Ergebnis findet sich auch im vorliegenden Fall in den Interaktionsmodellen für den Migrationshintergrund. Bei norwegischen Eltern lässt sich darüber hinaus kein Einfluss auf die Arbeitszeit feststellen. Betrachtet man hingegen deutsche und schwedische Eltern, so hat ein Migrationshintergrund den erwarteten Effekt, das heißt Mütter und Väter, die im Ausland geboren wurden, arbeiten weniger als im Inland geborene.

Abbildung 10: Mittelwerte der geschätzten nicht-elterlichen Betreuungsdauer nach dem Haushaltseinkommen

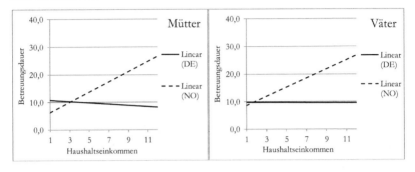

Quelle: Eigene Darstellung auf Basis von Berechnungen nach EU-SILC 2008

Das Haushaltseinkommen hat nur in Norwegen und Deutschland einen signifikanten Effekt auf die Dauer, die das Kind in nicht-elterlicher Betreuung verbringt.[38] Bei norwegischen Müttern und Vätern ist der Einfluss des Haushaltseinkommens klar positiv, in Deutschland hingegen negativ und dabei schwach ausgeprägt. Dies mag der Tatsache geschuldet sein, dass Haushalte in Ostdeutschland durchschnittlich geringere Einkommen aufweisen, die Kinder aber länger in nicht-elterlicher Betreuung sind (Rössel 2009: 247).[39] Damit könnte ein versteckter Ost/West-Effekt die Ursache für dieses überraschende Ergebnis sein.

---

38 Um eine Vergleichbarkeit der Ergebnisse zu gewährleisten, wurden bei der Zentrierung der Variablen die verschiedenen Durchschnittseinkommen der drei Länder berücksichtigt. Darüber hinaus wurde die zentrierte Variable durch 1.000 geteilt, um interpretierbare Koeffizienten zu erhalten.
In den Abbildungen 10 und 11 ist das Haushaltseinkommen auf der X-Achse in den zwölf Einkommenskategorien der EVS angegeben, um die Darstellung zu vereinfachen. Dabei wird das gleiche Ergebnis vermittelt wie durch die Koeffizienten in Tabelle A 17 und A 18.

39 Die Überprüfung eines versteckten Ost/West-Effektes ist leider nicht möglich, weil in der D-Datafile des EU-SILC 2008 Surveys für Deutschland keine Angaben zur Region enthalten sind (siehe Kapitel 3.3.4.2).

Abbildung 11: Mittelwerte der geschätzten wöchentlichen Arbeitszeit nach dem Haushaltseinkommen

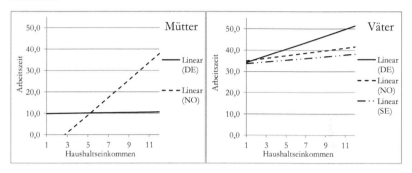

Quelle: Eigene Darstellung auf Basis von Berechnungen nach EU-SILC 2008

Ähnlich wie bei der Kinderbetreuung, so hat das Haushaltseinkommen bei norwegischen Müttern einen deutlich positiven Einfluss auf ihre Arbeitszeit, während dieser in Deutschland schwach positiv ist. Bei den Vätern sind die Koeffizienten für alle drei Länder signifikant, wobei das Haushaltseinkommen überall einen positiven Einfluss auf die Arbeitszeit hat. Dieser ist in Deutschland am stärksten ausgeprägt, in Schweden hingegen am schwächsten.

Abbildung 12: Mittelwerte der geschätzten nicht-elterlichen Betreuungsdauer nach der Zahl der Kinder

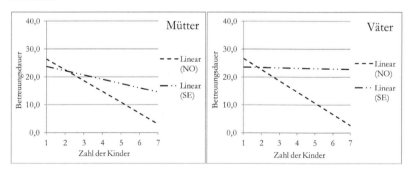

Quelle: Eigene Darstellung auf Basis von Berechnungen nach EU-SILC 2008

Bei norwegischen und schwedischen Müttern sinkt die Dauer der externen Betreuung, je mehr Kinder sie haben. Der negative Effekt der Kinderzahl ist im Fall von Norwegen deutlich stärker ausgeprägt als bei Schweden.

Das gleiche Bild zeigt sich auch bei norwegischen Vätern. Ein weiteres Mal überrascht das Ergebnis für Schweden: Bei schwedischen Vätern hat eine höhere Zahl der Kinder einen positiven Einfluss auf die Betreuungsdauer, allerdings ist der Effekt nicht besonders groß (siehe Tabelle A 19).

Abbildung 13: Mittelwerte der geschätzten wöchentlichen Arbeitszeit nach der Zahl der Kinder

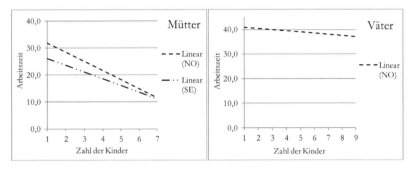

Quelle: Eigene Darstellung auf Basis von Berechnungen nach EU-SILC 2008

Die Zahl der Kinder übt nur bei norwegischen Eltern und schwedischen Müttern einen signifikanten Effekt auf die Arbeitszeit aus. In allen Fällen ist die Arbeitszeit umso kürzer, je mehr Kinder der Elternteil hat. Allerdings ist der Einfluss bei norwegischen Vätern schwächer ausgeprägt als bei den Müttern in den beiden skandinavischen Ländern.

5.2.2 Einstellung zur Aufteilung von Erwerbs- und Betreuungsarbeit

Wie bei den Ergebnissen des EU-SILC Surveys wird für die EVS zunächst der Einfluss der Länder-Dummys und der anderen unabhängigen Variablen aus den Modellen ohne Interaktionen vorgestellt. Die Länder-Dummys zeigen, dass norwegische Eltern am egalitärsten und am wenigsten traditionell eingestellt sind. Die Koeffizienten in Tabelle A 21 machen zunächst deutlich, dass die Unterschiede zwischen deutschen und schwedischen Eltern bei *Arbeit egalitär* unter Kontrolle der unabhängigen Variablen nicht besonders groß sind. Dabei sind deutsche Mütter weniger egalitär eingestellt als schwedische Mütter, bei den Vätern ist das Verhältnis aber trotz der Design-Gewichtung umgekehrt. Betrachtet man dagegen den Länder-Effekt bei *Einstellung traditionell* (Tabelle A 22), so neigen wie in den deskriptiven Statistiken die Deutschen zu der niedrigsten Ablehnung, gefolgt von den Schweden und zuletzt den Norwegern. Auf eine egalitäre Haltung von Müttern haben für alle Länder zusammengenommen nur die Zahl der Kinder und das Haushaltseinkommen einen signifikanten Einfluss. Während letzteres verstärkend auf eine solche Einstellung wirkt, hat erstere den gegenteiligen Effekt. Auf eine egalitäre Haltung von Vätern wirkt eine niedrige Bildung (gegenüber mittlerer) in Richtung einer stärkeren Zustimmung, was überrascht. Darüber hinaus haben eine Teilzeitbeschäftigung der Partnerin und eine Tätigkeit als Hausfrau (gegenüber einer Vollzeitbeschäftigung) sowie eine höhere Zahl an Kindern einen ablehnenden Effekt auf *Arbeit egalitär*. In dem Modell für *Einstellung traditionell* von Müttern wirken eine hohe Bildung und ein höheres Haushaltseinkommen in Richtung einer stärkeren Ablehnung, niedrige Bildung, eine Teilzeitbeschäftigung des Partners, ein Migrationshintergrund und eine höhere Zahl der Kinder in Richtung einer geringeren Ablehnung. Der Effekt für die Arbeitszeit des Partners ist unerwartet, da man annehmen könnte, dass Paare, bei denen der Mann in Teilzeit erwerbstätig ist, ein egalitäreres Familienmodell vertreten. Im Modell von *Einstellung traditionell* für Väter zeigen die signifikanten Variablen die erwarteten Effekte: Eine hohe Bildung wirkt in Richtung einer stärkeren Ablehnung, eine niedrige Bildung, eine Teilzeitbeschäftigung der Partnerin sowie deren Hausfrauentätigkeit und ein Migrationshintergrund haben den gegenteiligen Effekt.

Auch in der EVS findet sich der beschriebene Einfluss mit wenigen Abweichungen für die Kontrollvariablen in allen Interaktionsmodellen.

Abbildung 14: Mittelwerte der geschätzten Werte von Arbeit egalitär nach dem Bildungsniveau

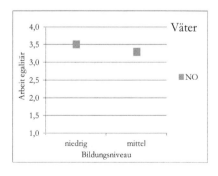

Quelle: Eigene Darstellung auf Basis von Berechnungen nach EVS 2008

Lediglich bei norwegischen Vätern übt das Bildungsniveau einen signifikanten Einfluss auf *Arbeit egalitär* aus. Norwegische Väter mit niedriger Bildung sind gegenüber denen mit mittlerer Bildung egalitärer eingestellt. Dies überrascht, da in vorherigen Arbeiten gezeigt wurde, dass ein höheres Bildungsniveau einen positiven Einfluss auf eine egalitäre Einstellung hat. Der Einfluss niedriger Bildung bei norwegischen Vätern mag damit die Ursache für den Effekt von niedriger Bildung als Kontrollvariable sein.

Abbildung 15: Mittelwerte der geschätzten Werte von Einstellung traditionell *nach dem Bildungsniveau*

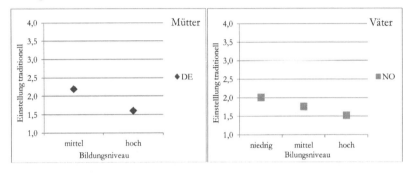

Quelle: Eigene Darstellung auf Basis von Berechnungen nach EVS 2008

Für deutsche Mütter und norwegische Väter lässt sich konstatieren, dass sie eine traditionelle Einstellung umso stärker ablehnen, je höher ihr Bildungsniveau ausfällt. Bei deutschen Müttern ist dabei allein hohe Bildung signifikant. Interessant ist die Tatsache, dass eine niedrige Bildung bei norwegischen Vätern zu einer stärkeren Zustimmung mit einer egalitären *und* traditionellen Einstellung führt. Niedrige Bildung scheint also in diesem Fall ein extremeres Antwortverhalten nach sich zu ziehen.

Insgesamt fällt auf, dass sich das Bildungsniveau unter Kontrolle der anderen unabhängigen Variablen nicht signifikant auf die Einstellung schwedischer Eltern auswirkt. Die Ursache hierfür mag darin liegen, dass in Schweden bestimmte sozioökonomische Merkmale der Eltern durch die lange Tradition der Geschlechtergleichheit nicht mehr ins Gewicht fallen (vgl. Krapf 2014: 30).

Abbildung 16: Mittelwerte der geschätzten Werte von Arbeit egalitär *nach der Arbeitszeit der Partnerin*

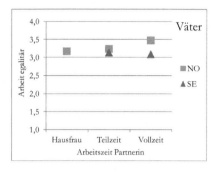

Quelle: Eigene Darstellung auf Basis von Berechnungen nach EVS 2008

Wie das Bildungsniveau, so hat auch die Arbeitszeit des Partners keinen signifikanten Einfluss auf eine egalitäre Haltung von Müttern. Bei norwegischen Vätern steigt die Zustimmung zu *Arbeit egalitär,* je mehr die Partnerin arbeitet. Schwedische Väter stimmen diesem Faktor hingegen stärker zu, wenn die Partnerin in Teilzeit beschäftigt ist (gegenüber Vollzeit), was der Hypothese zum Einfluss der Arbeitszeit der Partnerin widerspricht.

Abbildung 17: Mittelwerte der geschätzten Werte von Einstellung traditionell *nach der Arbeitszeit des Partners*

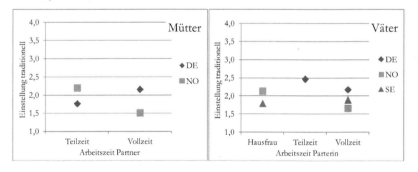

Quelle: Eigene Darstellung auf Basis von Berechnungen nach EVS 2008

Bei deutschen und norwegischen Müttern hat die Arbeitszeit des Partners einen entgegengesetzten Einfluss auf *Einstellung traditionell.* Während deutsche Mütter mit einem in Teilzeit beschäftigten Partner eine traditionelle Einstellung stärker ablehnen (gegenüber Vollzeit), verhält es sich mit den norwegischen Müttern umgekehrt. Der Grund für diesen den Hypothesen widersprechenden Effekt könnte darin bestehen, dass es eine Reihe norwegischer Mütter gibt, die sich eine stärkere Entlastung durch den Partner bei der Erwerbsarbeit wünschen. Norwegische Väter neigen bei einer Hausfrauentätigkeit der Partnerin zu einer geringeren Ablehnung einer traditionellen Haltung. Ähnlich zeigen deutsche Väter eine geringere Ablehnung einer traditionellen Einstellung, wenn die Partnerin in Teilzeit beschäftigt ist (gegenüber Vollzeit). Bei schwedischen Vätern findet sich aber auch hier ein gegenteiliger Effekt, sodass Väter mit einer Hausfrau als Partnerin *Einstellung traditionell* stärker ablehnen als solche mit einer in Vollzeit erwerbstätigen Frau.

Damit hat die Arbeitszeit der Partnerin bei beiden Einstellungsvariablen das Gegenteil des erwarteten Einflusses auf die Einstellung schwedischer Väter. Bedacht werden muss aber, dass die Effekte zwar signifikant, aber nicht besonders stark sind. Eine mögliche Ursache mag darin bestehen, dass sich Väter, deren Partnerin in Teilzeit arbeitet oder Hausfrau ist, eine egalitäre Rollenverteilung wünschen, weil sie unzufrieden mit der Aufgabenteilung in der Beziehung sind.

Abbildung 18: Mittelwerte der geschätzten Werte von Einstellung traditionell *nach dem Geburtsland*

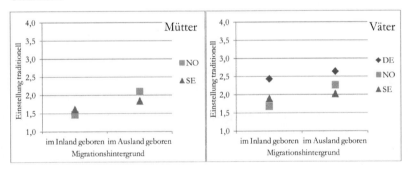

Quelle: Eigene Darstellung auf Basis von Berechnungen nach EVS 2008

Blickt man auf den Einfluss des Migrationshintergrundes, so zeigt sich zunächst, dass dieser keinen signifikanten Effekt auf eine egalitäre Haltung von Müttern und Vätern ausübt. Bei *Einstellung traditionell* liegt aber die erwartete Wirkung vor. Norwegische und schwedische Mütter sowie Väter aus allen drei Ländern lehnen eine traditionelle Einstellung weniger ab, wenn sie im Ausland geboren wurden. Insgesamt fällt auf, dass der Ein-

fluss des Geburtslandes auf die Einstellung in Norwegen am stärksten ausgeprägt ist.

Abbildung 19: Mittelwerte der geschätzten Werte von Arbeit egalitär *nach dem Haushaltseinkommen*

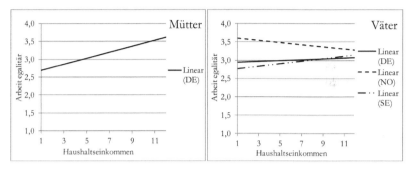

Quelle: Eigene Darstellung auf Basis von Berechnungen nach EVS 2008

Abbildung 19 veranschaulicht den Einfluss des Nettohaushaltseinkom-
mens auf eine egalitäre Haltung von Müttern und Vätern. Deutsche Mütter
sind umso egalitärer, je höher ihr Haushaltseinkommen ausfällt. Dies gilt
ebenfalls für schwedische und (schwächer ausgeprägt) für deutsche Väter.
Bei norwegischen Vätern wirkt das Einkommen dagegen in die entgegengesetzte Richtung, was den Hypothesen widerspricht.

Abbildung 20: Mittelwerte der geschätzten Werte von Einstellung traditionell *nach dem
Haushaltseinkommen*

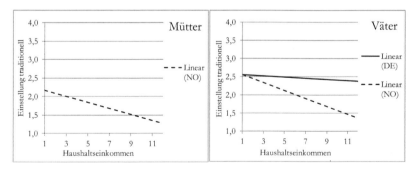

Quelle: Eigene Darstellung auf Basis von Berechnungen nach EVS 2008

Untersucht man *Einstellung traditionell*, so lehnen norwegische Mütter eine traditionelle Einstellung umso stärker ab, je höher ihr Haushaltseinkommen ist. Das ist auch bei norwegischen und deutschen Vätern der Fall, wobei der Effekt für Norwegen deutlich stärker ausfällt. Dies mag überraschen, da bei norwegischen Vätern mit steigendem Einkommen die Zustimmung zu *Arbeit egalitär* abnimmt. Ein höheres Einkommen scheint bei dieser Gruppe also ein gemäßigteres Antwortverhalten nach sich zu ziehen. Für schwedische Eltern ergibt sich überhaupt kein signifikanter Einfluss des Einkommens auf eine traditionelle Haltung.

Abbildung 21: Mittelwerte der geschätzten Werte von Arbeit egalitär *nach der Zahl der Kinder*

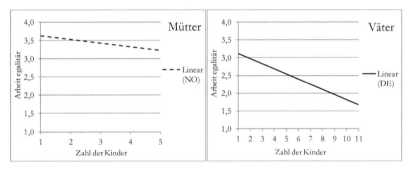

Quelle: Eigene Darstellung auf Basis von Berechnungen nach EVS 2008

Norwegische Mütter und deutsche Väter sind umso weniger egalitär, je mehr Kinder sie haben, wobei der Effekt für letztere stärker ausgeprägt ist. Im Fall von fünf oder mehr Kindern muss man bei deutschen Vätern sogar von einer Ablehnung einer egalitären Einstellung sprechen.

Abbildung 22 zeigt, dass die Zahl der Kinder nur bei schwedischen Vätern einen signifikanten Effekt auf *Einstellung traditionell* ausübt. Dabei fällt auf, dass sie eine traditionelle Haltung umso stärker ablehnen, je mehr Kinder sie haben. Auch dies widerspricht den Annahmen über die Wirkung der Variablen. Im Modell für *Einstellung traditionell* von Müttern ist die Zahl der Kinder bei keinem der Länder signifikant, obwohl dies bei der Verwendung als Kontrollvariable der Fall ist.

Abbildung 22: Mittelwerte der geschätzten Werte von Einstellung traditionell *nach der Zahl der Kinder*

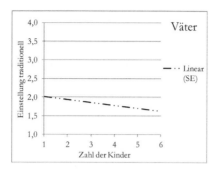

Quelle: Eigene Darstellung auf Basis von Berechnungen nach EVS 2008

5.2.3 Diskussion

Die nun folgende Gegenüberstellung der Ergebnisse aus den Regressionsanalysen soll klären, ob die unabhängigen Variablen den erwarteten Einfluss auf die Einstellung und das Verhalten haben. Wirken sich die sozioökonomischen Variablen in den Ländern verschiedentlich aus, kann dies eine Erklärung für Unterschiede in der Inanspruchnahme des Betreuungsgeldes sein. Beim Vergleich der Ergebnisse aus dem EU-SILC Survey und der EVS muss noch einmal darauf hingewiesen werden, dass es sich in den beiden Surveys um verschiedene Individuen handelt und dass die Untersuchungsgruppen nicht nach den gleichen Kriterien ausgewählt werden konnten. Die Gegenüberstellung kann somit nur einen Hinweis auf bestimmte Zusammenhänge liefern.

Im Fall von Norwegen gibt es nur ein Beispiel, in dem tatsächlich eine unabhängige Variable den Hypothesen widerspricht. Dies ist bei der Arbeitszeit des Partners der Mutter der Fall. Obwohl das Kind umso kürzer in Betreuung ist, je länger der Partner der Mutter arbeitet (was mit den Erwartungen übereinstimmt), hat eine kürzere Arbeitszeit des Partners einen positiven Einfluss auf eine traditionelle Haltung der Mutter. Abgesehen von diesem Punkt gibt es nur zwei Beispiele für ein unklares Verhältnis zwischen Einstellung und Verhalten. So hat der Migrationshintergrund in Norwegen keinen Einfluss auf das Verhalten, obwohl Eltern, die im Ausland geboren wurden, traditioneller eingestellt sind. Ein höheres Bildungsniveau der Eltern führt zwar zu einer längeren Betreuungsdauer und

Arbeitszeit, doch wirkt eine niedrige Bildung von Vätern in Richtung einer stärkeren Zustimmung zu beiden Einstellungsvariablen, während sich kein Effekt auf die Einstellung der Mutter zeigt. Bei der Arbeitszeit der Partnerin des Vaters, dem Haushaltseinkommen und der Zahl der Kinder gibt es hingegen keine nennenswerten Abweichungen vom erwarteten Muster. Insgesamt kann man davon ausgehen, dass die sozialen Strukturen in Norwegen dergestalt sind, dass Eltern mit niedrigem sozialem Status, einer ungleichen Verteilung der Erwerbsarbeit und einer größeren Zahl an Kindern den Anreizen des Betreuungsgeldes positiv gegenüberstehen.

Bei Schweden weichen die Ergebnisse deutlich öfter von den Hypothesen über die Wirkung der unabhängigen Variablen ab. Zunächst sinkt die Betreuungsdauer und (bei Vätern) die Arbeitszeit, je höher das Bildungsniveau der Eltern ist. Allerdings gibt es keinen signifikanten Einfluss der Bildung auf die Einstellung. Somit kann man schlussfolgern, dass die Verhaltensunterschiede zwischen Eltern mit unterschiedlichem Bildungsniveau nicht auf verschiedene normative Präferenzen zurückzuführen sind. Vielmehr ist davon auszugehen, dass Eltern mit höherer Bildung über mehr finanzielle Spielräume verfügen und sich in einer anderen arbeitsrechtlichen Situation befinden als Eltern mit weniger Bildung, sodass sie mehr Zeit mit ihren Kindern verbringen können. Für den Einfluss der Arbeitszeit des Partners, der bei Einstellung und Verhalten den Hypothesen widerspricht, ist eine Interpretation allerdings schwieriger. Paare nutzen umso mehr Kinderbetreuung, je mehr der Vater und desto weniger die Mutter arbeiten, wobei Väter bei einer geringeren Arbeitszeit der Partnerin egalitärer eingestellt sind. Die klassische Koppelung von Erwerbsarbeit, Betreuungsdauer und Einstellung scheint im Fall von Schweden nicht mehr zuzutreffen. Um dies mit Sicherheit sagen zu können, müssten die Ergebnisse aber durch andere Studien bestätigt werden, die mit aktuelleren Surveys arbeiten. Auch bei der Zahl der Kinder liegt keine Koppelung zwischen Einstellung und Verhalten vor. Es findet sich zwar im Wesentlichen der erwartete Effekt auf das Verhalten, doch lehnen Väter eine traditionelle Haltung umso stärker ab, je mehr Kinder sie haben. Der Migrationshintergrund und das Haushaltseinkommen haben jedoch den erwarteten Einfluss. Für Schweden lässt sich konstatieren, dass es gerade bei der Bildung sowie bei der Arbeitszeit des Partners klare Abweichungen von den Hypothesen gibt. Dies bedeutet, dass sich die Eltern, die zum Kreis der potentiellen Bezieher des Betreuungsgeldes gezählt werden, anders verhalten als erwartet. Das kann ein Grund für die niedrige Inanspruchnahme des Betreuungsgeldes in Schweden sein.

Im Gegensatz zu Schweden entsprechen die Ergebnisse für Deutschland weitgehend den Annahmen. Mehr Bildung führt zu einer längeren Arbeitszeit und (bei Vätern) zu einer längeren Betreuungsdauer des Kindes, während Mütter mit hoher Bildung eine traditionelle Einstellung stärker ablehnen. Die Arbeitszeit der Partnerin des Vaters hat einen positiven Einfluss auf die Betreuungsdauer und auch bei der Einstellung zeigt sich die erwartete Wirkung. Eltern mit einem Migrationshintergrund arbeiten weniger und Väter, die im Ausland geboren wurden, sind traditioneller eingestellt. Eine Abweichung von den Hypothesen findet sich allein bei der negativen Wirkung des Haushaltseinkommens auf die Betreuungsdauer. Eine plausible Ursache hierfür kann ein versteckter Ost/West-Effekt sein. Die Zahl der Kinder hat im Fall von Deutschland nur bei Vätern einen Einfluss auf eine egalitäre Einstellung, was auf eine geringe Bedeutung dieser Variablen hinweist. Insgesamt kann man davon ausgehen, dass in Deutschland die Eltern, die zum Empfänger-Kreis des Betreuungsgeldes gezählt werden, positiv auf die Anreize der Leistung reagieren. Damit scheint eine relativ hohe Inanspruchnahme wahrscheinlich zu sein.

5.3   Fazit

In diesem Kapitel wurde eine umfangreiche Untersuchung der deskriptiven und multivariaten Statistiken zu Einstellung und Verhalten von Eltern vorgenommen. Sie liefert einen wesentlichen Beitrag, um die drei zentralen Forschungsfragen dieser Arbeit beantworten zu können.

Der Vergleich der Ergebnisse von Einstellung und Verhalten in Norwegen 1994/98 und 2008 macht deutlich, dass sich eine Verschiebung der normativen Orientierungen in Richtung einer egalitäreren Einstellung beobachten lässt, es aber kaum Veränderungen im Anteil erwerbstätiger Mütter gegeben hat. Das Betreuungsgeld scheint heute also schlechter mit der Einstellung von Eltern koordiniert zu sein als in den neunziger Jahren. Demnach kann man davon ausgehen, dass neben dem Ausbau der Betreuungsplätze in den Zweitausendern auch der Wandel in der Einstellung für den Rückgang der Inanspruchnahme des Betreuungsgeldes verantwortlich ist. Nach Gulbrandsen (2009) ist trotz einer Abnahme in der Nutzung der Leistung die relativ positive Haltung der Norweger zum Betreuungsgeld konstant geblieben. Diesen Umstand erklärt Gulbrandsen dadurch, dass in Norwegen Wahlfreiheit als bedeutender Wert gilt, unabhängig davon, ob Eltern sich in der Mehrheit für öffentliche Betreuung entscheiden. Die hier vorgestellten Ergebnisse kann man als wichtige Ergänzung zu Gulbrandsens Erkenntnissen ansehen, da trotz der relativ stabilen Ansichten über das Betreuungsgeld die Präferenzen für das mit der Leistung verbundene Familienmodell abgenommen haben.

Die deskriptiven Statistiken zu Norwegen und Schweden veranschaulichen, dass das mit dem Betreuungsgeld verbundene, traditionelle Familienmodell nicht zu den in der Gesellschaft vorherrschenden normativen Orientierungen von Eltern und ihrem Verhalten passt. Dies zeigt sich in der starken Ausprägung einer egalitären Einstellung und in der hohen Erwerbstätigkeit von Müttern sowie in dem hohen Anteil von Kindern in nicht-elterlicher Betreuung. Die Regressionsanalysen haben darüber hinaus ergeben, dass die vermuteten Zusammenhänge zwischen den abhängigen und unabhängigen Variablen für schwedische Eltern häufig nicht zutreffen, während dies bei Norwegern größten Teils der Fall ist. Daraus lässt sich der Schluss ableiten, dass Einstellung, Arbeitszeit und nicht-elterliche Kinderbetreuung in Schweden durch andere soziale Rahmenbedingungen geprägt werden als in Norwegen. Eine mögliche Ursache dafür ist die lange Tradition des *dual-earner-/dual-carer-model* in Schweden, die dazu geführt hat, dass Kinderbetreuung zum großen Teil unabhängig von den sozioökonomischen Merkmalen der Mutter geworden ist. Demnach ist der Einfluss des Policy-Regimes dafür verantwortlich, dass die erwarteten Verhaltensmuster in Schweden nicht auftreten. Im schwedischen Fall kann man folglich von einer mangelnden Koordination zwischen den Anreizen des Betreuungsgeldes und dem Verhalten sowie der Einstellung der vermeintlichen Zielgruppe sprechen.

Bei Deutschland liegt, verglichen mit Norwegen und Schweden, eine Diskrepanz zwischen der Einstellung und der Aufteilung von Erwerbs- und Betreuungsarbeit vor. Ostdeutsche ähneln bei der Quote der öffentlichen Kinderbetreuung und der Einstellung den Skandinaviern, doch fällt die Müttererwerbstätigkeit deutlich niedriger aus. In Westdeutschland steht der Zustimmung zu einer egalitären Haltung die relativ niedrige Betreuungs-

quote und Müttererwerbstätigkeit gegenüber. Man kann also davon ausgehen, dass es deutschen Eltern gegenüber den Schweden und Norwegern
schwerer fällt, die Aufteilung von Erwerbs- und Betreuungsarbeit ihren
Vorstellungen nach zu gestalten. Folgt man der Theorie des Geschlechter-
arrangements, so liegt hier ein Ungleichgewicht zwischen Geschlechterkultur und Geschlechterordnung vor. Dies wird besonders deutlich, wenn
man bedenkt, dass unter Kontrolle der unabhängigen Variablen der Unterschied zwischen Deutschen und Schweden bei *Arbeit egalitär* relativ gering
ist und deutsche Väter sogar etwas egalitärer eingestellt sind als schwedische (siehe Tabelle A 21). Das Betreuungsgeld passt damit im Länder-Vergleich zwar am besten zur sozialen Umwelt Deutschlands, doch wird die
Leistung wahrscheinlich dazu führen, dass sich die bestehende Diskrepanz
zwischen Einstellung und Verhalten noch weiter vergrößert. Davon werden allerdings nicht alle sozialen Gruppen gleichermaßen davon betroffen
sein. Da sich die Gruppe der potentiellen Bezieher des Betreuungsgeldes
den Erwartungen nach verhält, kann man von einer positiven Annahme
des Betreuungsgeldes ausgehen. Dies gilt vor allem für Westdeutschland,
weil die Einstellung im Durchschnitt traditioneller ausfällt und die Betreuungsquote deutlich niedriger ist als im Osten.

6 Resümee

Im nun folgenden Resümee der Arbeit werden die Ergebnisse der beiden empirischen Teile zusammengeführt, um abschließend zu zeigen, aus welchen Gründen sich die Inanspruchnahme zwischen Norwegen und Schweden unterscheidet, wie sie voraussichtlich in Deutschland ausfallen wird und warum die Zahl der Bezieher der Leistung in Norwegen seit dem Ende der neunziger Jahre zurückgegangen ist. Daneben werden die theoretischen Ansätze, welche in dieser Arbeit zur Anwendung gekommen sind, unter Berücksichtigung der Ergebnisse diskutiert. Dabei wird auch auf die Frage eingegangen, ob sich die Bedeutung der einzelnen Erklärungsfaktoren quantifizieren lässt. Abschließend wird auf Basis dieser Ergebnisse erörtert, welche Bedeutung dem Betreuungsgeld im gesellschaftlichen Kontext der drei Wohlfahrtsstaaten zukommt und welches die Anknüpfungspunkte und Voraussetzungen für weitere Forschung sein können.

6.1 Zusammenfassung der Ergebnisse

Veränderung der Inanspruchnahme in Norwegen

Untersucht man den Rückgang der Inanspruchnahme des norwegischen Betreuungsgeldes, so zeigt dies vor allem eins: die Relevanz institutionellen Wandels für das Verhalten von Eltern.

Norwegen ist unter den nordischen Wohlfahrtsstaaten häufig als Land beschrieben worden, dessen Familienpolitik ›zweiseitig‹ ist, da es auf der einen Seite das *dual-earner-/dual-carer-model*, auf der anderen Seite aber auch ein traditionelles Familienmodell fördert (Ellingsæter 2006: 121). Nach der Analyse der vorliegenden Arbeit kann dieser Einschätzung nur bedingt gefolgt werden. Durch den Großteil seiner Familienpolitik, das inzwischen fast vollständig individualisierte Lohnsteuersystem sowie seine Renten- und Krankenversicherung unterstützt der norwegische Wohlfahrtsstaat heute ein egalitäres Familienmodell. Allerdings gibt es daneben eine Reihe an Leistungen und Regelungen, die abhängige Ehegatten absichern und eine traditionelle Aufteilung der Erwerbs- und Betreuungsarbeit belohnen, auch wenn die Reichweite dieser Regelungen häufig beschränkt ist. Neben dem Betreuungsgeld unterstützen das norwegische Unterhaltsrecht, der *personfradrag* und die Witwen-/Witwerrente das *male-breadwinner-model*. Als das Betreuungsgeld 1998 eingeführt wurde, war das Bild einer zweigeteilten Förderung von Familien aber eindeutiger als es heute ist. Das mangelnde Angebot an Betreuungsplätzen für unter Dreijährige und die gemeinsame Ehegattenbesteuerung förderten das *male-breadwinner-model*, existieren heute aber nicht mehr. Somit hat es in der norwegischen Sozialpolitik eine Entwicklung hin zu einer stärkeren Betonung des *dual-earner-/dual-carer-model* gegeben. Die ›Zweiseitigkeit‹ der norwegischen Familienpolitik hat sich seit dem Ende der neunziger Jahre damit sukzessive zugunsten des egalitären Familienmodells abgeschwächt. Dieser Politikwandel hat dazu geführt, dass das norwegische Betreuungsgeld heute schlechter in das Gesamtbild der Familien- und Sozialpolitik passt, als es zur Zeit seiner Einführung der Fall war. Insbesondere der in den Zweitausendern begonnene Ausbau öffentlicher Kinderbetreuungsplätze, die Einführung eines Rechtsanspruchs auf einen Kinderbetreuungsplatz und einer Höchstgrenze für die Elternbeiträge werden dazu beigetragen haben, dass immer weniger Eltern das Betreuungsgeld beziehen (Bungum/Kvande 2013). Diese Entwicklungen haben einen wesentlichen Beitrag dazu geleistet, dass die Inanspruchnahme des Betreuungsgeldes zwischen 1999 und 2011 um 50 Prozent gesunken ist (Ellingsæter 2012: 7).

Der institutionelle Wandel wird allerdings durch eine andere, parallele Entwicklung begleitet: Einen Wandel in der Einstellung norwegischer Eltern zu Geschlechterrollen.

Während 1994 noch eine leichte Zustimmung zu einer egalitären Haltung gegenüber der Aufteilung von Erwerbsarbeit bestand sowie eine leichte Ablehnung einer traditionellen Einstellung, sprachen sich die befragten Eltern im Jahr 2008 deutlich für eine egalitäre und gegen eine traditionelle Einstellung aus. Somit ist das Betreuungsgeld heute nicht nur schlechter mit dem vorherrschenden Paradigma des Policy-Regimes koordiniert, sondern auch mit den normativen Orientierungen der Eltern. Man kann demnach davon ausgehen, dass eine Veränderung in der Einstellung norwegischer Eltern dafür mitverantwortlich ist, dass das Betreuungsgeld heute weniger populär ist als nach seiner Einführung. Damit erlaubt die Untersuchung der Einstellung zur Aufteilung von Erwerbs- und Betreuungsarbeit einen Blick hinter die immer noch positive Haltung der Norweger zum Betreuungsgeld (vgl. Gulbrandsen 2009).

Es bleibt allerdings fraglich, wie groß der Einfluss dieses Einstellungswandels für die Inanspruchnahme des Betreuungsgeldes tatsächlich ist. Betrachtet man die sozialen Praktiken, so hat zwar der Anteil der Kinder in öffentlicher Betreuung seit 1998 deutlich zugenommen, allerdings hat es nur einen leichten Anstieg in der Erwerbstätigkeit von Müttern mit Kindern unter drei Jahren gegeben. Letzteres deutet darauf hin, dass das Betreuungsgeld schon zur Zeit seiner Einführung für viele Mütter nur eine Ausweichmöglichkeit war, da ihnen häufig kein öffentlicher Kinderbetreuungsplatz zur Verfügung stand. Ungeachtet des Wandels in der Einstellung norwegischer Eltern kann man deswegen davon ausgehen, dass das Betreuungsgeld bereits Ende der neunziger Jahre Ausdruck für ein Auseinanderfallen zwischen den von Teilen der Politik und den in der Gesellschaft geteilten Normen war – trotz der anfangs hohen Inanspruchnahme.

Vergleich zwischen Norwegen und Schweden

Der Vergleich zwischen der Inanspruchnahme in Norwegen und Schweden hat gezeigt, dass es eine ganze Reihe an Erklärungsfaktoren gibt, die sich sowohl auf institutionelle als auch auf kulturelle Aspekte beziehen.

Ein überraschendes Ergebnis findet sich in den deskriptiven Statistiken zur Einstellung von Norwegern und Schweden zu Geschlechterrollen. Der Vergleich der Mittelwerte macht deutlich, dass die schwedischen Befragten im Durchschnitt etwas weniger egalitär eingestellt sind als die Norweger, was bisherigen Forschungsergebnissen widerspricht. Vor diesem Hintergrund erscheint es erstaunlich, dass das Betreuungsgeld in Norwegen in deutlich größerem Umfang bezogen wird als in Schweden. Nichtsdestotrotz wird ein egalitäres Familienmodell in Schweden stark befürwortet und ein traditionelles deutlich abgelehnt. Diese Ergebnisse lassen den Schluss zu, dass das Betreuungsgeld eine Leistung ist, die in ihrem familienpolitischen Leitbild nicht zum Mainstream der normativen Orientierungen der Eltern in den beiden Ländern passt. Damit fallen das Paradigma des Betreuungsgeldes und die Einstellung von Eltern auseinander. Doch weshalb beziehen nun mehr Norweger als Schweden das Betreuungsgeld? Aufschluss darüber geben die Ergebnisse der Regressionsanalysen. Aus ihnen geht hervor, dass die Effekte der unabhängigen Variablen im Fall von Norwegen zumeist den Hypothesen entsprechen. Vor allem das Verhalten, das heißt die Betreuungsdauer des Kindes und die Arbeitszeit von Müttern und Vätern werden in der erwarteten Weise von den unabhängigen Variablen beeinflusst. Dieses Muster findet sich in ähnlicher Form, allerdings etwas weniger eindeutig, in den Regressionsmodellen zur Einstellung wieder. Auf die Einstellung der Eltern hat der Migrationshintergrund in Norwegen den stärksten Einfluss. Dementsprechend ist es wahrscheinlich, dass Eltern, die zu den Beziehern des Betreuungsgeldes gerechnet werden, in Norwegen positiv auf die Anreize der Leistung ansprechen und sie demzufolge auch beziehen.

Dagegen zeigt sich im Fall von Schweden, dass in einer Reihe von Beispielen die erwarteten Effekte der unabhängigen Variablen nicht auftreten. Vielmehr ergeben sich bei der Wirkung des Bildungsniveaus der Eltern auf deren Arbeitszeit und die Betreuungsdauer des Kindes sowie bei der Wirkung der Arbeitszeit des Partners auf die Betreuungsdauer und Einstellung gegenteilige Effekte. Auffällig ist auch, dass die Bildung der Mutter keinen Einfluss auf ihre Einstellung und das Haushaltseinkommen keinen Effekt bei Einstellung und Verhalten von Müttern zeigt. Daraus lässt sich die Annahme ableiten, dass die Mechanismen, nach denen die sozialen Faktoren die Einstellung und das Verhalten beeinflussen, andere sind als es die Hypothesen vorhersagen. Die Tatsache, dass Bildung keinen Einfluss auf die Einstellung schwedischer Mütter hat, mehr Bildung aber negativ auf die Betreuungsdauer und die Arbeitszeit der Mutter wirkt, kann als Hinweis darauf gewertet werden, dass es sich Mütter mit höherer Bildung einfach besser leisten können, mehr Zeit mit ihrem Kind zu verbringen. Damit wären ökonomische Notwendigkeiten verantwortlich für den beobachteten Einfluss der Bildung. Hierbei muss aber berücksichtigt werden, dass dem eine Egalisierung der Erwerbsmöglichkeiten von Müttern vorausgegangen ist, die dazu geführt hat, dass Erwerbstätigkeit unabhängig von der sozialen Klasse geworden ist (vgl. Krapf 2014: 30). Insofern lässt sich der langfristige Einfluss des Policy-Regimes am Verhalten der Eltern ablesen. Dieser Wandel im Verhältnis von sozialer Klasse und mütterlicher Erwerbstätigkeit mag verantwortlich dafür sein, dass die Eltern, die zum Kreis der Bezieher des Betreuungsgeldes gerechnet werden, nur in beschränktem Maße auf die Anreize der Leistung reagieren.

Neben den in Kapitel 5 aufgeführten Punkten können weitere kulturelle Faktoren eine Rolle für die Nutzung des Betreuungsgeldes in den beiden Ländern spielen. So haben Eltern aus der Mittelschicht in Schweden möglicherweise andere Präferenzen in Bezug auf Kinderbetreuung als in Norwegen. Stefansen und Farstad (2010) haben gezeigt, dass die Einstellung norwegischer Eltern zu externer Kinderbetreuung von ihrem sozioökonomischen Hintergrund abhängt. Eltern aus der Arbeiterklasse standen einer externen Betreuung ab dem ersten Geburtstag skeptischer gegenüber als Eltern aus der Mittelschicht. Letztere sahen ihr Kind häufig als neugierig und bereit für ein anderes Umfeld an, während erstere ihrem Kind länger einen geschützten Raum in der Familie gewähren wollten (Stefansen/Farstad 2010: 125ff.). Dagegen gibt es in der schwedischen Mittelschicht die starke Norm der ›eingebundenen Eltern‹ (Forsberg 2009b: 165). Dies bedeutet, dass Eltern (insbesondere Mütter) die Entwicklung des Kindes persönlich begleiten und steuern. Diesem Ideal zufolge sollten Eltern intensiv Zeit mit ihren Kindern verbringen, sie zu unabhängigen Individuen erziehen und ihre Talente fördern. In Familien aus der Arbeiterklasse ist dieses Ideal des Hineinwirkens in die Entwicklung des Kindes weniger stark verbreitet (Forsberg 2009a: 31ff.).

Es zeigt sich also, dass sowohl ökonomische als auch kulturelle Faktoren dafür verantwortlich sein können, dass in Schweden Mütter mit niedriger Bildung nicht-elterliche Betreuung für ihr Kind in stärkerem Maße nutzen als Mütter mit hoher Bildung. Möglicherweise wirken auch beide Faktoren zusammen in diese Richtung. Um eine belastbare Aussage darüber machen zu können, was die Ursache für den Bildungseffekt in Schweden ist, bedarf es allerdings weiterer Forschung. Obwohl der genaue Hintergrund für den Effekt sozialer Klasse auf schwedische Eltern nicht bekannt ist, zeigen die Ergebnisse doch deutlich, dass sich die Eltern, die zum Kreis der Bezieher des Betreuungsgeldes gerechnet werden, in Schweden anders verhalten als in Norwegen, was die unterschiedliche Inanspruchnahme erklärt.

Von allen drei Ländern fügt sich das Betreuungsgeld am schlechtesten in das institutionelle Regime Schwedens ein. In Schweden sind nämlich solche Policies am weitesten verbreitet, die das *dual-earner-/dual-carer-model* fördern, während sehr wenige Policies das *male-breadwinner-model* unterstützen.

Allerdings hat es zeitgleich mit der Einführung des Betreuungsgeldes in Schweden weitere Reformen gegeben, die in Richtung einer Aufweichung des starken *dual-earner-/dual-carer-model* weisen. Dies zeigt sich in der Einführung einer Steuererleichterung für Dienstleistungen im Haushalt, eines Gutscheins für Kinderbetreuung und in einem geschwächten Fokus der Gleichstellungspolitik auf strukturelle Benachteiligungen. Diese Reformen wurden alle von der sich seit 2006 im Amt befindenden Mitte-Rechts-Regierung durchgesetzt, die einen stärkeren Fokus auf Wahlfreiheit und marktorientierte Sozialpolitik gelegt hat (Earles 2011: 190). Dennoch gibt es in Schweden im Vergleich zu Norwegen immer noch weniger Anreize, das Kind bis zu dessen dritten Geburtstag persönlich zu betreuen. Das Betreuungsgeld ist somit besser mit dem norwegischen Policy-Regime koordiniert als mit dem schwedischen, was der in Kapitel 1 aufgestellten Hypothese folgend den Unterschied in der Inanspruchnahme erklärt.

Die Untersuchung des Policy-Regimes in Norwegen und Schweden hat darüber hinaus gezeigt, dass die Leistungen, die das *male-breadwinner-model* fördern, vor allem für Eltern mit niedrigen Einkommen attraktiv sind. Deswegen ist gerade diese Personengruppe von den widersprüchlichen Anreizen für das egalitäre und das traditionelle Familienmodell betroffen. Für Eltern mit höheren Einkommen bestehen dagegen fast ausschließlich Anreize für das *dual-earner-/dual-carer-model*. Dies legt den Schluss nahe, dass neben dem Betreuungsgeld selbst vor allem die Fragmentierung der Familienpolitik die schichtspezifische Nutzung des Betreuungsgeldes befördert.

Darüber hinaus spielt der Zeitpunkt der Einführung des Betreuungsgeldes in Norwegen und Schweden eine bedeutende Rolle für den Unterschied in der Inanspruchnahme. Als das Betreuungsgeld in Norwegen implementiert wurde, bestand eine große, nicht gedeckte Nachfrage nach öffentlichen Betreuungsplätzen für unter Dreijährige. Die Folge war, dass sehr viele norwegische Mütter das Betreuungsgeld beantragten, entweder um es für persönliche oder für eine privat finanzierte Betreuung zu verwenden. Im Gegensatz dazu war die öffentliche Kinderbetreuung in Schweden 2008 bereits so weit ausgebaut, dass die Nachfrage nach Betreuungsplätzen für unter Dreijährige annähernd gedeckt war. Die Inanspruchnahme des Betreuungsgeldes war deswegen von Beginn an sehr gering. Hierin entsprechen die Ergebnisse dieser Arbeit denen von Meagher und Szebehely (2012: 97) und betten deren Beobachtungen in einen theoretischen Kontext ein: Nach dem Konzept der Fragmentierung und der Theorie des Geschlechter-Arrangements wandeln sich nicht nur

Institutionen, sondern auch die soziale Umwelt in einem graduellen Prozess. Dies ist eine plausible Erklärung dafür, weshalb die Leistung in Norwegen immer noch stärker nachgefragt wird als in Schweden.

Neben der Förderung bestimmter Familien- beziehungsweise Verhaltensformen spielen abschließend auch einige ›technische‹ Aspekte eine wichtige Rolle für die Nutzung des Betreuungsgeldes in den beiden Ländern. In Norwegen können Kinder nur einmal im Jahr, im Herbst, in eine Betreuungseinrichtung aufgenommen werden und dies nur, wenn sie zu dem Zeitpunkt ein bestimmtes Alter erreicht haben. Aus diesem Grund haben viele Eltern für ihre Kinder (noch) keinen Anspruch auf einen öffentlichen Betreuungsplatz (Ellingsæter 2012: 7). Das Betreuungsgeld kann in solchen Fällen genutzt werden, um die Zeit zu überbrücken, bis ein Betreuungsplatz bereit steht. Vergleichbare Bestimmungen gibt es in Schweden nicht, wodurch die Notwendigkeit, das Betreuungsgeld zur Überbrückung der Wartezeit zu nutzen, nicht besteht. Darüber hinaus kann das norwegische Betreuungsgeld auch in Teilzeit bezogen werden, was in den meisten schwedischen Kommunen nicht der Fall ist. In Norwegen nutzten 2011 immerhin 25 Prozent der Bezieher der Leistung die Teilzeit-Option (ebenda). In Schweden müssten sich solche Eltern in der Regel entweder für das Betreuungsgeld oder für einen Betreuungsplatz entscheiden. Beide Aspekte, welche auf die Koordinierung der institutionellen Arrangements zurückzuführen sind, erklären ebenfalls, weshalb das Betreuungsgeld in Norwegen häufiger genutzt wird als in Schweden. Zuletzt ist hier ein dritter Aspekt von Bedeutung: Die offiziellen Statistiken über Norwegen nehmen auf die anspruchsberechtigten Eltern Bezug, was nicht sehr voraussetzungsvoll ist, da das Betreuungsgeld dort eine universelle Leistung darstellt. In Schweden haben dagegen Bezieher vieler Sozialleistungen keinen Anspruch auf das Betreuungsgeld. Dies wird in den Statistiken allerdings nicht berücksichtigt. Damit ist die Vergleichbarkeit der Angaben aus Norwegen und Schweden eingeschränkt, wobei man davon ausgehen kann, dass die Differenz in der Inanspruchnahme des Betreuungsgeldes zwischen den beiden Ländern etwas geringer ausfallen würde, wenn die schwedischen Statistiken sich auf die Kinder beziehen würden, deren Eltern anspruchsberechtigt sind.

Entwicklung der Inanspruchnahme in Deutschland

Zwischen Ost- und Westdeutschen gibt es erhebliche Unterschiede bei der Einstellung und der Verbreitung öffentlicher Kinderbetreuung. Westdeutsche Eltern stimmen einer egalitären Haltung zwar zu, doch stehen sie einer traditionellen Einstellung im Mittel unentschlossen gegenüber. Zugleich befinden sich öffentliche Kinderbetreuung bei den Ein- und Zweijährigen wie auch die Müttererwerbstätigkeit auf einem deutlich niedrigeren Niveau als in den skandinavischen Staaten. In Ostdeutschland ähneln die Werte für die Einstellung und die Betreuungsquote dagegen den Verhältnissen in Norwegen und Schweden, während kaum mehr Mütter erwerbstätig sind als im Westen. Diese Statistiken legen nahe, dass es in Ost- wie Westdeutschland eine Diskrepanz zwischen den normativen Orientierungen der Eltern und ihrer tatsächlichen Lebensweise gibt, allerdings in unterschiedlicher Ausformung. Deshalb wird eine Leistung wie das Betreuungsgeld, das in erster Linie das *male-breadwinner-model* fördert, nicht zu einer Verringerung des Ungleichgewichts von normativen Präferenzen und gelebter Realität führen – im Gegenteil: Es ist anzunehmen, dass die Leistung die bestehende Diskrepanz noch weiter verschärft. Darüber hinaus kann man davon ausgehen, dass die Inanspruchnahme des Betreuungsgeldes in Ost- und Westdeutschland unterschiedlich ausfallen wird. Das höhere Angebot an Betreuungsplätzen für unter Dreijährige und die egalitärere Haltung unter Ostdeutschen werden wahrscheinlich dazu führen, dass das Betreuungsgeld in den neuen Ländern in geringerem Maße angenommen wird als im Westen. Es muss zwar bedacht werden, dass die Leistung bei vielen ostdeutschen Müttern die relativen Kosten für einen Betreuungsplatz erhöhen wird, da sie öffentliche Betreuung nutzen, ohne berufstätig zu sein. Allerdings ist es fraglich, ob dieser Umstand dazu führen wird, dass die Inanspruchnahme des Betreuungsgeldes in Ostdeutschland trotz der oben genannten Aspekte relativ hoch ausfällt.

Aus den Regressionsanalysen ist hervorgegangen, dass bei den deutschen Befragten fast alle unabhängigen Variablen die erwartete Wirkung zeigen und damit die Hypothesen im Wesentlichen bestätigt wurden. Allerdings findet sich eine bedeutende Abweichung beim Einfluss des Haushaltseinkommens, da ein höheres Einkommen negativ auf die Dauer der nicht-elterlichen Kinderbetreuung wirkt. Eine relativ plausible Erklärung hierfür, die sich anhand des vorliegenden Datenmaterials aber leider nicht überprüfen lässt, ist ein versteckter Ost-/West-Effekt. Insgesamt kann man davon ausgehen, dass die Personengruppen, die zu den potentiellen Beziehern des Betreuungsgeldes gezählt werden, auch auf die Anreize der Leistung ansprechen, was eine relativ hohe Inanspruchnahme zur Folge hätte.

Neben der sozialen Umwelt spielen die Anreize des Policy-Regimes eine wichtige Rolle für die Entwicklung der Inanspruchnahme des Betreuungsgeldes. Im Vergleich der drei Länder fügt sich das Betreuungsgeld am besten in das Policy-Regime Deutschlands ein. Obwohl es seit den zweitausender Jahren eine Reihe familienpolitischer Reformen gegeben hat, die auf eine egalitäre Aufteilung von Erwerbs- und Betreuungsarbeit zwischen Müttern und Vätern hinwirken, fördert der deutsche Wohlfahrtsstaat immer noch im überwiegenden Maße das *male-breadwinner-model*. So gibt es eine Vielzahl an Policies, die sich an einer Altersgrenze von drei Jahren orientieren, wenn es um den Übergang von ausschließlich persönlicher Betreuung zum Eintritt in eine Form nicht-elterlicher Betreuung geht. Dazu zählen beispielsweise die Zumutbarkeitsregelungen im SGB II, das Unterhaltsrecht, die Rentenpunkte für Kinderbetreuung sowie die Elternzeit. Das deutsche Betreuungsgeld fügt sich in seiner Ausgestaltung sehr gut in diese Regelungen ein, indem es Anreize für die persönliche Betreuung durch die Mutter bis zur Vollendung des dritten Lebensjahres setzt. Allerdings steht das Betreuungsgeld damit im Gegensatz zu den jüngsten Reformen der deutschen Familienpolitik wie der Einführung des Elterngeldes oder dem Ausbau der öffentlich geförderten Betreuungsplätze für unter Dreijährige. Insgesamt existiert eine Reihe von Policies, die auf eine persönliche Betreuung des Kindes bis zur Vollendung des dritten Lebensjahres hinwirken, was die Anreize, das Betreuungsgeld zu beziehen, verstärkt. Demzufolge scheint eine hohe Inanspruchnahme des Betreuungsgeldes wahrscheinlich zu sein.

Anders als in Norwegen und Schweden gibt es in Deutschland auch für Eltern mit höheren Einkommen Anreize für das *male-breadwinner-model*, was insbesondere auf das Lohnsteuersystem zutrifft. Nichtsdestotrotz wird das traditionelle Familienmodell gerade in den unteren Lohngruppen gefördert. Dies legt wie in den nordischen Staaten eine Nutzung des Betreuungsgeldes vor allem durch Mütter mit niedrigen Einkommen nahe. Allerdings kann man auch davon ausgehen, dass es unter Familien aus der Mittelschicht, die Erwerbs- und Betreuungsarbeit traditionell aufteilen, zu erheblichen Mitnahmeeffekten kommen wird. So ist es möglich, dass sich wie in Norwegen Ende der neunziger Jahre viele Eltern aufgrund eines mangelnden Angebots an Betreuungsplätzen für den Bezug der Leistung entscheiden werden. Man kann jedoch davon ausgehen, dass das Betreuungsgeld – anders als in Norwegen – weniger für private Formen der nicht-elterlichen Kinderbetreuung genutzt wird, da die Erwerbsquote von Müttern ein und zwei Jahre alter Kinder bedeutend geringer ist. In der Folge wird für viele deutsche Mütter der Druck niedriger sein, eine private Betreuungsmöglichkeit für ihre Kinder zu finden, die zum Teil durch das Betreuungsgeld finanziert wird.

6.2 Bewertung der Erklärungsfaktoren

In der empirischen Analyse wurden in allen vier zu untersuchenden Bereichen (siehe Forschungshypothesen S. 59f.) Zusammenhänge entdeckt, bei denen man davon ausgehen kann, dass sie für die Inanspruchnahme des Betreuungsgeldes von Bedeutung sind. Nun stellt sich die Frage, ob einige Erklärungsfaktoren von größerer Relevanz sind als andere. Um diese zufriedenstellend zu beantworten, müssten zunächst Kriterien entwickelt werden, anhand derer sich die Relevanz eines bestimmten Erklärungsfaktors ablesen ließe. Die Erstellung solcher Kriterien ist schon allein deswegen äußerst schwierig, weil dem theoretischen Rahmen der Arbeit zufolge Policy-Regime und soziale Umwelt sowie die beiden jeweiligen Teilbereiche sehr eng miteinander verbunden sind und miteinander in Wechselwirkung stehen. Dies wird deutlich, wenn man den Einfluss der sozialen Umwelt auf die Inanspruchnahme des Betreuungsgeldes in Schweden betrachtet. Die soziale Klasse der Mutter wirkt sich nicht in der erwarteten Weise auf die Dauer der nicht-elterlichen Kinderbetreuung aus, was auf der einen Seite als erklärender Faktor für die niedrige Inanspruchnahme des Betreuungsgeldes in Schweden angeführt werden kann, auf der anderen Seite aber auch als Ergebnis des Einflusses des schwedischen Policy-Regimes auf die Gesellschaft gesehen werden muss. Aufgrund dieses engen Zusammenhangs zwischen den einzelnen Erklärungsfaktoren ist es nicht besonders sinnvoll, die Erklärungskraft der einzelnen Aspekte voneinander zu trennen und anschließend zu quantifizieren, auch wenn dies den Eindruck analytischer Klarheit vermitteln würde.

Nichtsdestotrotz lässt sich abschätzen, welche der Erklärungsfaktoren bereits durch andere Forschungsarbeiten thematisiert wurden und welche in noch stärkerem Maße durch weitere Studien überprüft werden müssen. Beim Vergleich zwischen Norwegen und Schweden sind die in Kapitel 4 vorgestellten Erklärungsfaktoren bereits in anderen Kontexten dargestellt und diskutiert worden. Die ›technische‹ Abstimmung zwischen dem Betreuungsgeld und den Rahmenbedingungen zum Eintritt der Kinder in öffentliche Betreuung, aber insbesondere die Relevanz des Zeitpunktes, zu dem das Betreuungsgeld eingeführt wurde, scheinen plausible Erklärungen für die unterschiedliche Inanspruchnahme der Leistung in Norwegen und Schweden zu sein. Im Gegensatz dazu gibt es zwar Arbeiten, die zeigen, dass die soziale Klasse der Mutter für die Nutzung öffentlicher Kinderbetreuung in Schweden keine Rolle mehr spielt (Krapf 2014; Meagher/ Szebehely 2012: 102f.). Doch ist es höchst interessant, ob sich das hier gefundene Ergebnis, nach dem die soziale Klasse den gegenteiligen Einfluss auf die Dauer der Kinderbetreuung ausübt als in anderen Ländern, durch weitere Untersuchungen bestätigen lässt.

Die Einschätzung, dass die Policy-Reformen in Norwegen zu einem Rückgang in der Inanspruchnahme des Betreuungsgeldes geführt haben, ist auch von anderen Autoren vertreten worden, wobei aber immer allein die Reformen der öffentliche Kinderbetreuung thematisiert wurden (Bungum/ Kvande 2013; Försäkringskassan 2013b: 18). Der Wandel in der Einstellung norwegischer Eltern, der in Kapitel 5.1 diskutiert wurde, ist bisher nicht als erklärende Variable für den Rückgang der Inanspruchnahme angeführt worden. Somit wären auch hier weitere Arbeiten von Interesse, die eine Wirkung der Einstellung auf das Verhalten norwegischer Eltern untersuchen.

Für Deutschland bestehen bisher verständlicherweise keine Arbeiten über die Nutzung des Betreuungsgeldes. Der obige Abschnitt hat für die beiden nordischen Länder aber einen Aspekt deutlich gemacht: Die Forschung zum Betreuungsgeld zieht vor allem institutionelle Einflussfaktoren zur Erklärung der Inanspruchnahme des Betreuungsgeldes heran. Der Einfluss der sozialen Umwelt spielt, wenn überhaupt, nur eine untergeordnete Rolle. Dies muss nicht bedeuten, dass Einstellung und Verhaltensformen von Eltern für die Nutzung des Betreuungsgeldes weniger wichtig sind. Im Gegenteil: Es wäre wünschenswert, wenn sich die zukünftige Forschung diesem Aspekt stärker hinwenden würde.

Daneben erlauben es die Ergebnisse der empirischen Analyse, die in der Theorie-Diskussion in Kapitel 2.2 angeführten Zusammenhänge zu beurteilen.

Aus der Untersuchung ist hervorgegangen, dass sowohl der Wandel von Institutionen als auch der Wandel der sozialen Umwelt für die Erklärung der Inanspruchnahme von Bedeutung ist. So lässt sich der Rückgang der Inanspruchnahme des Betreuungsgeldes in Norwegen zu einem wichtigen Teil auf Policy-Reformen zurückführen, die zu einer Schwächung des *male-breadwinner-model* geführt haben. In diesem Kontext ist also der Wandel (formaler) Policy-Institutionen von Bedeutung. Auf der anderen Seite sind auch die Veränderungen menschlichen Verhaltens von Relevanz. Der graduelle Wandel im Verhalten norwegischer Eltern ist nämlich ein Grund dafür, dass heute in Norwegen deutlich mehr Eltern das Betreuungsgeld nutzen als in Schweden. Welche Konsequenzen lassen sich aus diesen Beobachtungen ableiten?

Die Ergebnisse bestätigen die in den theoretischen Ansätzen enthaltene Annahme, dass institutioneller Wandel, aber auch Wandel in der sozialen Umwelt durch Pfadabhängigkeit geprägt und als gradueller Prozess zu verstehen ist. Blickt man auf die soziale Umwelt, so bestätigt sich dies im kontinuierlichen Rückgang der Inanspruchnahme in Norwegen (Ellingsæter 2012: 7). Daneben scheint es sinnvoll, den Wandel im norwegischen Policy-Regime ebenfalls als graduellen Prozess zu betrachten. Dies wird beispielsweise an der Entwicklung der öffentlichen Kinderbetreuungsplätze seit den 1970er Jahren deutlich (Skevik/Hatland 2008: 95). Die Ergebnisse widersprechen damit institutionalistischen Theorien wie dem *punctuated equilibrium*-Ansatz (Krasner 1984: 240ff.), die davon ausgehen, dass institutioneller Wandel schlagartig stattfindet. Vielmehr wird hier der Aussage von Streeck und Thelen (2005: 8f.) gefolgt, dass auch inkrementeller Wandel bedeutende Veränderungen mit sich bringen kann.

Darüber hinaus zeigen die Ergebnisse, dass der Zusammenhang zwischen dem Einfluss des Policy-Regimes und den Veränderungen in der sozialen Umwelt nicht unbedingt linearer Natur ist. Auch dieser Aspekt wird bei der Betrachtung des norwegischen Falls deutlich. So fiel mit dem Rückgang der Inanspruchnahme des Betreuungsgeldes eine Zunahme der Kinder in öffentlicher Betreuung zusammen, doch hat sich die mütterliche Erwerbstätigkeit nur wenig verändert, seitdem das Betreuungsgeld eingeführt wurde. Vielmehr lässt sich sagen, dass der Ausbau der Kinderbetreuung für unter Dreijährige durch die zu dieser Zeit bereits hohe Erwerbstätigkeit von Müttern vorangetrieben wurde (Ellingsæter/Gulbrandsen 2007). Dieses Beispiel veranschaulicht, dass Policy-Reformen, welche die Anreizstrukturen zur Aufteilung von Erwerbs- und Betreuungsarbeit betreffen, nicht notwendigerweise auf alle Formen von Verhalten Einfluss haben, die in diesem Bereich anzusiedeln sind. Das umgekehrte Verhältnis zwischen mütterlicher Erwerbstätigkeit und nicht-elterlicher Kinderbetreuung besteht im Fall von Ostdeutschland: Zwar sind dort ähnlich viele Kinder in öffentlicher Betreuung wie in den nordischen Ländern, doch ist die Erwerbsquote von Müttern deutlich niedriger. Möglicherweise ist die nicht-elterliche Betreuung von Kleinkindern in Ostdeutschland kulturell so tief verwurzelt, dass das Betreuungsgeld dort langfristig kaum genutzt werden wird.

Festzuhalten bleibt jedenfalls, dass das Nebeneinander von Wandel und Stabilität verschiedener Verhaltensformen zwei Punkte deutlich macht: Erstens wirken Policies zuweilen nur auf einzelne Formen von Verhalten, nicht auf alle, auf die eine Policy möglicherweise Einfluss hat. Zweitens kann die Rigidität bestimmter Verhaltensmuster wie die Müttererwerbstätigkeit und die nicht nachlassende Nachfrage nach öffentlichen Kinderbetreuungsplätzen in Norwegen zu Policy-Reformen beitragen. Obwohl die in Kapitel 2 diskutierten theoretischen Ansätze auf die Wechselseitigkeit des Einflusses von Policy-Regime und sozialer Umwelt hingewiesen haben, bleiben diese beiden Aspekte doch unberücksichtigt.

6.3   Ausblick

Die Untersuchung hat gezeigt, dass das Betreuungsgeld sowohl für persönliche Betreuung verwendet werden kann als auch zur (Mit-)Finanzierung einer privaten Kinderbetreuung. Wie Eltern das Betreuungsgeld nutzen, hängt aber nicht nur von ihrem sozioökonomischen Hintergrund ab. Das Zusammenspiel von sozialem und Policy-Kontext entscheidet maßgeblich darüber, welche Eltern das Betreuungsgeld zu welchem Zweck verwenden. Aus dieser Arbeit lassen sich zwei Beispiele hierfür nennen: In Norwegen wurde das Betreuungsgeld in den ersten Jahren nach seiner Einführung von vielen Eltern zur Finanzierung einer privaten Betreuungslösung genutzt und man kann davon ausgehen, dass dies gerade bei Müttern mit hoher Arbeitsmarktaffinität der Fall war (Bungum/Kvande 2013: 43). Daneben scheint es in Deutschland wahrscheinlich, dass es auch unter Müttern aus der Mittelschicht zu Mitnahmeeffekten kommen wird, da die Betreuungs- und die Erwerbsquote von Müttern vergleichsweise niedrig sind. Diese Beispiele zeigen, dass sich eine Leistung in verschiedenen Gesellschaften unterschiedlich auswirken kann, abhängig davon, wie soziale Umwelt und Policy-Regime zusammenspielen.

Die Inanspruchnahme des Betreuungsgeldes ist wichtig für die Beurteilung der gesellschaftlichen Bedeutung der Leistung in den drei Ländern. Im Fall von Schweden fällt diese Einordnung leicht. Aufgrund der niedrigen Inanspruchnahme ist dem Betreuungsgeld eine relativ geringe gesellschaftliche Relevanz zuzuschreiben. Man kann insgesamt davon ausgehen, dass das Betreuungsgeld für das Verhalten der Eltern im gesamtgesellschaftlichen Kontext nur eine geringe Rolle spielt. Dagegen gestaltet sich der norwegische Fall komplexer, weil sich die Zahl der Bezieher der Leistung stark verändert hat. Anfangs war die Inanspruchnahme zwar sehr hoch, doch hat sich das Erwerbsverhalten von Müttern durch die Einführung des Betreuungsgeldes nur in geringem Maße verändert (Ellingsæter 2003; Naz 2004). Insofern liegt es zunächst nahe, von einer eingeschränkten Bedeutung der Leistung für das Verhalten von Eltern zu sprechen. Nachdem die Inanspruchnahme über die Jahre immer weiter zurückgegangen ist, kann man davon ausgehen, dass die gesellschaftliche Relevanz des Betreuungsgeldes nicht zugenommen hat. Dennoch stellt sich die Frage, ob in Norwegen ein Kern an Beziehern übrig geblieben ist, für den die Leistung tatsächlich einen verhaltensändernden Effekt hat. In diesem Fall hätte sich die Bedeutung des Betreuungsgeldes in Norwegen tatsächlich nur wenig gewandelt. Nichtsdestotrotz können weitere Policy-Reformen den Einfluss der Leistung auf das Verhalten von Eltern verringern. Mit der Beschränkung der Leistung auf einjährige Kinder wurde bereits ein erster Schritt in Richtung einer Abschaffung des Betreuungsgeldes gemacht, zumal von Seite der linken Parteien öffentlich gefordert wird, die Leistung einzustellen (Ellingsæter 2012: 11f.).

Vergleicht man die Geschichte des Betreuungsgeldes in Norwegen und Schweden, so wird deutlich, dass die Parlamentswahlen und die Dominanz bestimmter Parteien für das Bestehen der Leistung eine große Rolle spielen. So wurde das erste Betreuungsgeld in Schweden 1994 nach dem Wahlsieg der Sozialdemokraten nach nur wenigen Monaten wieder abgeschafft (Hiilamo/Kangas 2009: 464). Dagegen etablierte sich das Betreuungsgeld in Norwegen unter der Regierung konservativer Parteien und existiert bis heute, obwohl es zwischen 2005 und 2013 eine Mehrheitsregierung unter Führung der Sozialdemokraten gegeben hat. Hieraus lässt sich die Hypothese ableiten, dass es umso schwieriger ist, eine Leistung abzuschaffen, je länger sie besteht und die Parteien, die sie eingeführt haben, in der Regierungsverantwortung sind. Das Beispiel Norwegens zeigt aber auch, wie es eine Regierung schaffen kann, eine Leistung weniger attraktiv zu machen,

indem andere Policies reformiert und die Leistungshöhe des Betreuungsgeldes über die Jahre nicht wesentlich erhöht wurde, wenn man die seit
August 2012 geänderte Leistungshöhe für 13 bis 18 Monate alte Kinder
außer Acht lässt.[40]

Wie sich das Betreuungsgeld und seine Inanspruchnahme in Deutschland entwickeln werden, kann man heute noch nicht im Detail sagen, weshalb auch keine Aussagen über die gesellschaftliche Bedeutung der Leistung gemacht werden können. Allerdings lässt sich aus den beschriebenen
Gründen annehmen, dass die Inanspruchnahme in Westdeutschland relativ
hoch ausfallen wird. Betrachtet man die Entwicklungen in Norwegen und
Schweden, so wird jedoch deutlich, welche Optionen die politischen Akteure in Deutschland haben: Eine Abschaffung des Betreuungsgeldes steht
unter der durch die CDU/CSU geführten Großen Koalition (2013 bis
voraussichtlich 2017) nicht zur Debatte. Blickt man auf die Geschichte des
Betreuungsgeldes in Norwegen und Schweden, so ist es vor diesem Hintergrund wahrscheinlich, dass sich das Betreuungsgeld in Deutschland
langfristig als ein Teil der Familienpolitik etablieren wird. Allerdings hat der
Fall Norwegens gezeigt, wie sehr die Popularität einer Leistung zurückge-
hen kann, wenn die öffentliche Kinderbetreuung ausgebaut und ein egalitäres Familienmodell durch weitere Reformen unterstützt wird.

Auch wenn die gesellschaftliche Relevanz des Betreuungsgeldes in
Schweden als beschränkt angesehen werden muss, so ist doch die wissen-
schaftliche Auseinandersetzung mit der Leistung sehr lohnenswert. Diese
Arbeit hat nämlich dargelegt, dass die gesellschaftliche Bedeutung des Betreuungsgeldes davon abhängt, in welchem wohlfahrtsstaatlichen Kontext
sie steht. In Schweden kam die Einführung der Leistung zu spät, um auf
eine breite Resonanz von Seiten der Eltern zu stoßen, da die öffentliche
Kinderbetreuung 2008 bereits weit verbreitet war. Dagegen fügte sich das
norwegische Betreuungsgeld Ende der neunziger Jahre relativ gut in die
›zweiseitige‹ Familienpolitik des Landes ein und etablierte sich in der Folge.
Im Fall Deutschlands kann die Leistung in ähnlicher Weise als Ausdruck
der Dualität der Familienpolitik gesehen werden. An diesem Beispiel wird
der große Nutzen vergleichend angelegter Studien deutlich, da sie veran-

---

40 Das Betreuungsgeld betrug bei seiner Einführung 1998 3.000 Kronen, belief sich ab
August 2003 auf einen Höchststand von 3.657 Kronen und wurde zum Jahr 2006 durch
die sozialdemokratisch geführte Regierung auf 3.303 Kronen gesenkt, was bis zur
Reform 2012 so blieb und heute noch für 19 bis 23 Monate alte Kinder gilt (Korsnes
2004: 111; Ruud/Overn 2010; Schøne 2004: 705).

schaulichen, was die Ursachen für die gesellschaftliche Bedeutung der Leistung in einem Land sind.

Am Ende dieser Arbeit sollen ein paar Empfehlungen für die künftige Forschung über das Betreuungsgeld gemacht werden. Die vorliegende Arbeit hat gezeigt, dass es für die Beurteilung der Inanspruchnahme von Vorteil ist, auch längerfristige Entwicklungen zu untersuchen. Aus dem Vergleich zwischen Norwegen und Schweden ist hervorgegangen, welche wichtige Rolle die Pfadabhängigkeit gesellschaftlicher Entwicklungen für die Inanspruchnahme in den beiden Ländern spielt. Deswegen kann hier nur empfohlen werden, die Inanspruchnahme von Wohlfahrtsleistungen in einer Längsschnittperspektive zu betrachten.

Für die Untersuchung der Aufteilung von Erwerbs- und Betreuungsarbeit zwischen Müttern und Vätern wäre es ausgesprochen wünschenswert, wenn Datensätze wie das EU-SILC Survey auch Variablen zur Dauer der durch die Eltern erbrachten Kinderbetreuung enthielten. Dies ist von Bedeutung, weil die persönliche Kinderbetreuung zwischen Müttern und Vätern auch in den nordischen Staaten immer noch recht ungleich verteilt ist (Eurofound 2012: 58) und eine Einbeziehung dieser Variable in die vorliegende Arbeit sehr aufschlussreich gewesen wäre. Ohne eine angemessene Datengrundlage wird die Aufteilung der persönlichen Betreuung auch in zukünftigen Studien nicht die Beachtung finden, die diesem Aspekt zukommen sollte.

Darüber hinaus wären vergleichbare Statistiken über die Inanspruchnahme des Betreuungsgeldes in den verschiedenen Ländern mit einer solchen Leistung sehr nützlich. So wäre es im Fall von Schweden gut zu wissen, wie viele Kinder, deren Eltern anspruchsberechtigt sind, unter Nutzung des Betreuungsgeldes betreut werden. Dazu müssten in den nordischen Ländern Statistiken auf Basis vergleichbarer Kriterien erhoben werden. Voraussetzung dafür wäre, dass sich die nationalen Statistik-Ämter der einzelnen Länder auf solche Kriterien einigen. Es mag ein frommer Wunsch von Seiten der Wissenschaft sein, doch würde dies eine vergleichende Evaluation der Policy deutlich vereinfachen.

Zuletzt wären Studien sehr aufschlussreich, die untersuchen, wie Eltern das Betreuungsgeld genau nutzen, ob für persönliche oder privat finanzierte Kinderbetreuung. Ein genauerer Blick in die Nutzerstruktur der Leistung würde nämlich helfen, die Konsequenzen des Betreuungsgeldes für das Leben von Familien besser zu verstehen.

Diese Anmerkungen zeigen, dass es in der Forschung über das Betreuungsgeld immer noch viele Lücken gibt, die sich schließen ließen, wenn sich die Datenlage über die Leistung verbessern würde. Es bleibt zu hoffen, dass dies in Zukunft geschehen wird, um mehr über dieses äußerst kontroverse Element in der Familienpolitik verschiedener europäischer Staaten zu erfahren.

Abbildungsverzeichnis

Tabellenverzeichnis

Anhangsverzeichnis

Literatur

6, Perri (1997), *Holistic government*, London: Demos.

— /Leat, Diana/Seltzer, Kimberly/Stoker, Gerry (2002), *Towards Holistic Governance – The New Reform Agenda*, Houndmills/New York: palgrave.

Agence France Presse (2012), »Das Betreuungsgeld sorgt seit über fünf Jahren für Streit«, Artikel vom 26.09.2012.

Aiken, Leona S./West, Stephen G. (1991), *Multiple regression: Testing and interpreting interactions*, Newbury Park, California: Sage Publications.

Althammer, Jörg (2010), »Bildungs- und Betreuungsgutscheine – Ein Weg aus dem Dilemma?«, *Politische Studien*, Heft 430, 61. Jahrgang, S. 30–36.

Arzheimer, Kai (2009), »Mehr Nutzen als Schaden? Wirkung von Gewichtungsverfahren«, in: Schoen, Harald/Rattinger, Hans/Gabriel, Oscar W. (Hg.), *Vom Interview zur Analyse: Methodische Aspekte der Einstellungs- und Wahlforschung*, Baden-Baden: Nomos Verlagsgesellschaft, S. 361–388.

Bäcker, Gerhard/Naegele, Gerhard/Bispinck, Reinhard/Hofemann, Klaus/Neubauer, Jennifer (2010), *Sozialpolitik und soziale Lage in Deutschland, Band 2: Gesundheit, Familie, Alter und Soziale Dienste*, 5., durchgesehene Auflage, Wiesbaden: VS Verlag für Sozialwissenschaften.

— /Bosch, Gerhard/Weinkopf, Claudia (2011), *Vorschläge zur künftigen Arbeitsmarktpolitik: integrativ –investiv – innovativ*, Gutachten für das Thüringer Ministerium für Wirtschaft, Arbeit und Technologie.

Backhaus, Klaus/Erichson, Bernd/Plinke, Wulff (2006), *Multivariate Analysemethoden: Eine anwendungsorientierte Einführung*, 11., überarbeitete Auflage, Berlin: Springer Lehrbuch.

Bakken, Frøydis/Myklebø, Sigrid (2010), *Kontantstøttens utbredelse og foreldres preferanser for barnetilsyn – en studie av årskullene 1998–2008 og deres foreldre*, NAV-rapport 1/2010, Oslo: Arbeids- og velferdsdirektoratet.

Barne- og Familiedepartementet (1999), *Background Report from Norway: OECD – Thematic Review of Early Childhood Education and Care Policy*, 29th December 1998.

Bartelheimer, Peter (2008), »Wie man an seiner Eingliederung mitwirkt. Arbeitsmarktdienstleistungen nach SGB II zwischen institutionellen und persönlichen Auftrag«, *Zeitschrift für Sozialreform*, Heft 1, 54. Jahrgang, S. 11–36.

Beninger, Denis/Bonin, Holger/Horstschräter, Julia/Mühler, Grit (2010), *Wirkungen eines Betreuungsgeldes bei bedarfsgerechtem Ausbau frühkindlicher Kindertagesbe-*

treuung: Eine Mikrosimulationsstudie, Discussion Paper Nr. 10-057, Zentrum für Europäische Wirtschaftsforschung.

Bernhardt, Eva/Noack, Turid/Hove Lyngstad, Torkild (2008), »Shared housework in Norway and Sweden: advancing the gender revolution«, *Journal of European Social Policy*, Jg. 18, Nr. 3, S. 275–288.

Bertram, Hans (2008), *Die Mehrkinderfamilie in Deutschland – Zur demographischen Bedeutung der Familie mit drei und mehr Kindern und zu ihrer ökonomischen Situation*, Expertise für das Kompetenzzentrum für familienbezogene Leistungen im Bundesministerium für Familie, Senioren, Frauen und Jugend.

Betzelt, Sigrid (2007), *»Gender Regimes«: Ein ertragreiches Konzept für die komparative Forschung*. Literaturstudie, ZeS-Arbeitspapier, Nr. 12/2007, Universität Bremen.

— (2008), »Hartz IV – Folgen für Ungleichheit und das Gender Regime. Universelle Erwerbsbürgerschaft und Geschlechter(un)gleichheit«, *ZeS-Report*, 13. Jahrgang, Nr. 1, S. 1–8.

— /Bothfeld, Silke (2011), »Incoherent Strategies – Fragmented Outcomes: Raising Women's Employment Rate in Germany«, *German Policy Studies*, Jg. 7, Nr. 1, S. 73–106.

Björnberg, Ulla/Dahlgren, Lillemor (2008), »Family Policy. The Case of Sweden«, in: Ostner, Ilona/Schmitt, Christoph (Hg.), *Family Policies in the Context of Family Change – The Nordic Countries in Comparative Perspective*, Wiesbaden: VS Verlag für Sozialwissenschaften, S. 37–56.

BMF (Bundesministerium der Finanzen) (2012), *Lohn- und Einkommenssteuerrechner*, https://www.bmf-steuerrechner.de/bl2011/?, 26.11.2012.

BMFSFJ (Bundesministerium für Familie, Senioren, Frauen und Jugend) (2012) (Hg.), *Neue Wege – Gleiche Chancen, Gleichstellung von Frauen und Männern im Lebensverlauf – Erster Gleichstellungsbericht*, 3. Auflage Dezember 2012, Berlin.

BMG (Bundesministerium für Gesundheit) (2012), *Gesetzliche Krankenversicherung – Mitglieder, mitversicherte Angehörige und Krankenstand – Monatswerte Januar bis Oktober 2012*, http://www.bmg.bund.de/fileadmin/dateien/Downloads/Statistiken/GKV/Mitglieder_Versicherte/KM1_Januar_Oktober_2012.pdf, 28.11.2012.

Bock-Famulla, Kathrin/Lange, Jens (2011), *Länderreport Frühkindliche Bildungssysteme 2011*, Gütersloh: Verlag Bertelsmann Stiftung.

Bogedan, Claudia/Bothfeld, Silke/Leiber, Simone (2009), »Fragmentierung des Bismarck'schen Sozialstaatsmodells? Ein Vorschlag zur Erfassung von Wandel in Sozialversicherungsländern«, *Sozialer Fortschritt*, Jg. 58, Nr. 5, S. 102–109.

Boll, Christina/Reich, Nora (2012), »Das Betreuungsgeld – eine kritische ökonomische Analyse«, *Wirtschaftsdienst: Zeitschrift für Wirtschaftspolitik*, 92. Jahrgang, Heft 2, S. 121–128.

Borchorst, Anette (2008), »Woman-friendly policy paradoxes?: Childcare policies and gender equality visions in Scandinavia«, in: Melby, Kari/Carlsson Wetterberg, Christina/Ravn, Anna-Birte (Hg.), *Gender equality and welfare politics in Scandinavia: The limits of political ambition?*, Bristol: The Policy Press, S. 27–42.

Borck, Rainald/Wrohlich, Katharina (2011), »Preferences for childcare policies: Theory and evidence«, *European Journal of Political Economy*, Jg. 27, S. 436–454.

Bothfeld, Silke (2008), *Under (Re-) Construction – Die Fragmentierung des deutschen Geschlechterregimes durch die neue Familienpolitik*, ZeS-Arbeitspapier Nr. 01/2008, Universität Bremen.

— /Kuhl, Mara (2008), »Gleichstellungspolitik und feministische Politikwissenschaft – eine ›unsichtbare Avantgarde‹ der Governance-Forschung?«, in: Schuppert, Gunnar Folke/Zürn, Michael (Hg.), *Governance in einer sich wandelnden Welt*, Politische Vierteljahresschrift Sonderheft 41/2008, Wiesbaden: VS Verlag für Sozialwissenschaften, S. 330–351.

Brosius, Felix (1998), *SPSS 8: Professionelle Statistik unter Windows*, Bonn: International Thomson Publishing.

Bryman, Alan (2006), »Paradigm Peace and the Implications for Quality«, *International Journal of Social Research Methodology*, Jg. 9, Nr. 2, S. 111–126.

Bühl, Achim (2006), *SPSS 14 – Einführung in die modern Datenanalyse*, 10. überarbeitete und erweiterte Auflage, München: Pearson Studium.

Bundesagentur für Arbeit (2012a), *Arbeitsmarkt 2011, Amtliche Nachrichten der Bundesagentur für Arbeit*, 59. Jahrgang, Sondernummer 2, http://statistik.arbeitsagen tur.de/Statischer-Content/Arbeitsmarktberichte/Jahresbericht-Arbeitsmarkt-Deutschland/Generische-Publikationen/Arbeitsmarkt-2011.pdf, 11.10.2013.

— (2012b), *Grundsicherung in Deutschland – Mai 2012*, http://statistik.arbeitsagen tur.de/arbeitsmarktberichte, 14.07.2013.

Bungum, Brita/Kvande, Elin (2013), »The rise and fall of cash for care in Norway: changes in the use of child-care policies«, *Nordic Journal of Social Research*, Jg. 4, S. 31–54.

Cortell, Andrew P./Peterson, Susan (2001), »Limiting the Unintended Consequences of Institutional Change«, *Comparative Political Studies*, Jg. 34, Nr. 7, S. 768–799.

Csigó, Monika (2006), *Institutioneller Wandel durch Lernprozesse – Eine neo-institutionalistische Perspektive*, Wiesbaden: VS Verlag für Sozialwissenschaften.

Cunningham, Mick (2001), »The Influence of Parental Attitudes and Behaviors on Children's Attitudes Toward Gender and Household Labor in Early Adulthood«, *Journal of Marriage and Family*, Jg. 63, S. 111–122.

Dahl, Espen/Pedersen, Axel West (2006), »Gender, Employment and Social Security in Norway«, *Gender Issues*, Winter 2006, S. 32–64.

Daly, Mary (2005), »Changing family life in Europe: Significance for state and society«, *European Societies*, Jg. 7, Nr. 3, S. 379–398.

Deutsche Rentenversicherung (2013), *Wie sich die Rente berechnet – Kompliziert, aber nicht undurchschaubar*, http://www.deutsche-rentenversicherung.de/Allgemein/de/Inhalt/1_Lebenslagen/05_Kurz_vor_und_in_der_Rente/01_Kurz_vor_de r_Rente/04_wie_sich_die_rente_berechnet.html, 07.11.2013.

Deutscher Bundestag (2012), *Entwurf eines Gesetzes zur Einführung eines Betreuungsgeldes (Betreuungsgeldgesetz)*, Drucksache 17/9917.

Diehl, Claudia/Koenig, Matthias/Ruckdeschel, Kerstin (2009), »Religiosity and gender equality: comparing natives and Muslim migrants in Germany«, *Ethnic and Racial Studies*, Jg. 32, Nr. 2, S. 278–301.

Diekmann, Andreas (2005), *Empirische Sozialforschung – Grundlagen, Methoden, Anwendungen*, 13. Auflage Februar 2005, Reinbeck bei Hamburg: Rowohlt Taschenbuch Verlag.

Dingeldey, Irene (2000), »Einkommenssteuersysteme und familiale Erwerbsmuster im europäischen Vergleich«, in: Dingeldey, Irene (Hg.), *Erwerbstätigkeit und Familie in Steuer- und Sozialversicherungssystemen – Begünstigungen und Belastungen verschiedener familialer Erwerbsmuster im Ländervergleich*, Opladen: Leske + Budrich, S. 11–47.

— (2003), »Politikfeldübergreifende Koordination als neue Steuerungsform im aktivierenden Sozialstaat? Eine Analyse der Employability Politik in Dänemark, Deutschland und Großbritannien am Beispiel der Beschäftigungsfähigkeit von Müttern«, *Österreichische Zeitschrift für Politikwissenschaft*, 32. Jahrgang, Heft 1, S. 97–107.

— (2006), »Holistic Governance‹ oder die Notwendigkeit reflexiver Gestaltung von Familien- und Arbeitsmarktpolitik. Zur differenten Entwicklung der Vereinbarkeit von Familie und Beruf in Dänemark, Großbritannien und der Bundesrepublik«, in: Bertram, Hans/Krüger, Helga, Spieß, Katharina C. (Hg.), *Wem gehört die Familie der Zukunft? Expertisen zum 7. Familienbericht der Bundesregierung*, Opladen: Verlag Barbara Budrich, S. 359–381.

— (2009), *Activating Labour Market Policies and the Restructuring of ›Welfare‹ and ›State‹ – A comparative View on Changing Forms of Governance*, ZeS-Arbeitspapier Nr. 01/2009, Universität Bremen.

Dombrowski, Rosine (2007), *Wandel sozialpolitischer Leitbilder – Vom Familienernährer zum adult worker model?*, DFG-Projekt WI 2142/2-1, Arbeitspapier 8, Nürnberg.

Drasch, Katrin (2011), »Zwischen familiärer Prägung und institutioneller Steuerung – Familienbedingte Erwerbsunterbrechungen von Frauen in Ost- und Westdeutschland und der DDR«, in: Berger, Peter A./Hank, Karsten/Tölke, Angelika (Hg.), *Reproduktion von Ungleichheit durch Arbeit und Familie*, Wiesbaden: VS Verlag für Sozialwissenschaften, S. 171–200.

Dräther, Hendrik/Rothgang, Heinz (2004), *Die Familienversicherung für Ehepaare in der Gesetzlichen Krankenversicherung – Problemanalyse und Lösungsvorschläge*, ZeS-Arbeitspapier Nr. 9/2004, Universität Bremen.

Duell, Nicola/Singh, Shruti/Tergeist, Peter (2009), *Activation Policies in Norway*, OECD Social, Employment and Migration Working Papers Nr. 78, OECD Publishing.

Duller, Christine (2013), *Einführung in die Statistik mit EXCEL und SPSS – Ein anwendungsorientiertes Lehr- und Arbeitsbuch*, 3., überarbeitete Auflage, Berlin/Heidelberg: Springer Gabler.

Duvander, Ann-Zofie/Ferrarini, Tommy/Thalberg, Sara (2008), *Towards a family-policy model?*, Framtider International Edition.

— /Lappegård, Trude/Andersson, Gunnar (2010),»Family policy and fertility: fathers' and mothers' use of parental leave and continued childbearing in Norway and Sweden«, *Journal of European Social Policy*, Jg. 20, Nr. 1, S. 45–57.

Earles, Kimberly (2011),»Swedish Family Policy – Continuity and Change in the Nordic Welfare State Model«, *Social Policy & Administration*, Jg. 45, Nr. 2, S. 180–193.

Edmark, Karin/Liang, Che-Yuan/Mörk, Eva/Selin, Håkan (2012), *Evaluation of the Swedish earned income tax credit*, IFAU working paper 2012:1.

Ellingsæter, Anne Lise (2003),»The Complexity of Family Policy Reform – The Case of Norway«, *European Societies*, Jg. 5, Nr. 4, S. 419–443.

— (2006),»The Norwegian childcare regime and its paradoxes«, in: Ellingsæter, Anne Lise/Leira, Arnlaug (Hg.), *Politicising Parenthood in Scandinavia – Gender relations in welfare states*, Bristol: The Policy Press, S. 121–144.

— (2007),»'Old' and 'new' politics of time to care: three Norwegian reforms«, *Journal of European Social Policy*, Jg. 17, Nr. 1, S. 49–60.

— (2012), *Betreuungsgeld – Erfahrungen aus Finnland, Norwegen und Schweden*, Friedrich-Ebert-Stiftung, Internationale Politikanalyse, Berlin.

— /Gulbrandsen, Lars (2007),»Closing the Childcare Gap: The Interaction of Childcare Provision and Mothers' Agency in Norway«, *Journal of Social Policy*, Jg. 36, Nr. 4, S. 649–669.

Enste, Dominik H./Hülskamp, Nicola/Schäfer, Holger (2009), *Familienunterstützende Dienstleistungen – Marktstrukturen, Potentiale und Politikoptionen*, Köln: Deutscher Instituts-Verlag.

Eriksen, John (2001),»Unmarried Cohabitation and Family Policy in Norway«, *International Review of Sociology*, Jg. 11, Nr. 1, S. 63–74.

Esping-Andersen, Gøsta (1999), *Social Foundations of Postindustrial Economies*, Oxford: University Press.

Esser, Hartmut (2006),»Institutionen als Modelle«, in: Schmid, Michael/Maurer, Andrea (Hg.), *Ökonomischer und soziologischer Institutionalismus – Interdisziplinäre Beiträge und Perspektiven der Institutionentheorie und -analyse*, zweite durchgesehene Auflage, Marburg: Metropolis Verlag, S. 47–72.

Eurofound (2012), *Third European Quality of Life Survey – Quality of Life in Europe: Impacts of the Crisis*, Luxembourg: Publications Office of the European Union.

European Commission (2014), *Employment and Social Developments in Europe 2013*, Luxembourg: Publications Office of the European Union.

Eurostat (2010a), *EU-SILC 065 (2008 operation) – Description of Target Variables: Cross-sectional and longitudinal* (Version January 2010).

— (2010b), *EU-SILC cross-sectional 2008 UDB*, Brussels: European Commission, Directorate F: Social Statistics and Information Society.

— (2010c), *Formale Kinderbetreuung nach Altersklassen und zeitlicher Nutzung – Prozent der Population in der Altersklasse*, http://appsso.eurostat.ec.europa.eu/nui/show.do?dataset=ilc_caindformal&lang=de, 24.11.2011.

— (2012a), *Divorce indicators*, http://appsso.eurostat.ec.europa.eu/nui/show.do? dataset=demo_ndivind&lang=en, 18.11.2012.

— (2012b), *Unemployment rate by sex and age groups – annual average*, http://appsso. eurostat.ec.europa.eu/nui/show.do?dataset=une_rt_a&lang=en, 18.11.2012.

— (2014a), *Geschlechtsspezifisches Verdienstgefälle, ohne Anpassung in Prozent – NACE Rev.2*, http://appsso.eurostat.ec.europa.eu/nui/show.do?dataset=earn_gr_gp gr2&lang=de, 17.04.2014.

— (2014b), *Kaufkraftparitäten (KKP) und vergleichende Preisniveauindizes für die Aggregate des ESVG95*, http://appsso.eurostat.ec.europa.eu/nui/submitViewTable Action.do, 18.07.2014.

Evertsson, Marie/Duvander, Ann-Zofie (2011), »Parental Leave – Possibility or Trap? Does Family Leave Length Effect Swedish Women's Labour Market Opportunities?«, *European Sociological Review*, Jg. 27, Nr. 4, S. 435–450.

EVS (2010), *European Values Study 2008, 4th wave, Integrated Dataset*, GESIS Data Archive, Cologne, Germany, ZA4800 Data File Version 2.0.0 (2010-11-30), doi:10.4232/1.10188.

EVS/GESIS (2010a), *EVS 2008 Master Questionnaire*, *GESIS-Questionnaires 2010/01*, http://www.europeanvaluesstudy.eu/, 01.10.2012.

— (2010b), *EVS 2008 Method Report*, GESIS-Technical Reports 2010/17, http://www.europeanvaluesstudy.eu/, 01.10.2012.

Eydal, Guðný Björk/Ólafsson, Stefán (2008), »Family Policies in Iceland: An Overview«, in: Ostner, Ilona/Schmitt, Christoph (Hg.), *Family Policies in the Context of Family Change – The Nordic Countries in Comparative Perspective*, Wiesbaden: VS Verlag für Sozialwissenschaften, S. 109–127.

— /Rostgaard, Tine (2011), »Gender Equality Revisited – Changes in Nordic Childcare Policies in the 2000s«, *Social Policy and Administration*, Jg. 45, Nr. 2, S. 161–179.

Fagnani, Jeanne/Boyer, Danièle (2009), »France«, in: Moss, Peter (Hg.), *International Review of Leave Policies and Related Research 2009*, Employment Relations Research Series Nr. 102, Department for Business, Innovation and Skills, S. 179–185.

Färber, Gisela (2007), »Ehegattensplitting und Lohnsteuerkartenverfahren«, in: Seel, Barbara (Hg.), *Ehegattensplitting und Familienpolitik*, Wiesbaden: Deutscher Universitäts-Verlag, S. 181–206.

Farré, Lídia/Vella, Francis (2007), *The Intergenerational Transmission of Gender Role Attitudes and its Implications for Female Labor Force Participation*, IZA Discussion Paper Nr. 2802.

Ferrarini, Tommy (2003), *Parental leave institutions in eighteen post-war welfare states*, Swedish Institute for Social Research – Dissertation Series: 58, Stockholm University.

— /Duvander, Ann-Zofie (2009), *Swedish Family Policy – controversial reform of a success story*, Friedrich-Ebert-Stiftung, Referat westliche Industrieländer – Nordic Countries, 3-2009.

— /Duvander, Ann-Zofie (2010), *Conflicting Directions? Outcomes and New Orienta-
tions of Sweden's Family Policy*, Stockholm University Linnaeus Center on Social
Policy and Family Dynamics in Europe, Working Paper 2010: 4.

Försäkringskassan (2012a), *Redovisning av underlag för kreditering av jämställdhetsbonusen
för 2011 – Återrapportering enligt regleringsbrevsuppdrag för 2012*, Svar på regerings-
uppdrag, 2012-06-11.

— (2012b), *Social Insurance in Figures 2012*, Stockholm.

— (2013a), *Sjukpenninggrundande inkomst*, http://www.forsakringskassan.se/privat
pers/arbetssokande/skydda_sgi, 07.08.2013.

— (2013b), *Vårdnadsbidrag – En översikt av systemen i de nordiska länderna och
sammanfattning av forskningen kring dess effekter*, Socialförsäkringsrapport 2013:5.

Forsberg, Lucas (2009a), *Involved Parenthood – Everyday Lives of Swedish Middle-Class
Families*, Linköping Studies in Arts and Science Nr. 473, Linköping University.

— (2009b), »Managing-Time and Childcare in Dual-Earner Families – Unfore-
seen Consequences of Household Strategies«, *Acta Sociologica*, Jg. 52, Nr. 2,
S. 162–175.

Fredriksen, Dennis/Stølen, Nils Martin (2011), *Gender aspects of the Norwegian pension
system*, Paper presented at the Third General Conference of the International
Microsimulation Association, Stockholm, June 8–10, 2011.

Gabler, Sigfried/Ganninger, Matthias (2010), »Gewichtung«, in: Wolf, Chris-
tof/Best, Henning (Hg.), *Handbuch der sozialwissenschaftlichen Datenanalyse*,
Wiesbaden: VS Verlag für Sozialwissenschaften, S. 143–164.

Gathmann, Christina/Sass, Björn (2012), *Taxing Childcare: Effects on Family Labor
Supply and Children*, IZA Discussion Paper Nr. 6440.

Gauthier, Anne Hélène (1996), *The Family and the State – A comparative Analyses of
Family Policies in Industrial Countries*, Oxford: Clarendon Press.

Geier, Boris/Riedel, Birgit (2008), »Ungleichheiten in der Inanspruchnahme öffentlicher frühpädagogischer Angebote. Einflussfaktoren und Restriktionen
elterlicher Betreuungsentscheidungen«, *Zeitschrift für Erziehungswissenschaft*, 10.
Jahrgang, Sonderheft 11/2008, S. 11–28.

George, Alexander L./Bennett, Andrew (2005), *Case studies and theory development in
the social sciences*, Cambridge: MIT Press.

GESIS/ZA (Zentralarchiv für Empirische Sozialforschung) (1997), *Codebook ZA
Study 2620 – ISSP 1994, Family and Changing Gender Roles*, Second edition: March
1997, Köln.

Geyer, Johannes (2011), »Riester-Rente: Rezept gegen Altersarmut?«, *DIW Wochen-
bericht*, Nr. 45.2011, S. 16–21.

Greene, Jennifer C./Caracelli, Valerie J./Graham, Wendy F. (1989), »Towards a
Conceptual Framework for Mixed-Method Evaluation Design«, *Educational
Evaluation and Policy Analysis*, Jg. 11, Nr. 3, S. 255–274.

Gulbrandsen, Lars (2009), »The Norwegian Cash-for-Care Reform – Changing be-
haviour and stable attitudes«, *Nordic Early Childhood Education Research*, Jg. 2, Nr.
1, S. 17–25.

Gustafsson, Björn (2011), *Disparities in Social Assistance Receipt between Immigrants and Natives in Sweden*, IZA Discussion Paper Nr. 6129.

Haas, Linda/Chronholm, Anders/Duvander, Ann-Zofie/Hwang, Philip (2009), »Sweden«, in: Moss, Peter (Hg.), *International Review of Leave Policies and Related Research 2009*, Employment Relations Research Series Nr. 102, S. 326–336.

Haataja, Anita (2005), »Outcomes of the Two 1990s Family Policy Reforms at the Turn of the 2000s in Finland«, *Yearbook of Population Research in Finland*, Jg. 41, S. 5–27.

Hall, Peter (1993), »Policy Paradigms, Social Learning, and the State – The Case of Economic Policymaking in Britain«, *Comparative Politics*, Jg. 25, Nr. 3, S. 275–296.

Hardoy, Inés/Schøne, Pål (2006), »The Part-Time Wage Gap in Norway: How Large is It Really?«, *British Journal of Industrial Relations*, Jg. 44, Nr. 2, S. 263–282.

— /Schøne, Pål (2008), *Incentives to Work: Labour Supply Effects of a Cash-for-Care Subsidy for Non-Western Female Immigrants*, Institute for Social Research, Oslo.

Henninger, Annette/von Wahl, Angelika (2010), »Das Umspielen von Veto-Spielern. Wie eine konservative Familienministerin den Familialismus des deutschen Wohlfahrtsstaates unterminiert«, in: Egle, Christoph/Zohlnhöfer, Reimut (Hg.), *Die zweite Große Koalition. Eine Bilanz der Regierung Merkel 2005 – 2009*, Wiesbaden: VS Verlag für Sozialwissenschaften, S. 361–379.

— /Wimbauer, Christine/Dombrowski, Rosine (2008a), »Demography as a Push toward Gender Equality? Current Reforms of German Family Policy«, *Social Politics*, Jg. 15, Nr. 3, S. 287–314.

— /Wimbauer, Christine/Dombrowski, Rosine (2008b), »Geschlechtergleichheit oder ›exklusive Emanzipation‹? Ungleichheitssoziologische Implikationen der aktuellen familienpolitischen Reformen«, *Berliner Journal für Soziologie*, Jg. 18, Issue 1, S. 99–128.

Hiilamo, Heikki (2004), »Changing Family Policy in Sweden and Finland during the 1990s«, *Social Policy & Administration*, Jg. 38, Nr. 1, S. 21–40.

— /Kangas, Olli (2009), »Trap for Women or Freedom to Choose? The Struggle over Cash for Child Care Schemes in Finland and Sweden«, *Journal of Social Policy*, Jg. 38, Nr. 3, S. 457–475.

Hummelsheim, Dina (2009), *Die Erwerbsbeteiligung von Müttern: institutionelle Steuerung oder kulturelle Prägung?*, Wiesbaden: VS Verlag für Sozialwissenschaften.

Hundsdoerfer, Jochen/Hechtner, Frank (2009), *Stellungnahme für die öffentliche Anhörung zu dem Gesetzentwurf der Fraktionen der CDU/CSU und FDP »Entwurf eines Gesetzes zur Beschleunigung des Wirtschaftswachstums (Wachstumsbeschleunigungsgesetz)«* – Drucksache 17/15 vom 09.11.2009.

Hytti, Helka (2006), »Why are Swedes sick but Finns unemployed?«, *International Journal of Social Welfare*, Jg. 15, Nr. 2, S. 131–141.

ISSP Research Group (2010), *International Social Survey Programme: Family and Changing Gender Roles II – ISSP 1994*, GESIS Data Archive, Cologne. ZA2620 Data File Version 1.0.0, http://dx.doi.org/doi:10.4232/1.2620.

Jakobsson, Niklas/Kotsadam, Andreas (2010), »Do attitudes toward gender equality really differ between Norway and Sweden?«, *Journal of European Social Policy*, Jg. 20, Nr. 2, S. 142–159.

Jann, Ben (2010), »Robuste Regression«, in: Wolf, Christof/Best, Henning (Hg.), *Handbuch der sozialwissenschaftlichen Datenanalyse*, Wiesbaden: VS Verlag für Sozialwissenschaften, S. 707–740.

Kalb, Guyonne/Thoresen, Thor O. (2010), »A comparison of family policy designs of Australia and Norway using microsimulation models«, *Review of Economics of the Household*, Jg. 8, S. 255–287.

Kamerman, Sheila B./Gatenio Gabel, Shirley (2010), »Cash vs. care: a child and family policy issue«, in: Sipilä, Jorma/Repo, Katja/Rissanen, Tapio (Hg.), *Cashfor-Childcare – The Consequences for Caring Mothers*, Cheltenham/Northampton: Edward Elgar, S. 6–20.

Kangas, Olli/Rostgaard, Tine (2007), »Preferences or institutions? Work-family life opportunities in seven European countries«, *Journal of European Social Policy*, Jg. 17, Nr. 3, S. 240–256.

Kelle, Udo (2001), »Sociological Explanations between Micro and Macro and the Integration of Qualitative and Quantitative Methods«, *Forum: Qualitative Social Research*, Jg. 2, Nr. 1, Art. 5.

Kirschbaum, Jürgen/Beckers, Markus (2011), *Lohnsteuer*, Grüne Reihe: Band 4, 15. Auflage 2011, Achim: Erich Fleischer Verlag.

Knudsen, Knud/Wærness, Kari (2001), »National Context, Individual Characteristics and Attitudes on Mothers' Employment: A Comparative Analysis of Great Britain, Sweden and Norway«, *Acta Sociologica*, Jg. 44, S. 67–79.

Koelble, Thomas A. (1995), »The New Institutionalism in Political Science and Sociology«, *Comparative Politics*, Jg. 27, Nr. 2, S. 231–243.

Kölnische Rundschau (2013), »Betreuungsgeld ist ungerecht«, Interview mit Manuela Schwesig vom 03. April 2013.

Kooiman, Jan (1993), »Governance and Governability: Using Complexity, Dynamics and Diversity«, in: Kooiman, Jan (Hg.), *Modern Governance. New Government – Society Interactions*, London/Newbury Park/New Delhi: Sage Publications, S. 35–48.

— (2005), »Governing as Governance«, in: Schuppert, Gunnar Folke (Hg.), *Governance-Forschung – Vergewisserung über Stand und Entwicklungslinien*, Baden-Baden: Nomos Verlagsgesellschaft, S. 149–172.

Kopp, Johannes/Lois, Daniel (2012), *Sozialwissenschaftliche Datenanalyse – Eine Einführung*, Wiesbaden: VS Verlag für Sozialwissenschaften.

Köppe, Stephan (2007), »Mainstreamkonvergenz und Geschlechterdifferenz – Die deutsche und schwedische Rentenreform im Vergleich«, *Zeitschrift für Sozialreform*, Heft 2, 53. Jahrgang, S. 165–190.

Korpi, Walter (2000), »Faces of Inequality: Gender, Class, and Patterns of Inequalities in Different Types of Welfare States«, *Social Politics*, Jg. 7, Nr. 2, S. 127–191.

Korsnes, Kristine Helen (2004), »The Norwegian Home Care Allowance«, in: Svensson, Eva-Maria/Pylkkänen, Anu/Niemi-Kiesiläinen, Johanna (Hg.), *Nordic Equality at the Crossroads – Feminist Legal Studies Coping with Difference*, Aldershot/Burlington: Ashgate, S. 107–133.

Krapf, Sandra (2014), »Who uses public childcare for 2-year-old children? Coherent family policies and usage patterns in Sweden, Finland and Western Germany«, *International Journal of Social Welfare*, Jg. 23, Nr. 1, S. 25–40.

Krasner, Stephen D. (1984), »Approaches to the State – Alternative Conceptions and Historical Dynamics«, Review Article, *Comparative Politics*, Jg. 16, Nr. 2, S. 223–246.

Kuschnereit, Andrea (2011), *Anleitung nach dem RDG/Info aus dem Sozialrechtsreferat Nr. 1/2011*, Diakonisches Werk Württemberg.

Lammi-Taskula, Johanna (2006), »Nordic men on parental leave: can the welfare state change gender relations?«, in: Ellingsæter, Anne Lise/Leira, Arnlaug (Hg.), *Politicising Parenthood in Scandinavia – Gender relations in welfare states*, Bristol: The Policy Press, S. 79–99.

Ländermonitor frühkindliche Bildungssysteme (2012), *Finanzierungsgemeinschaft für FBBE, 2007*, http://www.laendermonitor.de/grafiken-tabellen/indikator-7-finanzierungsgemeinschaft-fuer-fbbe/indikator/14/indcat/7/indsubcat/46/index.nc.html?no_cache=1, 26.11.2012.

Lappegård, Trude (2008), *Family Policies and Fertility: Parents' Parental Leave Use, Childcare Availability, the Introduction of Childcare Cash Benefit and Continued Childbearing in Norway*, Discussion Papers Nr. 564, October 2008, Statistics Norway, Research Department.

Leira, Arnlaug (2006), »Parenthood change and policy reform in Scandinavia, 1970s–2000s«, in: Ellingsæter, Anne Lise/Leira, Arnlaug (Hg.), *Politicising Parenthood in Scandinavia – Gender relations in welfare states*, Bristol: The Policy Press, S. 27–51.

Leitner, Sigrid (2008), »Ökonomische Funktionalität der Familienpolitik oder familienpolitische Funktionalisierung der Ökonomie?«, in: Evers, Adalbert/Heinze, Rolf G. (Hg.), *Sozialpolitik. Ökonomisierung und Entgrenzung*, Wiesbaden: VS Verlag für Sozialwissenschaften, S. 67–82.

— /Ostner, Ilona/Schmitt, Christoph (2008), »Family Policies in Germany«, in: Ostner, Ilona/Schmitt, Christoph (Hg.), *Family Policies in the Context of Family Change – The Nordic Countries in Comparative Perspective*, Wiesbaden: VS Verlag für Sozialwissenschaften, S. 175–202.

Lewis, Jane/Ostner, Ilona (1994), *Gender and the Evolution of European Social Policies*, ZeS-Arbeitspapier Nr. 04/1994, Universität Bremen.

Linke Sonderegger, Marion (2004), *Mehr als nur staatliche Kinderbetreuung – Optionserweiterungen und Geschlechterrollen in der aktuellen dänischen Familienpolitik*, ZeS-Arbeitspapier Nr. 07/2004, Universität Bremen.

Løken, Espen/Aarvaag Stokke, Torgeir (2009), *Labour relations in Norway*, Fafo-report 2009:33, Oslo.

Lorentzen, Thomas (2006), *Social assistance dynamics in Norway*, Doctoral dissertation, Fafo-report 546.

Maier, Friederike (2007), *The Persistence of the Gender Wage Gap in Germany*, Harriet Taylor Mill-Institut für Ökonomie und Geschlechterforschung Discussion Paper 01, 12/2007, Berlin.

Marnetoft, Sven-Uno (2009), »The Challenges of Vocational Rehabilitation in Sweden«, *Kuntoutus*, Jg. 4, S. 5–10.

Martinek, Hanne (2006), *Schweden: Vorbild für die Förderung individueller Existenzsicherung von Frauen*, Working Paper Nr. 2 des Projekts »Ernährermodell«, Freie Universität Berlin.

Meagher, Gabrielle/Szebehely, Marta (2012), »Equality in the social service state: Nordic childcare models in comparative perspective«, in: Kvist, Jon/Fritzell, Johan/Hvinden, Bjørn/Kangas, Olli (Hg.), *Changing Social Inequality: The Nordic Welfare Model in the 21st Century*, Bristol: The Policy Press, S. 89–117.

Ministry of Labour (2011), *The Norwegian Social Insurance Scheme, January 2012*, http://www.regjeringen.no/cn/dep/ad/doc/veiledninger_brosjyrer/2011/the -norwegian-social-insurance-scheme-20.html?id=636557, 12.06.2012.

Naz, Ghazala (2004), »The impact of cash-benefit reform on parents' labour force participation«, *Journal of Population Economics*, Jg. 17, S. 369–383.

Nienhaus, Lisa/Hennig, Stefanie (2012), »Zeigt her eure Krippen! Ranking der Kita-Preise in 40 Städten«, *Frankfurter Allgemeine – Zeitung für Deutschland*, Artikel vom 10.11.2012, http://www.faz.net/aktuell/wirtschaft/ranking-der-kita-prei se-in-40-staedten-zeigt-her-eure-krippen-11956717.html, 15.07.2013.

Nordfeldt, Marie/Segnestam Larsson, Ola (2011), *Local welfare in Sweden: Housing, employment and child care*, WILCO Publication Nr. 03.

NSD (Norwegian Social Science Data Service) (2009), *Dataset: Supervisory Arrangements, Employment and Economy in Families 1998, Metadata*, http://nsddata.nsd.uib.no/webview/index.jsp?mode=documentation&submo de=default&top=yes&language=en, 30.09.2012.

Nyberg, Anita (2010), »Cash-for-childcare schemes in Sweden: history, political contradictions and recent developments«, in: Sipilä, Jorma/Repo, Katja/ Rissanen, Tapio (Hg.), *Cash-for-Childcare – The Consequences for Caring Mothers*, Cheltenham/Northampton: Edward Elgar, S. 65–88.

— (2012), »Gender Equality Policy in Sweden: 1970s–2010s«, *Nordic journal of working life studies*, Jg. 2, Nr. 4, S. 67–84.

OECD (1999), *OECD Country Note – Early Childhood Education and Care Policy in Norway*, June 1999, http://www.oecd.org/dataoecd/9/18/1915191.pdf, 27.02.2012.

— (2000), *Taxing Wages – Taxing on Wages and Salaries, Social Security Contributions for Employees and their Employers, Child Benefits 1998–1999*, Paris: OECD Publications.

— (2005), *Taxing Working Families: A Distributional Analysis, Nr. 12*, Paris: OECD Publishing.

— (2009a), *Taxing Wages 2007–2008*, Paris: OECD Publishing.

— (2009b), *The Labour Market Integration of Immigrants and Their Children – Key Findings from OECD Country Reviews*, High-Level Policy Forum on Migration, Paris, 29–30 June 2009.

— (2011a), *Pensions at a Glance 2011: Retirement-Income Systems in OECD and G20 Countries*, Paris: OECD Publishing, http://dx.doi.org/10.1787/pension_glance-2011-en, 17.10.2013.

— (2011b), *Taxing Wages 2010*, Paris: OECD Publishing, http://dx.doi.org/10.1787/tax_wages-2010-en, 17.10.2013.

OECDstat (2012), *Average annual wages*, http://stats.oecd.org/, 04.11.2012.

Onwuegbuzie, Anthony J./Leech, Nancy L. (2005), »On Becoming a Pragmatic Researcher: The Importance of Combining Quantitative and Qualitative Research Methodologies«, *International Journal of Social Research Methodology*, Jg. 8, Nr. 5, S. 375–387.

Opielka, Micheal/Winkler, Michael (2009), *Evaluation der Wirkungen der »Thüringer Familienoffensive« – Abschlussbericht*, Thüringer Ministerium für Soziales, Familie und Gesundheit.

Ostner, Ilona (2010), »Farewell to the Family as We Know it: Family Policy Change in Germany«, *German Policy Studies*, Jg. 6, Nr. 1, S. 211–244.

— /Schmitt, Christoph (2008), »Introduction«, in: Ostner, Ilona/Schmitt, Christoph (Hg.), *Family Policies in the Context of Family Change – The Nordic Countries in Comparative Perspective*, Wiesbaden: VS Verlag für Sozialwissenschaften, S. 9–35.

Peters, Guy B./Pierre, Jon/King, Desmond S. (2005), »The Politics of Path Dependency: Political Conflict in Historical Institutionalism«, *The Journal of Politics*, Jg. 67, Nr. 4, S. 1275–1300.

Pfau-Effinger, Birgit (2000), *Kultur und Frauenerwerbstätigkeit in Europa – Theorie und Empirie des internationalen Vergleichs*, Opladen: Leske + Budrich.

— (2004), *Development of culture, welfare states and women's employment in Europe*, Aldershot/Burlington: Ashgate Publishing.

— (2005), »Culture and Welfare State Policies: Reflections on a Complex Interrelation«, *Journal of Social Policy*, Jg. 34, Nr. 1, S. 3–20.

Pickel, Susanne/Pickel, Gert (2006), *Politische Kultur- und Demokratieforschung: Grundbegriffe, Theorien, Methoden. Eine Einführung*, Wiesbaden: VS Verlag für Sozialwissenschaften.

Pierson, Paul (1996), »The Path to European Integration: A Historical Institutionalist Analysis«, *Comparative Political Studies*, Jg. 29, Nr. 2, S. 123–163.

Pollmann-Schult, Matthias (2008), »Familiengründung und gewünschter Erwerbsumfang von Männern – Eine Längsschnittanalyse für die alten Bundesländer«, *Zeitschrift für Soziologie*, Jg. 37, Heft 6, S. 498–515.

Quack, Sigrid (2005), »Zum Werden und Vergehen von Institutionen – Vorschläge für eine dynamische Governanceanalyse«, in: Schuppert, Gunnar Folke (Hg.),

Governance-Forschung – *Vergewisserung über Stand und Entwicklungslinien*, Baden-Baden: Nomos Verlagsgesellschaft, S. 346–370.

Rantalaiho, Minna (2009), *Kvoter, valgfihet, fleksibilitet* – *Indre spenninger i den nordiske familiepolitikken*, Oslo: NIKK Publikationer 2009: 2.

—   (2010), »Rationalities of cash-for-childcare: the Nordic case«, in: Sipilä, Jorma/Repo, Katja/Rissanen, Tapio (Hg.), *Cash-for-Childcare* – *The Consequences for Caring Mothers*, Cheltenham/Northampton: Edward Elgar, S. 109–142.

Rille-Pfeiffer, Christiane (2009), »Austria«, in: Moss, Peter (Hg.), *International Review of Leave Policies and Related Research 2009*, Employment Relations Research Series Nr. 102, Department for Business, Innovation and Skills, S. 113–121.

Rønsen, Marit (2000), *Impacts on Women's Work and Child Care Choices of Cash-for-Care Programs*, Documents 2000/13, Statistics Norway, October 2000.

—   (2009), »Long-term Effects of Cash for Childcare on Mothers' Labour Supply«, *Labour*, Jg. 23, Nr. 3, S. 507–533.

—   /Kitterød, Ragni Hege (2010), »Cash-for-care in Norway: take up, impacts and consequences for mothers«, in: Sipilä, Jorma/Repo, Katja/Rissanen, Tapio (Hg.), *Cash-for-Childcare* – *The Consequences for Caring Mothers*, Cheltenham/Northampton: Edward Elgar, S. 89–108.

Rössel, Jörg (2009), *Sozialstrukturanalyse* – *Eine kompakte Einführung*, Wiesbaden: VS Verlag für Sozialwissenschaften.

Rothgang, Heinz/Preuss, Maike (2008), »Ökonomisierung der Sozialpolitik? Neue Begründungsmuster sozialstaatlicher Tätigkeit in der Gesundheits- und Familienpolitik«, in: Evers, Adalbert/Heinze, Rolf G. (Hg.), *Sozialpolitik. Ökonomisierung und Entgrenzung*, Wiesbaden: VS Verlag für Sozialwissenschaften, S. 31–48.

Ruud, Solveig/Overn, Kristina (2010), »Regjeringen slanker kontantstøtten«, *Aftenposten*, Artikel vom 07.11.2010, http://www.aftenposten.no/nyheter/iriks/arti cle3892952.ece, 08.08.2013.

RWI (Rheinisch-Westfälisches Institut für Wirtschaftsforschung) (2009), *Evaluation des Gesetzes zum Elterngeld und zur Elternzeit* – *Studie zu den Auswirkungen des BEEG auf die Erwerbstätigkeit und die Vereinbarkeitsplanung* – *Endbericht*.

Schermelleh-Engel, Karin/Werner, Christina S./Moosbrugger, Helfried (2007), »Exploratorische Faktorenanalyse: Hauptachsenanalyse und Hauptkomponentenanalyse – SPSS Beispiel zu Kapitel 13«, EDV-Hinweis zu: Moosbrugger, Helfried/Kelava, Augustin (Hg.), *Testtheorie und Fragebogenkonstruktion*, Heidelberg: Springer Verlag, http://www.lehrbuch-psychologie.de/projects/testthe orie-und-fragebogenkonstruktion/containers/edv-hinweise, 17.10.2013.

Schildmann, Christina (2010), »Einführung«, in: Schuler-Harms, Margarete, ›*Verfassungsrechtlich prekär: Expertise zur Einführung eines Betreuungsgeldes*, Berlin: Friedrich-Ebert-Stiftung, Forum Politik und Gesellschaft, S. 4–6.

Schmid, Günther/Schömann, Klaus (1994), »Institutional Choice and Flexible Coordination: A Socioecomonic Evaluation of Labour Market Policy in Europe«, in: Schmid, Günther (Hg.), *Labour Market Institutions in Europe*, Armonk, London: M. E. Sharpe, S. 9–57.

Schmid, Michael/Maurer, Andrea (2006), »Institution und Handeln«, in: Schmid, Michael/Maurer, Andrea (Hg.), *Ökonomischer und soziologischer Institutionalismus – Interdisziplinäre Beiträge und Perspektiven der Institutionentheorie und -analyse*, zweite durchgesehene Auflage, Marburg: Metropolis Verlag, S. 9–46.

Schøne, Pål (2004), »Labour supply effects of a cash-for-care subsidy«, *Journal of Population Economics*, Jg. 17, S. 703–727.

Schubert, Klaus/Bandelow, Nils C. (2003), »Politikdimensionen und Fragestellungen der Politikfeldanalyse«, in: Schubert, Klaus/Bandelow, Nils C. (Hg.), *Lehrbuch der Politikfeldanalyse*, München: Oldenbourg Verlag, S. 1–22.

Schuler-Harms, Margarete (2010), *»Verfassungsrechtlich prekär«: Expertise zur Einführung eines Betreuungsgeldes*, Berlin: Friedrich-Ebert-Stiftung, Forum Politik und Gesellschaft.

Schuppert, Gunnar Folke (2008), »Governance – auf der Suche nach Konturen eines ›anerkannt uneindeutigen Begriffs‹«, in: Schuppert, Gunnar Folke/Zürn, Michael (Hg.), *Governance in einer sich wandelnden Welt*, Politische Vierteljahresschrift Sonderheft 41/2008, Wiesbaden: VS Verlag für Sozialwissenschaften, S. 13–40.

Schütz, Holger/Oschmiansky, Frank (2006), »Arbeitsamt war gestern. Neuausrichtung der Vermittlungsprozesse der Bundesagentur für Arbeit nach den Hartz-Gesetzen«, *Zeitschrift für Sozialreform*, Heft 1, 52. Jahrgang, S. 5–28.

Schwentker, Björn (2014), »Das Betreuungsgeld boomt«, *Spiegel Online*, Artikel vom 13.03.2014, http://www.spiegel.de/politik/deutschland/betreuungsgeld-anstieg-bei-der-herdpraemie-a-958416.html, 16.05.2014.

Settergren, Ole (2003), »The Reform of the Swedish Pension System – Initial Results«, *Revue Française des Affaires socials*, Nr. 4, S. 369–398.

Siaroff, Alan (1997), »Work, Welfare and Gender Equality: A New Typology«, in: Sainsbury, Diane (Hg.), *Gendering Welfare States*, London/Thousand Oaks/New Delhi: Sage Publications, S. 82–100.

Sipilä, Jorma/Repo, Katja/Rissanen, Tapio/Viitasalo, Niina (2010), »Cash-for-childcare: unnecessary traditionalism or a contemporary necessity?«, in: Sipilä, Jorma/Repo, Katja/Rissanen, Tapio (Hg.), *Cash-for-Childcare – The Consequences for Caring Mothers*, Cheltenham/Northampton: Edward Elgar, S. 21–45.

Skevik, Anne (2001), »Lone parents and employment in Norway«, in: Millar, Jane/Rowlingson, Karen (Hg.), *Lone Parents, Employment and Social Policy – Cross-national comparisons*, Bristol: The Policy Press, S. 87–106.

— (2004), »Family Economy Workers or Caring Mothers? Male Breadwinning and Widows' Pensions in Norway and the UK«, *Feminist Economics*, Jg. 10, Nr. 2, S. 91–113.

— /Hatland, Aksel (2008), »Family Policies in Norway«, in: Ostner, Ilona/Schmitt, Christoph (Hg.), *Family Policies in the Context of Family Change – The Nordic Countries in Comparative Perspective*, Wiesbaden: VS Verlag für Sozialwissenschaften, S. 89–107.

Skjeie, Hege/Teigen, Mari (2005), »Political Constructions of Gender Equality: Travelling Towards … a Gender Balanced Society?«, *Nordic Journal of Women's Studies*, Jg. 13, Nr. 3, S. 187–197.

Sköld, Lovisa (2009), »Hushållsnära tjänster – mest för höginkomsttagare«, *Välfärd*, Nr. 2, S. 24–25.

Skolverket (2011), *Förskoleverksamhet och skolbarnsomsorg totalt – Barn och grupper – Riksnivå*, http://www.skolverket.se/statistik_och_analys/2.1862/2.4317/2.43 18, 24.11.2011.

— (2012), *Avgiftsnivåer för maxtaxa*, http://www.skolverket.se/fortbildning-och-bidrag/statsbidrag/maxtaxa/avgiftsnivaer-for-maxtaxa-1.9183, 18.11.2012.

Sosial- og helsedepartementet (1998), *The Norwegian Social Insurance Scheme – A Survey, January 1999*, http://www.regjeringen.no/en/archive/Bondeviks-1st-Government/shd/Veiledninger-og-brosjyrer/1998/i-0941_e,_1999.html?id=2 31729, 09.02.2012.

Spangenberg, Ulrike (2011), *Geschlechtergerechtigkeit im Steuerrecht?!* Expertise im Auftrag der Abteilung Wirtschafts- und Sozialpolitik der Friedrich-Ebert-Stiftung, Bonn.

Spiess, Katharina C./Wrohlich, Katharina (2006), *The Parental Leave Benefit Reform in Germany: Costs and Labour Market Outcomes of Moving Towards the Scandinavian Model*, IZA Discussion Paper Nr. 2372.

Ståhlberg, Ann-Charlotte/Cohen Birman, Marcela/Kruse, Agneta/Sundén, Annika (2006), »Pension Reforms and Gender: The Case of Sweden«, *Gender Issues*, Jg. 23, Nr. 1, S. 90–118.

Statistics Norway (2009), *Supervisory Arrangements, Employment and Economy in Families 1998*, Data collected by Statistics Norway, Second NSD edition, Bergen 2009.

— (2012a), *Children aged 1–5, by primary child-care provider in the day time. Per cent*, http://www.ssb.no/kontantstotte_en/tab-2011-05-02-03-en.html, 14.06.2012.

— (2012b), *Children in kindergartens, by hours of attendance per week and different age groups. 2011*, http://www.ssb.no/barnehager_en/tab-2012-03-15-04-en.html, 14.06.2012.

— (2012c), *Supervisory Arrangements, Employment and Economy in Families 1998 – Study Documentation.*

— (2012d), Table 05131: *Number of observations in tables*, http://statbank. ssb.no/statistikkbanken/Default_FR.asp?Productid=05.01&PXSid=0&nvl=t rue&PLanguage=1&tilside=selecttable/MenuSelP.asp&SubjectCode=05, 14.11.2012.

— (2012e), Table 06268: *Participants in ordinary labour market schemes (job programmes) and rehabilitation programmes, by sex and age*, http://statbank.ssb.no/statistikk banken/Default_FR.asp?Productid=06.03&PXSid=0&nvl=true&PLanguage =1&tilside=selecttable/MenuSelP.asp&SubjectCode=06, 14.11.2012.

— (2012f), Table 06574: *Average monthly earnings for full-time equivalents, by sex, sector and deciles*, http://statbank.ssb.no/statistikkbanken/Default_FR.asp?Productid

=06.05&PXSid=0&nvl=true&PLanguage=1&tilside=selecttable/MenuSelP.a sp&SubjectCode=06, 14.11.2012.

—   (2012g), Table 08055: *Average monthly earnings for employees, full-time equivalents, by working hours, age-group and sex*, http://statbank.ssb.no/statistikkbanken/De fault_FR.asp?Productid=06.05&PXSid=0&nvl=true&PLanguage=1&tilside= selecttable/MenuSelP.asp&SubjectCode=06, 13.06.2012.

—   (2013), Table 08931: *Employment and unemployment for persons aged 15–74, seasonally adjusted and trend-cycle, 3-months moving average, by sex and age*, https://www.ssb.no/statistikkbanken/selectvarval/saveselections.asp, 09.07.2013.

—   (2014), Table 08054: *Average monthly earnings for full-time equivalents, by sex, sector and deciles*, https://www.ssb.no/statistikkbanken/selectvarval/Define.asp?sub jectcode=&ProductId=&MainTable=LonnAnsKjDesSekt&nvl=&PLanguage =1&nyTmpVar=true&CMSSubjectArea=arbeid-og-lonn&KortNavnWeb= lonnansatt&StatVariant=&checked=true, 15.04.2014.

Statistics Sweden (2009), *Intermediate Quality Report – Swedish 2008 EU-SILC (Cross-Sectional Survey)*, December 2009.

—   (2012a), *Children and young persons living at home, percent by sex, age, family type and period*, http://www.scb.se/Pages/SSD/SSD_TablePresentation____340508. aspx?rxid=7a1efdb5-e64b-4ab4-b38d-fd6116c5574a, 18.11.2012.

—   (2012b), *Number of full-year persons aged 20–64 years, receiving social assistance and benefits in 2011*, http://www.scb.se/Pages/TableAndChart____251102.aspx, 19.11.2012.

—   (2012c), *The use of municipal child raising allowance. Statistics for 1 July 2011 – 31 December 2011, all year 2011*.

—   (2013), *Population aged 15–74 (LFS), percent by sex, age, labour status and period*, http://www.scb.se/Pages/SSD/SSD_TablePresentation____340508.aspx?lay out=tableViewLayout1&rxid=d1fcea63-7de1-4182-a46c-f9615767ceef, 09.07.2013.

—   (2014), *Average monthly salary, SEK by sector, occupation, sex, level of education and year*, http://www.scb.se/en_/Finding-statistics/Statistical-Database/Tabell Presentation/?layout=tableViewLayout1&rxid=25caaa55-fb92-4e92-b691-42721046d809, 15.04.2014.

Statistische Ämter des Bundes und der Länder (2008), *Kindertagesbetreuung regional 2008 – Ein Vergleich aller 429 Kreise in Deutschland*, Wiesbaden: Statistisches Bundesamt.

—   (2011), *Kindertagesbetreuung regional 2011 – Ein Vergleich aller 412 Kreise in Deutschland*, Wiesbaden: Statistisches Bundesamt.

Statistisches Bundesamt (2012a), *Statistik zum Elterngeld – Gemeldete beendete Leistungsbezüge im 3. Vierteljahr 2012*, Wiesbaden.

—   (2012b), *Statistisches Jahrbuch 2012*, https://www.destatis.de/DE/Publikatio nen/StatistischesJahrbuch/GesellschaftundStaat/GesellschaftundStaat.pdf?__ blob=publicationFile, 26.11.2012.

— (2013a), *Arbeitslosenquote aller zivilen Erwerbspersonen: Deutschland/Früheres Bundesgebiet/Neue Länder, Jahre, Geschlecht und weitere Personengruppen, Ergebnis – 13211-0005*, https://www.genesis.destatis.de/genesis/online;jsessionid=71AAB27A 247198D5A5753E17CAE22485.tomcat_GO_2_1?operation=previous&leveli ndex=3&levelid=1373367657712&step=3, 09.07.2013.

— (2013b), *Elterngeld: Väterbeteiligung mit 27,3 Prozent auf neuem Höchststand*, Pressemitteilung vom 27. Mai 2013, 176/13.

— (2013c), *Erwerbstätigkeitsquoten der 15- bis 65-Jährigen mit Kindern unter 18 Jahren: Früheres Bundesgebiet/Neue Länder, Jahre, Alter des jüngsten Kindes, Geschlecht, Ergebnis – 12211-0608*, https://www.genesis.destatis.de/genesis/online;jsessionid= 84DE72A46FA02FD612A2B78DA63EE189.tomcat_GO_1_1?operation=pr evious&levelindex=3&levelid=1373907032823&step=3, 15.07.2013.

— (2013d), *Verdienste und Arbeitskosten – Arbeitnehmerverdienste, 4. Vierteljahr 2012*, Fachserie 16 Reihe 2.1, Wiesbaden: Statistisches Bundesamt.

Statistisches Landesamt des Freistaates Sachsen (2010), *Evaluation des Sächsischen Landeserziehungsgeldgesetzes*, Kamenz.

Stefansen, Kari/Farstad, Gunhild R. (2010), »Classed parental practices in a modern welfare state: Caring for the under threes in Norway«, *Critical Social Policy*, Jg. 30, Nr. 1, S. 120–141.

Stegmann, Michael (2007), »Effekte der Kindererziehung auf Erwerbsprofile und Alterseinkommen von Frauen in West- und Ostdeutschland«, *WSI-Mitteilungen* 2/2007, S. 86–93.

Streeck, Wolfgang/Thelen, Kathleen (2005), »Introduction: Institutional Change in Advanced Political Economies«, in: Streeck, Wolfgang/Thelen, Kathleen (Hg.), *Beyond Continuity – Institutional Change in Advanced Political Economies*, Oxford: University Press, S. 1–39.

Sundström, Marianne/Duvander, Ann-Zofie (2002), »Gender Division of Childcare and the Sharing of Parental Leave among New Parents in Sweden«, *European Sociological Review*, Jg. 18, Nr. 4, S. 433–447.

Svenskt Näringsliv (2012), *Statutory and collective insurance schemes for the Swedish labour market 2012*, http://www.svensktnaringsliv.se/multimedia/archive/00031/Sta tutory_and_collec_31263a.pdf, 07.08.2013.

Svensson, Eva-Maria/Gunnarsson, Åsa (2012), »Gender Equality in the Swedish Welfare State«, *feminists@law*, Jg. 2, Nr. 1, S. 1–27.

Thelen, Kathleen (1999), »Historical Institutionalism in Comparative Politics«, *Annual Review of Political Science*, Jg. 2, S. 369–404.

— (2006), »Institutionen und sozialer Wandel: Die Entwicklung der beruflichen Bildung in Deutschland«, in: Beckert, Jens/Ebbinghaus, Bernhard/Hassel, Anke/Manow, Philip (Hg.), *Transformation des Kapitalismus*, Frankfurt: Campus Verlag, S. 399–423.

Tunberger, Pernilla/Sigle-Rushton, Wendy (2011), »Continuity and change in Swedish family policy reforms«, *Journal of European Social Policy*, Jg. 21, Nr. 3, S. 225–237.

UNESCO (2012), *ISCED 1997 Mappings*, http://www.uis.unesco.org/Education/ISCEDMappings/Pages/default.aspx, 05.10.2012.

Urban, Dieter/Mayerl, Jochen (2011), *Regressionsanalyse: Theorie, Technik und Anwendung*, 4. überarbeitete Auflage 2011, Wiesbaden: VS Verlag für Sozialwissenschaften.

Vollmer, Franziska (2006), »Verfassungsrechtliche Fragen der Ehe- und Familienbesteuerung«, in: Althammer, Jörg/Klammer, Ute (Hg.), *Ehe und Familie in der Steuerrechts- und Sozialordnung*, Tübingen: Mohr Siebeck, S. 73–92.

Wennberg, Lena (2008), *Social Security for Solo Mothers in Swedish and EU law – On the constructions of normality and the boundaries of social citizenship*, Uppsala: Iustus Förlag.

Wüst, Miriam (2009), »German family policy at the crossroads: analysing the impact of parental leave reform through simulation«, *International Journal of Social Welfare*, Jg. 18, Nr. 4, S. 407–418.

ZEW (Zentrum für Europäische Wirtschaftsforschung) (2009), *Fiskalische Auswirkungen sowie arbeitsmarkt- und verteilungspolitische Effekte einer Einführung eines Betreuungsgeldes für Kinder unter 3 Jahren – Studie im Auftrag des Bundesministeriums der Finanzen (Endbericht)*, Mannheim.

Zinnbauer, Markus/Eberl, Markus (2004), *Die Überprüfung von Spezifikation und Güte von Strukturgleichungsmodellen: Verfahren und Anwendung*, EFOplan, Heft 21/2004, Ludwig-Maximilians-Universität München – Schriften zur Empirischen Forschung und Quantitativen Unternehmensplanung.

Gesetzestexte

BEEG – »Bundeselterngeld- und Elternzeitgesetz vom 5. Dezember 2006 (BGBl. I S. 2748), das zuletzt durch Artikel 1 des Gesetzes vom 15. Februar 2013 (BGBl. I S. 254) geändert worden ist«.

BGB – »Bürgerliches Gesetzbuch in der Fassung der Bekanntmachung vom 2. Januar 2002 (BGBl. I S. 42, 2909; 2003 I S. 738), das durch Artikel 4 Absatz 5 des Gesetzes vom 1. Oktober 2013 (BGBl. I S. 3719) geändert worden ist«.

BKGG – »Bundeskindergeldgesetz in der Fassung der Bekanntmachung vom 28. Januar 2009 (BGBl. I S. 142, 3177), das zuletzt durch Artikel 15 des Gesetzes vom 26. Juni 2013 (BGBl. I S. 1809) geändert worden ist«.

EStG – »Einkommensteuergesetz in der Fassung der Bekanntmachung vom 8. Oktober 2009 (BGBl. I S. 3366, 3862), das zuletzt durch Artikel 1 des Gesetzes vom 15. Juli 2013 (BGBl. I S. 2397) geändert worden ist«.

GG – »Grundgesetz für die Bundesrepublik Deutschland in der im Bundesgesetzblatt Teil III, Gliederungsnummer 100-1, veröffentlichten bereinigten Fassung, das zuletzt durch Artikel 1 des Gesetzes vom 11. Juli 2012 (BGBl. I S. 1478) geändert worden ist«.

SGB II –»Das Zweite Buch Sozialgesetzbuch – Grundsicherung für Arbeitsuchende – in der Fassung der Bekanntmachung vom 13. Mai 2011 (BGBl. I S. 850, 2094), das zuletzt durch Artikel 1 des Gesetzes vom 7. Mai 2013 (BGBl. I S. 1167) geändert worden ist«.

SGB III –»Das Dritte Buch Sozialgesetzbuch – Arbeitsförderung – (Artikel 1 des Gesetzes vom 24. März 1997, BGBl. I S. 594, 595), das zuletzt durch Artikel 9 des Gesetzes vom 17. Juni 2013 (BGBl. I S. 1555) geändert worden ist«.

SGB V –»Das Fünfte Buch Sozialgesetzbuch – Gesetzliche Krankenversicherung – (Artikel 1 des Gesetzes vom 20. Dezember 1988, BGBl. I S. 2477, 2482), das durch Artikel 3 des Gesetzes vom 7. August 2013 (BGBl. I S. 3108) geändert worden ist«.

SGB VI –»Das Sechste Buch Sozialgesetzbuch – Gesetzliche Rentenversicherung – in der Fassung der Bekanntmachung vom 19. Februar 2002 (BGBl. I S. 754, 1404, 3384), das durch Artikel 3 des Gesetzes vom 29. August 2013 (BGBl. I S. 3484) geändert worden ist«.

SGB XII –»Das Zwölfte Buch Sozialgesetzbuch – Sozialhilfe – (Artikel 1 des Gesetzes vom 27. Dezember 2003, BGBl. I S. 3022, 3023), das durch Artikel 1 des Gesetzes vom 1. Oktober 2013 (BGBl. I S. 3733) geändert worden ist«.

The Marriage Act – Ministry of Children and equality, Act 1991-07-04 Nr. 47: The Marriage Act, entry into force: 1993-01-01, last amended: act- lov-2008-06-27-53 from 2009-01-01.

Anhang

Tabelle A 1: Anti-Image Korrelationsmatrix der explorativen Faktorenanalyse der EVS 2008

EVS 2008					
	A working mother can establish just as warm and secure a relationship with her children as a mother who does not work.	A pre-school child is likely to suffer if his or her mother works.	A job is alright but what most women really want is a home and children.	Having a job is the best way for a woman to be an independent person.	Both the husband and the wife should contribute to the household income.
A working mother can establish just as warm and secure a relationship with her children as a mother who does not work.	**,690**	,439	,039	-,074	-,192
A pre-school child is likely to suffer if his or her mother works.	,439	**,630**	-,389	-,022	,090
A job is alright but what most women really want is a home and children.	,039	-,389	**,684**	,089	-,024
Having a job is the best way for a woman to be an independent person.	-,074	-,022	,089	**,644**	-,359
Both the husband and the wife should contribute to the household income.	,192	,090	-,024	-,359	**,671**

Anmerkung: Die MSA-Werte sind fett.

Quelle: Eigene Berechnung auf Basis der EVS 2008

Tabelle A 2: Korrigierte Item-Skala-Korrelationen des Faktors Einstellung traditionell *der EVS 2008*

EVS 2008	
Item	Korrigierte Item-Skala-Korrelation
A working mother can establish just as warm and secure a relationship with her children as a mother who does not work. (umgepolt)	,476
A pre-school child is likely to suffer if his or her mother works.	,624
A job is alright but what most women really want is a home and children.	,443

Quelle: Eigene Berechnungen auf Basis der EVS 2008

Tabelle A 3: Korrigierte Item-Skala-Korrelationen des Faktors Arbeit egalitär *der EVS 2008*

EVS 2008	
Item	Korrigierte Item-Skala-Korrelation
Having a job is the best way for a woman to be an independent person.	,402
Both the husband and the wife should contribute to the household income.	,402

Quelle: Eigene Berechnungen auf Basis der EVS 2008

Tabelle A 4: Mustermatrix zur explorativen Faktorenanalyse (PAF) des ISSP 1994

ISSP 1994	Faktor	
Item	Einstellung traditionell	Arbeit egalitär
A working mother can establish just as warm and secure a relationship with her children as a mother who does not work.	,591	
A pre-school child is likely to suffer if his or her mother works.	-,929	
A job is all right, but what women really want is a home and children.	-,512	
Having a job is the best way for a woman to be an independent person.		,523
Both the man and the woman should contribute to the household income.		,561

Quelle: Eigene Berechnungen auf Basis des ISSP 1994

Tabelle A 5: Anti-Image Korrelationsmatrix der explorativen Faktorenanalyse des ISSP 1994

ISSP 1994					
	A working mother can establish just as warm and secure a relationship with her children as a mother who does not work.	A pre-school child is likely to suffer if his or her mother works.	A job is alright, but what women really want is a home and children.	Having a job is the best way for a woman to be an independent person.	Both the man and the woman should contribute to the household income.
A working mother can establish just as warm and secure a relationship with her children as a mother who does not work.	**,678**	,476	,089	-,093	-,150
A pre-school child is likely to suffer if his or her mother works.	,476	**,638**	-,337	-,014	,085
A job is alright but what women really want is a home and children.	,089	-,337	**,742**	,026	,030
Having a job is the best way for a woman to be an independent person.	-,093	-,014	,026	**,661**	-,259
Both the man and the woman should contribute to the household income.	-,150	,085	,030	-,259	**,726**

Anmerkung: Die MSA-Werte sind fett.

Quelle: Eigene Berechnung auf Basis des ISSP 1994

Tabelle A 6: Gütemaße für die explorative Faktorenanalyse des ISSP 1994

ISSP 1994		
Aufgeklärte Varianz der beiden Faktoren	Kaiser-Meyer-Olkin-Maß	Signifikanz nach Bartlett
64,900%	,680	,000

Quelle: Eigene Berechnungen auf Basis des ISSP 1994

Tabelle A 7: Korrigierte Item-Skala-Korrelationen des Faktors Einstellung traditionell *des ISSP 1994*

ISSP 1994		
Item	Korrigierte Item-Skala-Korrelation	Cronbachs Alpha
A working mother can establish just as warm and secure a relationship with her children as a mother who does not work. (umgepolt)	,540	,719
A pre-school child is likely to suffer if his or her mother works.	,634	
A job is alright but what women really want is a home and children.	,451	

Quelle: Eigene Berechnungen auf Basis des ISSP 1994

Tabelle A 8: Korrigierte Item-Skala-Korrelationen des Faktors Arbeit egalitär *des ISSP 1994*

ISSP 1994		
Item	Korrigierte Item-Skala-Korrelation	Cronbachs Alpha
Having a job is the best way for a woman to be an independent person.	,298	,452
Both the man and the woman should contribute to the household income.	,298	

Quelle: Eigene Berechnungen auf Basis des ISSP 1994

Tabelle A 9: Robuste Regressionen mit der Dauer der nicht-elterlichen Kinderbetreuung (Std./Woche) als abhängige Variable, Modell ohne Interaktionen

EU-SILC 2008	Mütter			Väter		
	unstand. Koeffizient	Standard-fehler	T-Wert	unstand. Koeffizient	Standard-fehler	T-Wert
Konstante	**22.2075**	**1.2098**	**18.3559**	**23.0944**	**0.9557**	**24.1640**
DE	**-13.2048**	**1.2004**	**-11.0003**	**-6.6190**	**1.2156**	**-5.4453**
SE	-0.5442	1.2677	-0.4293	**2.8586**	**1.1483**	**2.4893**
Bildung hoch	**1.7789**	**0.9842**	**1.8075**	0.3263	0.9316	0.3503
Bildung niedrig	-0.9742	1.7716	-0.5499	1.4406	1.6182	0.8903
Arbeitszeit Partner	-0.0217	0.0351	-0.6187	**0.3986**	**0.0295**	**13.4919**
Immigration	**-2.5919**	**1.5927**	**-1.6273**	**-2.1240**	**1.5043**	**-1.4119**
HH-Einkommen	**0.0377**	**0.0196**	**1.9229**	0.0097	0.0185	0.5230
Zahl der Kinder	**-2.6301**	**0.5064**	**-5.1935**	**-1.4235**	**0.4639**	**-3.0687**
Residuum-Standardfehler	16.69 (df 1230)			13.93 (df 1230)		

Anmerkung: Koeffizienten, die mind. auf 10%-Niveau signifikant sind, sind fett.

Quelle: Eigene Berechnungen auf Basis des EU-SILC 2008 Surveys

Tabelle A 10: Robuste Regressionen mit der Arbeitszeit der Befragten (Std./Woche) als abhängige Variable, Modelle ohne Interaktionen

EU-SILC 2008	Mütter			Väter		
	unstand. Koeffizient	Standard-fehler	T-Wert	unstand. Koeffizient	Standard-fehler	T-Wert
Konstante	29.3431	1.0629	27.6067	40.0884	0.3033	132.1814
DE	-18.7578	1.0568	-17.7489	2.5773	0.3849	6.6954
SE	-6.0714	1.1090	-5.4748	-3.9736	0.3617	-10.9868
Bildung hoch	2.8868	0.8615	3.3508	0.0102	0.2940	0.0348
Bildung niedrig	-6.5022	1.5525	-4.1883	-0.6705	0.5120	-1.3094
Arbeitszeit Partner	-0.0632	0.0306	-2.0643	-0.0115	0.0093	-1.2350
Immigration	-4.6909	1.3794	-3.4007	-0.9930	0.4685	-2.1194
HH-Einkommen	0.0986	0.0172	5.7168	0.0532	0.0059	9.0403
Zahl der Kinder	-2.7678	0.4324	-6.4009	-0.3428	0.1429	-2.3995
Residuum-Standardfehler	15.28 (df 1245)			3.494 (df 1245)		

Anmerkung: Koeffizienten, die mind. auf 10%-Niveau signifikant sind, sind fett.

Quelle: Eigene Berechnungen auf Basis des EU-SILC 2008 Surveys

Tabelle A 11: Robuste Regressionen mit der Dauer der nicht-elterlichen Kinderbetreuung (Std./Woche) als abhängige Variable, Modelle mit Interaktionen für das Bildungsniveau

EU-SILC 2008	Mütter			Väter		
	unstand. Koeffizient	Standard-fehler	T-Wert	unstand. Koeffizient	Standard-fehler	T-Wert
Konstante	**21.7173**	**1.6998**	**12.7766**	**21.6444**	**1.1555**	**18.7310**
DE	**-13.2205**	**1.9225**	**-6.8767**	**-5.3503**	**1.6019**	**-3.3399**
SE	1.1169	2.0378	0.5481	**6.1431**	**1.5301**	**4.0148**
Bildung hoch	**3.8572**	**2.1211**	**1.8185**	**5.2048**	**1.8269**	**2.8489**
Bildung niedrig	-3.1045	2.7379	-1.1339	0.7679	2.5521	0.3009
Arbeitszeit Partner	-0.0227	0.0356	-0.6386	**0.4091**	**0.0288**	**14.1898**
Immigration	**-2.9561**	**1.6161**	**-1.8291**	**-2.1141**	**1.4700**	**-1.4382**
HH-Einkommen	**0.0382**	**0.0198**	**1.9230**	0.0063	0.0180	0.3512
Zahl der Kinder	**-2.6447**	**0.5130**	**-5.1557**	**-1.3280**	**0.4534**	**-2.9291**
DE*Bildung hoch	-1.1451	2.5802	-0.4438	**-4.2276**	**2.2484**	**-1.8802**
SE*Bildung hoch	**-4.8455**	**2.6873**	**-1.8031**	**-9.6545**	**2.3666**	**-4.0795**
DE*Bildung niedrig	3.8318	4.1818	0.9163	-0.2983	3.9518	-0.0755
SE*Bildung niedrig	**6.6199**	**4.5927**	**1.4414**	2.4049	3.6095	0.6663
Residuum-Standardfehler	16.3 (df 1226)			12.99 (df 1226)		

Anmerkung: Koeffizienten, die mind. auf 10%-Niveau signifikant sind, sind fett.

Quelle: Eigene Berechnungen auf Basis des EU-SILC 2008 Surveys

Tabelle A 12: Robuste Regressionen mit der Arbeitszeit der Befragten (Std./Woche) als abhängige Variable, Modelle mit Interaktionen für das Bildungsniveau

EU-SILC 2008	Mütter			Väter		
	unstand. Koeffizient	Standard-fehler	T-Wert	unstand. Koeffizient	Standard-fehler	T-Wert
Konstante	**28.8363**	**1.4808**	**19.4731**	**39.8179**	**0.3674**	**108.3809**
DE	**-19.1169**	**1.6760**	**-11.4060**	**2.6223**	**0.5081**	**5.1612**
SE	**-4.3639**	**1.7609**	**-2.4781**	**-3.4285**	**0.4824**	**-7.1069**
Bildung hoch	**4.1470**	**1.8494**	**2.2423**	0.5424	0.5809	0.9337
Bildung niedrig	**-7.3899**	**2.3873**	**-3.0954**	-0.3928	0.8113	-0.4841
Arbeitszeit Partner	**-0.0566**	**0.0307**	**-1.8418**	-0.0097	0.0091	-1.0664
Immigration	**-4.9181**	**1.3856**	**-3.5496**	**-0.8217**	**0.4579**	**-1.7946**
HH-Einkommen	**0.0973**	**0.0173**	**5.6285**	**0.0516**	**0.0057**	**9.0031**
Zahl der Kinder	**-2.7543**	**0.4335**	**-6.3539**	**-0.3095**	**0.1398**	**-2.2144**
DE*Bildung hoch	-0.5192	2.2491	-0.2309	0.0310	0.7148	0.0434
SE*Bildung hoch	**-3.0837**	**2.3281**	**-1.3246**	**-1.3344**	**0.7472**	**-1.7859**
DE*Bildung niedrig	**6.9733**	**3.6464**	**1.9124**	**-1.9502**	**1.2563**	**-1.5523**
SE*Bildung niedrig	-4.3604	3.9493	-1.1041	0.2788	1.1404	0.2444
Residuum-Standardfehler	14.73 (df 1241)			3.363 (df 1241)		

Anmerkung: Koeffizienten, die mind. auf 10%-Niveau signifikant sind, sind fett.
Quelle: Eigene Berechnungen auf Basis des EU-SILC 2008 Surveys

Tabelle A 13: Robuste Regressionen mit der Dauer der nicht-elterlichen Kinderbetreuung (Std./Woche) als abhängige Variable, Modelle mit Interaktionen für die Arbeitszeit des Partners

EU-SILC 2008	Mütter			Väter		
	unstand. Koeffizient	Standard- fehler	T-Wert	unstand. Koeffizient	Standard- fehler	T-Wert
Konstante	23.0155	1.3923	16.5309	23.3996	0.9376	24.9575
DE	-13.5892	1.5320	-8.8704	-1.9720	1.3250	-1.4883
SE	-2.5946	1.5469	-1.6773	0.0864	1.1577	0.0746
Bildung hoch	1.8513	0.9820	1.8853	0.4563	0.9118	0.5004
Bildung niedrig	-1.1327	1.7685	-0.6405	0.8582	1.5863	0.5410
Arbeitszeit Partner	-0.0934	0.0704	-1.3265	0.4443	0.0517	8.5877
Immigration	-2.1324	1.6020	-1.3311	-3.1270	1.4780	-2.1156
HH- Einkommen	0.0398	0.0196	2.0289	0.0151	0.0182	0.8277
Zahl der Kinder	-2.6274	0.5055	-5.1978	-1.4622	0.4551	-3.2130
DE*Arbeitszeit Partner	0.0259	0.0842	0.3078	0.2070	0.0667	3.1015
SE*Arbeitszeit Partner	0.2782	0.1032	2.6973	-0.4503	0.0724	-6.2205
Residuum- Standardfehler	16.39 (df 1228)			13.22 (df 1228)		

Anmerkung: Koeffizienten, die mind. auf 10%-Niveau signifikant sind, sind fett.

Quelle: Eigene Berechnungen auf Basis des EU-SILC 2008 Surveys

Tabelle A 14: Robuste Regressionen mit der Arbeitszeit der Befragten (Std./Woche) als abhängige Variable, Modelle mit Interaktionen für die Arbeitszeit des Partners

EU-SILC 2008	Mütter			Väter		
	unstand. Koeffizient	Standard-fehler	T-Wert	unstand. Koeffizient	Standard-fehler	T-Wert
Konstante	29.5100	1.2164	24.2600	40.0897	0.3073	130.4741
DE	-18.1970	1.3403	-13.5771	2.3151	0.4340	5.3343
SE	-7.2734	1.3374	-5.4383	-3.8874	0.3759	-10.3414
Bildung hoch	2.9060	0.8539	3.4031	-0.0009	0.2971	-0.0031
Bildung niedrig	-6.6269	1.5393	-4.3053	-0.6209	0.5184	-1.1978
Arbeitszeit Partner	-0.0772	0.0616	-1.2534	-0.0189	0.0170	-1.1153
Immigration	-3.9738	1.3820	-2.8753	-0.9634	0.4758	-2.0249
HH-Einkommen	0.1056	0.0171	6.1605	0.0536	0.0060	8.9835
Zahl der Kinder	-2.8031	0.4287	-6.5381	-0.3603	0.1447	-2.4898
DE*Arbeitszeit Partner	-0.0600	0.0737	-0.8132	-0.0075	0.0219	-0.3417
SE*Arbeitszeit Partner	0.1860	0.0879	2.1161	0.0282	0.0236	1.1984
Residuum-Standardfehler	14.84 (df 1243)			3.516 (df 1243)		

Anmerkung: Koeffizienten, die mind. auf 10%-Niveau signifikant sind, sind fett.
Quelle: Eigene Berechnungen auf Basis des EU-SILC 2008 Surveys

Tabelle A 15: Robuste Regressionen mit der Dauer der nicht-elterlichen Kinderbetreuung (Std./Woche) als abhängige Variable, Modelle mit Interaktionen für den Migrationshintergrund

EU-SILC 2008	Mütter			Väter		
	unstand. Koeffizient	Standard-fehler	T-Wert	unstand. Koeffizient	Standard-fehler	T-Wert
Konstante	**22.0186**	**1.2298**	**17.9043**	**22.9459**	**0.9689**	**23.6824**
DE	**-12.7821**	**1.2429**	**-10.2839**	**-6.1664**	**1.2547**	**-4.9145**
SE	-0.8035	1.3132	-0.6119	**2.5406**	**1.1975**	**2.1217**
Bildung hoch	**1.8251**	**0.9832**	**1.8563**	0.2225	0.9338	0.2383
Bildung niedrig	-0.9269	1.7712	-0.5233	1.5030	1.6258	0.9245
Arbeitszeit Partner	-0.0166	0.0352	-0.4716	**0.3961**	**0.0296**	**13.3827**
Migration	-1.5422	3.7725	-0.4088	-0.4850	3.4470	-0.1407
HH-Einkommen	**0.0388**	**0.0197**	**1.9692**	0.0099	0.0185	0.5317
Zahl der Kinder	**-2.5998**	**0.5065**	**-5.1329**	**-1.4341**	**0.4651**	**-3.0833**
DE*Migration	-3.9087	4.4642	-0.8756	-4.9286	4.2704	-1.1541
SE*Migration	1.7392	4.5128	0.3854	0.5811	4.0269	0.1443
Residuum-Standardfehler	16.85 (df 1228)			14.43 (df 1228)		

Anmerkung: Koeffizienten, die mind. auf 10%-Niveau signifikant sind, sind fett.

Quelle: Eigene Berechnungen auf Basis des EU-SILC 2008 Surveys

Tabelle A 16: Robuste Regressionen mit der Arbeitszeit der Befragten (Std./Woche) als abhängige Variable, Modelle mit Interaktionen für den Migrationshintergrund

EU-SILC 2008	Mütter			Väter		
	unstand. Koeffizient	Standard- fehler	T-Wert	unstand. Koeffizient	Standard- fehler	T-Wert
Konstante	29.1016	1.0795	26.9582	40.0037	0.3067	130.4528
DE	-18.5165	1.0932	-16.9382	2.6948	0.3964	6.7974
SE	-5.6104	1.1491	-4.8825	-3.8457	0.3765	-10.2138
Bildung hoch	2.8677	0.8598	3.3355	-0.0030	0.2938	-0.0101
Bildung niedrig	-6.6080	1.5507	-4.2613	-0.6698	0.5126	-1.3065
Arbeitszeit Partner	-0.0636	0.0307	-2.0735	-0.0110	0.0093	-1.1823
Migration	0.6064	3.3200	0.1826	0.7343	1.0918	0.6726
HH- Einkommen	0.0985	0.0173	5.6890	0.0529	0.0059	9.0211
Zahl der Kinder	-2.7920	0.4320	-6.4636	-0.3501	0.1427	-2.4527
DE*Migration	-5.5484	3.9288	-1.4122	-2.0150	1.3478	-1.4951
SE*Migration	-6.9276	3.9144	-1.7698	-2.0191	1.2615	-1.6005
Residuum- Standardfehler	15.1 (df 1243)			3.472 (df 1243)		

Anmerkung: Koeffizienten, die mind. auf 10%-Niveau signifikant sind, sind fett.
Quelle: Eigene Berechnungen auf Basis des EU-SILC 2008 Surveys

Tabelle A 17: Robuste Regressionen mit der Dauer der nicht-elterlichen Kinderbetreuung (Std./Woche) als abhängige Variable, Modelle mit Interaktionen für das Haushaltseinkommen

EU-SILC 2008	Mütter			Väter		
	unstand. Koeffizient	Standard-fehler	T-Wert	unstand. Koeffizient	Standard-fehler	T-Wert
Konstante	**21.9562**	**1.2033**	**18.2474**	**23.0510**	**0.9569**	**24.0890**
DE	**-13.0413**	**1.1926**	**-10.9354**	**-6.6986**	**1.2154**	**-5.5112**
SE	-0.3971	1.2599	-0.3151	**2.8384**	**1.1494**	**2.4696**
Bildung hoch	**1.6763**	**0.9758**	**1.7179**	0.2234	0.9329	0.2394
Bildung niedrig	-0.6676	1.7591	-0.3795	1.6698	1.6234	1.0286
Arbeitszeit Partner	-0.0129	0.0348	-0.3708	**0.3901**	**0.0298**	**13.0701**
Migration	**-2.1820**	**1.5911**	**-1.3714**	**-1.9800**	**1.5122**	**-1.3093**
HH-Einkommen	**0.1037**	**0.0393**	**2.6365**	0.0506	0.0383	1.3194
Zahl der Kinder	**-2.8060**	**0.5058**	**-5.5479**	**-1.5829**	**0.4710**	**-3.3604**
DE*HH-Einkommen	**-0.1135**	**0.0460**	**-2.4699**	-0.0625	0.0441	-1.4172
SE*HH-Einkommen	-0.0149	0.0577	-0.2591	-0.0049	0.0545	-0.0895
Residuum-Standardfehler	16.78 (df 1228)			13.89 (df 1228)		

Anmerkung: Koeffizienten, die mind. auf 10%-Niveau signifikant sind, sind fett.

Quelle: Eigene Berechnungen auf Basis des EU-SILC 2008 Surveys

Tabelle A 18: Robuste Regressionen mit der Arbeitszeit der Befragten (Std./Woche) als abhängige Variable, Modelle mit Interaktionen für das Haushaltseinkommen

EU-SILC 2008	Mütter			Väter		
	unstand. Koeffizient	Standardfehler	T-Wert	unstand. Koeffizient	Standardfehler	T-Wert
Konstante	**28.9636**	**1.0575**	**27.3875**	**40.1020**	**0.2982**	**134.4867**
DE	**-18.7244**	**1.0504**	**-17.8265**	**2.6405**	**0.3780**	**6.9851**
SE	**-5.8368**	**1.1029**	**-5.2922**	**-3.8859**	**0.3555**	**-10.9295**
Bildung hoch	**2.7733**	**0.8544**	**3.2459**	-0.0646	0.2890	-0.2235
Bildung niedrig	**-6.2646**	**1.5418**	**-4.0632**	**-0.7500**	**0.5044**	**-1.4868**
Arbeitszeit Partner	**-0.0441**	**0.0304**	**-1.4515**	-0.0106	0.0092	-1.1491
Migration	**-4.2023**	**1.3797**	**-3.0459**	**-1.0196**	**0.4628**	**-2.2031**
HH-Einkommen	**0.1650**	**0.0346**	**4.7629**	**0.0554**	**0.0119**	**4.6366**
Zahl der Kinder	**-2.9009**	**0.4324**	**-6.7089**	**-0.3121**	**0.1425**	**-2.1908**
DE*HH-Einkommen	**-0.1570**	**0.0405**	**-3.8767**	**0.0323**	**0.0138**	**2.3453**
SE*HH-Einkommen	0.0112	0.0506	0.2211	**-0.0291**	**0.0169**	**-1.7161**
Residuum-Standardfehler	15.11 (df 1243)			3.431 (df 1243)		

Anmerkung: Koeffizienten, die mind. auf 10%-Niveau signifikant sind, sind fett.
Quelle: Eigene Berechnungen auf Basis des EU-SILC 2008 Surveys

Tabelle A 19: Robuste Regressionen mit der Dauer der nicht-elterlichen Kinderbetreuung (Std./Woche) als abhängige Variable, Modelle mit Interaktionen für die Zahl der Kinder

EU-SILC 2008	Mütter			Väter		
	unstand. Koeffizient	Standard-fehler	T-Wert	unstand. Koeffizient	Standard-fehler	T-Wert
Konstante	**22.6037**	**1.2331**	**18.3309**	**23.4587**	**0.9657**	**24.2926**
DE	**-13.6837**	**1.2219**	**-11.1986**	**-6.9940**	**1.2230**	**-5.7189**
SE	-0.8527	1.2896	-0.6612	**2.7948**	**1.1574**	**2.4148**
Bildung hoch	**1.7222**	**0.9970**	**1.7274**	0.3750	0.9324	0.4022
Bildung niedrig	-0.8324	1.7943	-0.4639	1.7464	1.6241	1.0753
Arbeitszeit Partner	-0.0194	0.0356	-0.5443	**0.4041**	**0.0296**	**13.6619**
Migration	**-2.5039**	**1.6141**	**-1.5512**	-2.1666	1.5070	-1.4377
HH-Einkommen	**0.0408**	**0.0199**	**2.0483**	0.0110	0.0186	0.5921
Zahl der Kinder	**-4.0871**	**0.8759**	**-4.6662**	**-2.5728**	**0.7583**	**-3.3928**
DE*Zahl der Kinder	1.5148	1.2209	1.2407	0.9812	1.0869	0.9028
SE*Zahl der Kinder	**2.8192**	**1.2488**	**2.2574**	**2.9653**	**1.0756**	**2.7570**
Residuum-Standardfehler	16.3 (df 1228)			13.31 (df 1228)		

Anmerkung: Koeffizienten, die mind. auf 10%-Niveau signifikant sind, sind fett.

Quelle: Eigene Berechnungen auf Basis des EU-SILC 2008 Surveys

Tabelle A 20: Robuste Regressionen mit der Arbeitszeit der Befragten (Std./Woche) als abhängige Variable, Modelle mit Interaktionen für die Zahl der Kinder

EU-SILC 2008	Mütter			Väter		
	unstand. Koeffizient	Standard-fehler	T-Wert	unstand. Koeffizient	Standard-fehler	T-Wert
Konstante	29.4791	1.0734	27.4645	40.1386	0.3058	131.2699
DE	-18.9036	1.0659	-17.7351	2.5258	0.3869	6.5290
SE	-6.1895	1.1187	-5.5329	-4.0228	0.3643	-11.0439
Bildung hoch	2.8526	0.8646	3.2994	0.0057	0.2935	0.0194
Bildung niedrig	-6.3654	1.5584	-4.0847	-0.6607	0.5132	-1.2875
Arbeitszeit Partner	-0.0624	0.0307	-2.0293	-0.0122	0.0093	-1.3068
Migration	-4.6536	1.3844	-3.3615	-0.9900	0.4684	-2.1137
HH-Einkommen	0.1000	0.0173	5.7677	0.0538	0.0059	9.1364
Zahl der Kinder	-3.6623	0.7644	-4.7909	-0.5228	0.2404	-2.1750
DE*Zahl der Kinder	0.9511	1.0651	0.8929	0.2154	0.3445	0.6252
SE*Zahl der Kinder	1.5642	1.0403	1.5036	0.2910	0.3274	0.8887
Residuum-Standardfehler	15.25 (df 1243)			3.518 (df 1243)		

Anmerkung: Koeffizienten, die mind. auf 10%-Niveau signifikant sind, sind fett.
Quelle: Eigene Berechnungen auf Basis des EU-SILC 2008 Surveys

Tabelle A 21: Robuste Regressionen mit Arbeit egalitär *als abhängige Variable, Modelle ohne Interaktionen*

EVS 2008	Mütter			Väter		
	unstand. Koeffizient	Standard- fehler	T-Wert	unstand. Koeffizient	Standard- fehler	T-Wert
Konstante	**3.4239**	**0.0610**	**56.1639**	**3.4402**	**0.0551**	**62.4265**
DE	**-0.2727**	**0.0636**	**-4.2892**	**-0.3130**	**0.0621**	**-5.0379**
SE	**-0.2388**	**0.0623**	**-3.8315**	**-0.3334**	**0.0605**	**-5.5124**
Bildung hoch	0.0408	0.0561	0.7266	0.0025	0.0541	0.0464
Bildung niedrig	0.0577	0.0729	0.7911	**0.1534**	**0.0711**	**2.1577**
Partner Teilzeit	0.1533	0.1363	1.1246	**-0.1872**	**0.0589**	**-3.1783**
Partner Hausfrau	0.4704	0.6188	0.7602	**-0.3190**	**0.0699**	**-4.5629**
Migration	0.0460	0.0715	0.6437	-0.0401	0.0779	-0.5143
HH- Einkommen	**0.0370**	**0.0181**	**2.0423**	0.0055	0.0174	0.3181
Zahl der Kinder	**-0.0970**	**0.0269**	**-3.6026**	**-0.0956**	**0.0273**	**-3.4973**
Residuum- Standardfehler	0.5964 (df 698)			0.6255 (df 731)		

Anmerkung: Koeffizienten, die mind. auf 10%-Niveau signifikant sind, sind fett.

Quelle: Eigene Berechnungen auf Basis der EVS 2008

Tabelle A 22: Robuste Regressionen mit Einstellung traditionell *als abhängige Variable, Modelle ohne Interaktionen*

EVS 2008	Mütter			Väter		
	unstand. Koeffizient	Standard-fehler	T-Wert	unstand. Koeffizient	Standard-fehler	T-Wert
Konstante	1.6036	0.0600	26.7170	1.7164	0.0540	31.7908
DE	0.5949	0.0626	9.5055	0.6485	0.0609	10.6544
SE	0.1269	0.0612	2.0730	0.2015	0.0588	3.4251
Bildung hoch	-0.2559	0.0551	-4.6482	-0.2229	0.0529	-4.2156
Bildung niedrig	0.1458	0.0718	2.0297	0.1753	0.0693	2.5312
Partner Teilzeit	0.2517	0.1342	1.8751	0.0981	0.0576	1.7037
Partner Hausfrau	-0.2853	0.6095	-0.4680	0.3745	0.0685	5.4632
Migration	0.4125	0.0704	5.8620	0.2087	0.0768	2.7180
HH-Einkommen	-0.0427	0.0178	-2.3998	-0.0188	0.0171	-1.1023
Zahl der Kinder	0.0381	0.0265	1.4379	-0.0021	0.0265	-0.0796
Residuum-Standardfehler	0.5642 (df 701)			0.6285 (df 735)		

Anmerkung: Koeffizienten, die mind. auf 10%-Niveau signifikant sind, sind fett.
Quelle: Eigene Berechnungen auf Basis der EVS 2008

Tabelle A 23: Robuste Regressionen mit Arbeit egalitär *als abhängige Variable, Modelle mit Interaktionen für das Bildungsniveau*

EVS 2008	Mütter			Väter		
	unstand. Koeffizient	Standard-fehler	T-Wert	unstand. Koeffizient	Standard-fehler	T-Wert
Konstante	**3.4883**	**0.0981**	**35.5453**	**3.3803**	**0.0712**	**47.4472**
DE	**-0.3400**	**0.1052**	**-3.2313**	**-0.2347**	**0.0859**	**-2.7317**
SE	**-0.3215**	**0.1157**	**-2.7784**	**-0.2480**	**0.0913**	**-2.7166**
Bildung hoch	-0.0631	0.1144	-0.5514	0.1014	0.0897	1.1298
Bildung niedrig	0.0301	0.1345	0.2239	**0.2316**	**0.1060**	**2.1852**
Partner Teilzeit	0.1585	0.1388	1.1416	**-0.1851**	**0.0591**	**-3.1332**
Partner Hausfrau	0.5123	0.6278	0.8161	**-0.3167**	**0.0701**	**-4.5171**
Migration	0.0452	0.0732	0.6173	-0.0392	0.0785	-0.4994
HH-Einkommen	**0.0351**	**0.0184**	**1.9065**	0.0065	0.0175	0.3693
Zahl der Kinder	**-0.0969**	**0.0274**	**-3.5339**	**-0.0928**	**0.0275**	**-3.3713**
DE*Bildung hoch	0.1479	0.1509	0.9803	-0.1514	0.1213	-1.2484
SE*Bildung hoch	0.1551	0.1450	1.0695	-0.1576	0.1332	-1.1835
DE*Bildung niedrig	0.0188	0.1730	0.1087	-0.1287	0.1852	-0.6949
SE*Bildung niedrig	-0.0143	0.2038	-0.0703	-0.1248	0.1662	-0.7507
Residuum-Standardfehler	0.5919 (df 694)			0.6066 (df 727)		

Anmerkung: Koeffizienten, die mind. auf 10%-Niveau signifikant sind, sind fett.

Quelle: Eigene Berechnungen auf Basis der EVS 2008

Tabelle A 24: Robuste Regressionen mit Einstellung traditionell *als abhängige Variable, Modelle mit Interaktionen für das Bildungsniveau*

EVS 2008	Mütter			Väter		
	unstand. Koeffizient	Standard-fehler	T-Wert	unstand. Koeffizient	Standard-fehler	T-Wert
Konstante	**1.5230**	**0.0939**	**16.2235**	**1.7180**	**0.0699**	**24.5642**
DE	**0.7201**	**0.1007**	**7.1536**	**0.6385**	**0.0843**	**7.5721**
SE	**0.1724**	**0.1105**	**1.5602**	**0.2116**	**0.0898**	**2.3578**
Bildung hoch	-0.1008	0.1095	-0.9208	**-0.2340**	**0.0881**	**-2.6565**
Bildung niedrig	0.1521	0.1286	1.1825	**0.1907**	**0.1041**	**1.8324**
Partner Teilzeit	**0.2563**	**0.1328**	**1.9300**	0.0992	0.0578	1.7149
Partner Hausfrau	-0.3579	0.6006	-0.5959	**0.3719**	**0.0688**	**5.4050**
Migration	**0.3973**	**0.0700**	**5.6771**	**0.2070**	**0.0775**	**2.6712**
HH-Einkommen	**-0.0435**	**0.0176**	**-2.4781**	-0.0195	0.0172	-1.1338
Zahl der Kinder	**0.0427**	**0.0262**	**1.6293**	-0.0035	0.0267	-0.1294
DE*Bildung hoch	**-0.5203**	**0.1443**	**-3.6048**	0.0337	0.1191	0.2828
SE*Bildung hoch	-0.0798	0.1383	-0.5769	0.0031	0.1299	0.0239
DE*Bildung niedrig	0.0663	0.1655	0.4005	0.0173	0.1818	0.0950
SE*Bildung niedrig	0.0305	0.1948	0.1564	-0.0733	0.1610	-0.4556
Residuum-Standardfehler	0.5939 (df 697)			0.6238 (df 731)		

Anmerkung: Koeffizienten, die mind. auf 10%-Niveau signifikant sind, sind fett.
Quelle: Eigene Berechnungen auf Basis der EVS 2008

Tabelle A 25: Robuste Regressionen mit Arbeit egalitär *als abhängige Variable, Modelle mit Interaktionen für die Arbeitszeit des Partners*

EVS 2008	Mütter			Väter		
	unstand. Koeffizient	Standard-fehler	T-Wert	unstand. Koeffizient	Standard-fehler	T-Wert
Konstante	**3.4163**	**0.0615**	**55.5472**	**3.4535**	**0.0596**	**57.9415**
DE	**-0.2659**	**0.0643**	**-4.1344**	**-0.2739**	**0.0860**	**-3.1864**
SE	**-0.2420**	**0.0634**	**-3.8171**	**-0.3754**	**0.0701**	**-5.3557**
Bildung hoch	0.0477	0.0564	0.8469	-0.0060	0.0547	-0.1096
Bildung niedrig	0.0666	0.0732	0.9106	**0.1394**	**0.0720**	**1.9373**
Partner Teilzeit	0.1251	0.2112	0.5923	**-0.2187**	**0.0921**	**-2.3743**
Partner Hausfrau				**-0.2922**	**0.1349**	**-2.1661**
Migration	0.0396	0.0716	0.5531	-0.0265	0.0788	-0.3359
HH-Einkommen	**0.0390**	**0.0182**	**2.1446**	0.0066	0.0176	0.3761
Zahl der Kinder	**-0.0965**	**0.0268**	**-3.5946**	**-0.0956**	**0.0276**	**-3.4594**
DE*Partner Teilzeit	-0.1593	0.3795	-0.4197	-0.0626	0.1323	-0.4731
SE*Partner Teilzeit	0.1441	0.2976	0.4841	**0.2697**	**0.1603**	**1.6827**
DE*Partner Hausfrau				-0.0809	0.1617	-0.5006
SE*Partner Hausfrau				-0.0484	0.2659	-0.1820
Residuum-Standardfehler	0.6087 (df 696)			0.6097 (df 727)		

Anmerkung: Koeffizienten, die mind. auf 10%-Niveau signifikant sind, sind fett.

Quelle: Eigene Berechnungen auf Basis der EVS 2008

Tabelle A 26: Robuste Regressionen mit Einstellung traditionell als abhängige Variable, Modelle mit Interaktionen für die Arbeitszeit des Partners

EVS 2008	Mütter			Väter		
	unstand. Koeffizient	Standard-fehler	T-Wert	unstand. Koeffizient	Standard-fehler	T-Wert
Konstante	**1.5945**	**0.0601**	**26.5515**	**1.7419**	**0.0573**	**30.3892**
DE	**0.6078**	**0.0628**	**9.6805**	**0.5399**	**0.0827**	**6.5270**
SE	**0.1357**	**0.0617**	**2.1979**	**0.1876**	**0.0670**	**2.8000**
Bildung hoch	**-0.2529**	**0.0549**	**-4.6086**	**-0.2166**	**0.0524**	**-4.1296**
Bildung niedrig	**0.1506**	**0.0715**	**2.1073**	**0.1732**	**0.0688**	**2.5184**
Partner Teilzeit	**0.4791**	**0.2063**	**2.3224**	-0.0207	0.0887	-0.2336
Partner Hausfrau				**0.3682**	**0.1298**	**2.8361**
Migration	**0.4051**	**0.0699**	**5.7971**	**0.2091**	**0.0762**	**2.7430**
HH-Einkommen	**-0.0418**	**0.0177**	**-2.3619**	**-0.0218**	**0.0170**	**-1.2860**
Zahl der Kinder	**0.0371**	**0.0262**	**1.4158**	-0.0015	0.0263	-0.0560
DE*Partner Teilzeit	**-0.8871**	**0.3707**	**-2.3927**	**0.2483**	**0.1274**	**1.9490**
SE*Partner Teilzeit	-0.2544	0.2907	-0.8751	0.1746	0.1525	1.1451
DE*Partner Hausfrau				0.1244	0.1556	0.7995
SE*Partner Hausfrau				**-0.4864**	**0.2558**	**-1.9011**
Residuum-Standardfehler	0.5715 (df 699)			0.6092 (df 731)		

Anmerkung: Koeffizienten, die mind. auf 10%-Niveau signifikant sind, sind fett.
Quelle: Eigene Berechnungen auf Basis der EVS 2008

Tabelle A 27: Robuste Regressionen mit Arbeit egalitär *als abhängige Variable, Modelle mit Interaktionen für den Migrationshintergrund*

EVS 2008	Mütter			Väter		
	unstand. Koeffizient	Standardfehler	T-Wert	unstand. Koeffizient	Standardfehler	T-Wert
Konstante	**3.4326**	**0.0631**	**54.4373**	**3.4353**	**0.0560**	**61.3821**
DE	**-0.2822**	**0.0678**	**-4.1609**	**-0.3054**	**0.0647**	**-4.7197**
SE	**-0.2527**	**0.0661**	**-3.8248**	**-0.3210**	**0.0638**	**-5.0307**
Bildung hoch	0.0402	0.0562	0.7148	-0.0003	0.0542	-0.0049
Bildung niedrig	0.0571	0.0737	0.7745	**0.1553**	**0.0715**	**2.1720**
Partner Teilzeit	0.1544	0.1373	1.1246	**-0.1897**	**0.0591**	**-3.2107**
Partner Hausfrau	0.4628	0.6188	0.7478	**-0.3202**	**0.0701**	**-4.5672**
Migration	-0.0205	0.1408	-0.1454	0.0501	0.1445	0.3468
HH-Einkommen	**0.0366**	**0.0182**	**2.0138**	0.0065	0.0175	0.3747
Zahl der Kinder	**-0.0971**	**0.0270**	**-3.5998**	**-0.0954**	**0.0274**	**-3.4820**
DE*Migration	0.0769	0.1751	0.4390	-0.1103	0.1945	-0.5672
SE*Migration	0.1204	0.1903	0.6325	-0.1447	0.1897	-0.7628
Residuum-Standardfehler	0.5982 on 696			0.6194 on 729		

Anmerkung: Koeffizienten, die mind. auf 10%-Niveau signifikant sind, sind fett.

Quelle: Eigene Berechnungen auf Basis der EVS 2008

Tabelle A 28: Robuste Regressionen mit Einstellung traditionell *als abhängige Variable, Modelle mit Interaktionen für den Migrationshintergrund*

EVS 2008	Mütter			Väter		
	unstand. Koeffizient	Standardfehler	T-Wert	unstand. Koeffizient	Standardfehler	T-Wert
Konstante	1.5901	0.0611	26.0397	1.6950	0.0549	30.8980
DE	0.6056	0.0657	9.2220	0.6863	0.0634	10.8208
SE	0.1615	0.0638	2.5310	0.2358	0.0620	3.8022
Bildung hoch	-0.2603	0.0542	-4.7995	-0.2268	0.0530	-4.2778
Bildung niedrig	0.1424	0.0714	1.9952	0.1805	0.0697	2.5901
Partner Teilzeit	0.2573	0.1330	1.9346	0.0951	0.0578	1.6453
Partner Hausfrau	-0.2710	0.5996	-0.4520	0.3625	0.0688	5.2700
Migration	0.6008	0.1364	4.4036	0.5305	0.1418	3.7399
HH-Einkommen	-0.0397	0.0176	-2.2585	-0.0164	0.0171	-0.9576
Zahl der Kinder	0.0400	0.0261	1.5306	-0.0047	0.0266	-0.1764
DE*Migration	-0.1625	0.1697	-0.9578	-0.4386	0.1909	-2.2977
SE*Migration	-0.3734	0.1843	-2.0261	-0.4216	0.1871	-2.2529
Residuum-Standardfehler	0.5908 (df 699)			0.6322 (df 733)		

Anmerkung: Koeffizienten, die mind. auf 10%-Niveau signifikant sind, sind fett.

Quelle: Eigene Berechnungen auf Basis der EVS 2008

Tabelle A 29: Robuste Regressionen mit Arbeit egalitär *als abhängige Variable, Modelle mit Interaktionen für das Haushaltseinkommen*

EVS 2008	Mütter			Väter		
	unstand. Koeffizient	Standard-fehler	T-Wert	unstand. Koeffizient	Standard-fehler	T-Wert
Konstante	**3.4362**	**0.0639**	**53.7546**	**3.4822**	**0.0579**	**60.1472**
DE	**-0.3417**	**0.0729**	**-4.6871**	**-0.3668**	**0.0704**	**-5.2116**
SE	**-0.2105**	**0.0757**	**-2.7819**	**-0.4105**	**0.0689**	**-5.9589**
Bildung hoch	0.0527	0.0561	0.9388	-0.0008	0.0539	-0.0157
Bildung niedrig	0.0623	0.0726	0.8580	**0.1427**	**0.0711**	**2.0082**
Partner Teilzeit	0.1011	0.1379	0.7333	**-0.1949**	**0.0588**	**-3.3165**
Partner Hausfrau	0.4845	0.6145	0.7884	**-0.3214**	**0.0698**	**-4.6013**
Migration	0.0576	0.0712	0.8094	-0.0462	0.0776	-0.5959
HH-Einkommen	0.0081	0.0310	0.2619	**-0.0428**	**0.0287**	**-1.4908**
Zahl der Kinder	**-0.0943**	**0.0267**	**-3.5259**	**-0.0993**	**0.0272**	**-3.6462**
DE*HH-Einkommen	**0.0752**	**0.0401**	**1.8719**	**0.0646**	**0.0367**	**1.7602**
SE*HH-Einkommen	-0.0192	0.0498	-0.3857	**0.0869**	**0.0410**	**2.1187**
Residuum-Standardfehler	0.6024 (df 696)			0.6057 (df 729)		

Anmerkung: Koeffizienten, die mind. auf 10%-Niveau signifikant sind, sind fett.
Quelle: Eigene Berechnungen auf Basis der EVS 2008

Tabelle A 30: Robuste Regressionen mit Einstellung traditionell *als abhängige Variable, Modelle mit Interaktionen für das Haushaltseinkommen*

EVS 2008	Mütter			Väter		
	unstand. Koeffizient	Standard- fehler	T-Wert	unstand. Koeffizient	Standard- fehler	T-Wert
Konstante	1.6133	0.0631	25.5619	1.7423	0.0573	30.4291
DE	0.5855	0.0720	8.1282	0.6057	0.0696	8.6990
SE	0.1107	0.0744	1.4884	0.1778	0.0677	2.6245
Bildung hoch	-0.2596	0.0552	-4.7005	-0.2272	0.0532	-4.2725
Bildung niedrig	0.1433	0.0717	1.9989	0.1657	0.0699	2.3711
Partner Teilzeit	0.2543	0.1362	1.8667	0.0924	0.0580	1.5924
Partner Hausfrau	-0.2816	0.6074	-0.4636	0.3790	0.0691	5.4817
Migration	0.4116	0.0704	5.8496	0.2043	0.0772	2.6442
HH- Einkommen	-0.0502	0.0306	-1.6396	-0.0485	0.0284	-1.7080
Zahl der Kinder	0.0380	0.0264	1.4400	-0.0018	0.0267	-0.0687
DE*HH- Einkommen	0.0087	0.0397	0.2203	0.0482	0.0363	1.3258
SE*HH- Einkommen	0.0175	0.0489	0.3575	0.0313	0.0405	0.7727
Residuum- Standardfehler	0.5743 (df 699)			0.6136 (df 733)		

Anmerkung: Koeffizienten, die mind. auf 10%-Niveau signifikant sind, sind fett.
Quelle: Eigene Berechnungen auf Basis der EVS 2008

Tabelle A 31: Robuste Regressionen mit Arbeit egalitär *als abhängige Variable, Modelle mit Interaktionen für die Zahl der Kinder*

EVS 2008	Mütter			Väter		
	unstand. Koeffizient	Standard-fehler	T-Wert	unstand. Koeffizient	Standard-fehler	T-Wert
Konstante	**3.4275**	**0.0618**	**55.4961**	**3.4330**	**0.0552**	**62.1421**
DE	**-0.2798**	**0.0642**	**-4.3584**	**-0.3296**	**0.0624**	**-5.2844**
SE	**-0.2426**	**0.0631**	**-3.8424**	**-0.3316**	**0.0607**	**-5.4655**
Bildung hoch	0.0448	0.0566	0.7915	0.0049	0.0539	0.0915
Bildung niedrig	0.0618	0.0737	0.8380	**0.1635**	**0.0711**	**2.2989**
Partner Teilzeit	0.1530	0.1373	1.1146	**-0.1903**	**0.0587**	**-3.2421**
Partner Hausfrau	0.4603	0.6232	0.7386	**-0.3184**	**0.0697**	**-4.5684**
Migration	0.0480	0.0722	0.6647	-0.0376	0.0776	-0.4850
HH-Einkommen	**0.0365**	**0.0183**	**1.9980**	0.0078	0.0174	0.4489
Zahl der Kinder	**-0.1154**	**0.0534**	**-2.1614**	-0.0448	0.0452	-0.9895
DE*Zahl der Kinder	0.0003	0.0665	0.0045	**-0.1149**	**0.0654**	**-1.7562**
SE*Zahl der Kinder	0.0680	0.0750	0.9067	-0.0444	0.0654	-0.6790
Residuum-Standardfehler	0.5768 (df 696)			0.62 (df 729)		

Anmerkung: Koeffizienten, die mind. auf 10%-Niveau signifikant sind, sind fett.

Quelle: Eigene Berechnungen auf Basis der EVS 2008

Tabelle A 32: Robuste Regressionen mit Einstellung traditionell *als abhängige Variable, Modelle mit Interaktionen für die Zahl der Kinder*

EVS 2008	Mütter			Väter		
	unstand. Koeffizient	Standard-fehler	T-Wert	unstand. Koeffizient	Standard-fehler	T-Wert
Konstante	1.6124	0.0600	26.8652	1.7116	0.0541	31.6188
DE	0.5933	0.0624	9.5118	0.6572	0.0611	10.7492
SE	0.1207	0.0612	1.9724	0.2142	0.0591	3.6237
Bildung hoch	-0.2592	0.0548	-4.7276	-0.2167	0.0527	-4.1124
Bildung niedrig	0.1461	0.0716	2.0391	0.1715	0.0692	2.4772
Partner Teilzeit	0.2477	0.1335	1.8561	0.0986	0.0574	1.7185
Partner Hausfrau	-0.2973	0.6060	-0.4906	0.3726	0.0683	5.4532
Migration	0.4059	0.0702	5.7835	0.2013	0.0765	2.6317
HH-Einkommen	-0.0420	0.0177	-2.3716	-0.0199	0.0170	-1.1706
Zahl der Kinder	0.0053	0.0519	0.1018	0.0534	0.0444	1.2034
DE*Zahl der Kinder	0.0592	0.0646	0.9168	-0.0425	0.0641	-0.6618
SE*Zahl der Kinder	0.0259	0.0728	0.3561	-0.1265	0.0629	-2.0100
Residuum-Standardfehler	0.5762 (df 699)			0.6295 (df 733)		

Anmerkung: Koeffizienten, die mind. auf 10%-Niveau signifikant sind, sind fett.
Quelle: Eigene Berechnungen auf Basis der EVS 2008

Wohlfahrtspolitik

Kai A. Konrad, Ronnie Schöb, Marcel Thum,
Alfons Weichenrieder (Hg.)
Die Zukunft der Wohlfahrtsgesellschaft
Festschrift für Hans-Werner Sinn
2013. 250 Seiten. ISBN 978-3-593-39922-5

Marius R. Busemeyer, Bernhard Ebbinghaus,
Stephan Leibfried, Nicole Mayer-Ahuja,
Herbert Obinger, Birgit Pfau-Effinger (Hg.)
Wohlfahrtspolitik im 21. Jahrhundert
Neue Wege der Forschung
2013. 323 Seiten. ISBN 978-3-593-39903-4

Michaela Willert
Regulierte Wohlfahrtsmärkte
Private Altersvorsorge in Deutschland
und Großbritannien
2013. 458 Seiten. ISBN 978-3-593-39877-8

Hans-Jürgen Burchardt, Anne Tittor,
Nico Weinmann (Hg.)
Sozialpolitik in globaler Perspektive
Asien, Afrika und Lateinamerika
2012. 288 Seiten. ISBN 978-3-593-39780-1

campus
Frankfurt. New York

Aktuelle Themen

Alain Ehrenberg
Das erschöpfte Selbst
Depression und Gesellschaft
in der Gegenwart
2., erweiterte Auflage 2014
Ca. 320 Seiten
ISBN 978-3-593-50110-9

Cornelia Koppetsch
Die Wiederkehr der Konformität
Streifzüge durch die gefährdete Mitte
2013. 200 Seiten. ISBN 978-3-593-39902-7

Christine Wimbauer
Wenn Arbeit Liebe ersetzt
Doppelkarriere-Paare zwischen Anerkennung
und Ungleichheit
2012. 409 Seiten. ISBN 978-3-593-39782-5

Patrick Kury
Der überforderte Mensch
Eine Wissensgeschichte vom Stress zum Burnout
2012. 342 Seiten. ISBN 978-3-593-39739-9

campus

Frankfurt. New York